河南省哲学社会科学规划项目"当代编辑学家研究"
（2019BXW003）结项成果

当代编辑学家学术思想研究

姬建敏 著

人民出版社

为编辑学家立传，为编辑学思想溯源

——为《当代编辑学家学术思想研究》作序

郝振省

和姬建敏教授的交往，严格讲，是从我就任中国编辑学会会长之后开始的。我因为头衔和责任，对媒体上关于编辑学、编辑家、编辑史、编辑理论和编辑实践方面的文字文稿比较关注，知道她是编辑学领域一位颇有影响力的学者，长期在这一领域里耕耘，学术成果颇丰。尤其是关于新中国70年编辑学研究的综述理论文章，被重要媒体转载，受到业界广泛的关注。她请我给她这一部著述写序，恐怕除了我是编辑学会会长以外，主要还是因为我为业界不少同人和朋友撰写了不在少数的序言。尽管每每为奉命之作，遵嘱所作，但是一旦写出来，还算有一些零星的思想在其中。老实说，早就想完成这篇序言了，只是因为姬建敏教授是国内编辑学研究方面的大家，加之，这个问题的专业性、学术性，我总是难以下笔，不敢轻举妄动。到了实在对不住姬建敏教授地步了，只好写就如此这般文字。

一、为编辑学家立传

无论是从这部著述的书名看，还是从几大板块的结构看，抑或是从目录排列看，姬建敏教授都是在为我国改革开放以来的中国编辑学家立传。她在引言中写道：在那激情燃烧的20世纪八九十年代，伴随着对编辑学基础理论的讨论和争论，涌现出了一大批既有丰富的编辑实践经验，又有深刻的编辑文化理性的编辑学理论研究大家。她认为这一大批学人从业经验丰富，从业资历深厚，学养丰沛，毅力惊人，对编辑学的研究一往情深。他们发凡起例，论文求道，著书立说，建树成就，极大地丰富和拓展了编辑学的理论，作出了不可磨灭的历史性贡献。

为编辑学家立传，不是给编辑家立传，也不是给出版家立传，更不是给思想家立传。当然，给这些方面的大家立传，也不是件容易的事情。但是给编辑学家立传，则更为困难，困难在于其他方面的立传都有约定俗成的内涵和外延，而给编辑学家立传的首要问题是立标准、定尺度。这就需要先从这批老一辈人的编辑学研究的经历中抽出共性的特质，再以这种共性特质，结合"家"的规格，确定标准尺度，然后以标准尺度来确定为之立传的学人或学者。看得出姬建敏教授仅仅为确立编辑学家的概念与编辑学家群体的范畴就花费了诸多的心思和智慧。这也从另外一个角度体现了为编辑学家立传的开创性，为编辑学家立言宣传是多么不容易、多么艰难的一件事。长期以来相对于编辑家、出版家的宣传和研究，编辑学家不被重视，甚至被埋没、被雪藏、被遗忘，相应的成果少而凌乱。对编辑学家的称谓缺乏相对科学的界定，选择没有统一的科学标准，研究内容指向不一，没有形成合力，没有给予集中的系统实现和推出。由此可以得出结论，姬建敏教授的这部著述在一定意义上讲，填补了国内这方面研究的空白，其价值不言而喻。

姬建敏还根据这一批老一代编辑学家长期所在岗位、所务主业、所作贡献，将他们分为德高望重的行业管理型，成就卓著的业界大师型和学养深厚的学界研究型三个类型，进行研究性挖掘，评说性综述，这也是本书的一种创新型逻辑梳理与安排。这种分类方法可以使大量丰富繁杂的材料得以条理化、系统化的处理，可以梳理和描述其中的共性，发现共性基础上的某种规律，进而为研究这种类型的编辑学家提供认识方面的向导。在某种意义上来讲，无论是从事自然科学方面的研究，抑或是进行哲学人文科学方面的研究，能否做到科学有效的分类，是研究能力的一种体现，也是能否取得科研成果的一个重要条件。

二、为编辑学思想溯源

一位编辑学家能否得到业界的承认，其中一个根本性的前提是他是否提出了明显创新的、逻辑上自圆其说的、相对足够的编辑学思想，他提出的这种和那种编辑学思想是否得到一定程度的响应，并且在整个编辑出版事业中产生了积极的影响，推动了编辑学的理论研究和实践拓展。显而易见，姬建敏教授在这一方面投入了更多的精力和努力。

比如介绍刘杲同志有开拓性的编辑学学科建设思想时，她认为刘杲首先强调编辑学研究的目的，是服务于有中国特色的社会主义出版事业，并且他提出了编辑学的三个基础性的问题：一是编辑学起源于五四新文化运动，是欧美风雨促成的结果；二是编辑学兴起的基本原因，在于中华文化重内容建设的特质，这决定了以文化内容优化与选择为手段的编辑学，在中国必然受到重视；三是编辑学兴起的直接原因，是出版社改革与发展的实践的呼唤与拉动。他认为"双百"方针、理论创新是编辑学学科建设的灵魂，建立普通编辑学是编辑学科建设的最终目标。编辑学应该包括历史、理论、应用三个部分，应该尊重其基本规律、普遍规律和特殊规律，应该处理好普通编辑学的分支和分类编辑学的关系。刘杲同志的编辑学思想站位高远，旗帜鲜明，框架合理，所论深刻，这表现出他长期在领导岗位上的思考之积累，学习之感悟，实践之提炼，管理之提升。

又比如介绍了邵益文同志的编辑学思想。说他提出一切为了读者的编辑观，编辑与作者、编辑和读者的基本关系的矛盾观，类似于辩证法基本原理的编辑学范畴观，编辑主体能动作用的历史观等。还有他和周蔚华教授等编写的《普通编辑学》一书的三个主要贡献，也都表现出他对于编辑学的深邃思考及其为实现这种见解所作出的理论努力。还有蔡学俭同志提出的编辑质量论、编辑规范论、编辑主体论的三论思想，为实用编辑学奠定了基础。

阙道隆先生认定完整意义上的编辑活动有三个条件：一是文字，有了文字信息才能通过统一公认的符号予以记载和流传；二是媒介，即文字符号可以受载其上的物质（虚拟）媒介；三是文化传播的社会化，这种社会化恰恰是编辑活动之价值所在。编辑和著述活动的两个区别，传播与积累文化是它的基本任务，选择和加工书稿是它的本质特征。他深入挖掘编辑规律的层次、范围、系统和关系，指出编辑活动与社会相互作用的规律，是编辑活动的基本规律。社会环境对编辑活动具有制约作用。社会经济、政治、文化、科学的发展水平和发展要求，以及作者的创作状况和读者需要制约编辑活动的发展水平和发展方向。编辑活动对于社会环境也具有能动作用，它通过对文化产品的策划组织和选择优化，建构文化体系，并对作者、读者和整个社会产生影响。实事求是讲，阙道隆先生对编辑学思想的贡献是全方位的、成体系的，是对编辑实践的很精湛的理论加工。他的编辑学理论具有系统性和创新性。

在学界研究型编辑学家那里，王振铎教授的编辑理论思想首屈一指。他提出了编辑创造媒介的编辑本质论，坚持创造媒介是编辑活动的本质，创新媒介是编辑的历史使命。他揭示了编辑创造媒介的基本规律三原理：文化缔构原理、符号建模原理和信息传播原理；文化缔构的四原则：积淀性原则、选择性原则、系统性原则和传导性原则；文化缔构三类型：创构类型、组构类型和集成类型。他还追溯了编辑活动原理的哲学依据，提出了"主体间性"和"媒介间性"两个概念，"主体间性"强调一种协同创新的交互协同性，"媒介间性"强调共存互补性、交互作用性以及转换生成性。

本来给编辑学家立传就很难，而采集、梳理、编辑、归纳和提炼编辑学家的思想则更为艰难。姬建敏教授知难而行，并且行有结果，果实累累，不能不叫人肃然起敬。

三、为建立科学编辑学体系立言

其实当作者倾其所能，在为老一代编辑学家立传之时，在她挖掘、追溯编辑学思想脉络的环节及链条的过程中，事实上就是为科学的编辑学体系备言和立言。

在引言中，姬建敏教授指出，在编辑学理论建构的 70 多年历史中，对编辑学本质规律的持久的探寻，孕育造就了两代乃至三代编辑学家，特别是第一代编辑学家，他们筚路蓝缕，开启山林，为中国编辑学建设矗立起一个个标杆、一座座丰碑。这段话告诉我们，这些编辑学家之所以能够凸显出来，就是因为他们在编辑学理论体系构建的历史长河中作出了杰出的贡献，成就了自己的辉煌。换句话讲，这些编辑学家与编辑学建构的历史进程是互为作用、互相给力的。编辑学体系的建构，呼唤着他们的投入和加盟；他们的投入和加盟，以及之后的有所作为、大有作为，促成了这个历史长河的波澜壮阔、滚滚向前。姬建敏教授在引言中又讲到，20 世纪 80 年代，随着改革开放成为国策，编辑出版领域发生了翻天覆地的变化，一大批长期奋斗在编辑出版一线的编辑工作者、管理者、研究者，积极投身到编辑学研究的热潮中来，先是总结经验、分析问题，继而转向编辑学基本理论讨论和论证。讨论和论证围绕编辑学的理论框架和编辑活动的规律展开，焦点集中在编辑概念、研究对象、学科性质、研究内容、主客体关系、学科范畴等问题上。争论的时间之长、人数之多、程度之烈，是新中国 70 多年编辑出版领域史无前例的现象。这就告诉我们，这些编辑学家，之所以成为编辑学家，之所以成就了自己的辉煌，作出了初始的贡献，恰恰是因为他们在编辑学大厦的构建过程中，即在编辑学的基本问题基本规律上提出了颇有建树的观点，或者在编辑学的基本范畴或基本方法方面贡献了独辟蹊径的见解，或是形成了一定意义上的不同学派和群体。这些观念、见解和学派、群体的学术主张，最终成为普通编辑学和分类编辑学的有机构成部分。这些编辑学思想最初就是为建构编辑学大厦而奉献。这座大厦和这个体系的呼唤，把它们从潜在的思想观念里边实现出来、聚合进来、巩固下来。我们可以发现，本书中的每一位编辑学家都在为编辑学学科建设积极立言。

邵益文先生关于普通编辑学的理论和实践，足以表明他作为编辑学家是实至名归的。在理论上，他认为普通编辑学具有研究各种传播媒体活动的公共性，它不是研究各种媒体具体编辑活动的特殊的理论与实践，而是研究各种媒体所通用的共同规律和共同原理。在实践上，他和周蔚华教授受学会的委托，经过艰苦努力，在2012年开创性地推出了《普通编辑学》一书，这本书是他作为编辑学家的代表作，也是我们编辑学界构建编辑学体系的一本标志性作品。

阙道隆先生关于编辑活动的起源和本质特征、性质和功能、基本规律及内涵的论述与探讨，他的扛鼎之作《编辑学理论纲要》，以及《实用编辑学》、《书籍编辑学概论》（合著）等，都表现出一位编辑学家为编辑学立功、立言、立业的呕心沥血的杰出贡献。

王振铎先生的《编辑学原理论》（合著）是他为编辑学贡献的一部集大成之作，也是一个别人难以企及的学术制高点。

如是看来，当我们循着姬建敏教授的著述内容一步步走过来时，你就会发现她的良苦用心、她的精心设计：从编辑学家去追溯编辑学家思想，然后一直追溯到编辑学家及其思想为构建编辑学体系不遗余力的备言立言。这是一个闭合的内在循环圈，又是一种有力的逻辑推导链。这使得我们为已有的编辑学成就感到由衷的高兴，又为编辑学尚未完善、尚未取得比较彻底的成功，感到一种紧迫的压力。

向书中介绍到的各位编辑学家表示深深的敬意！祝贺姬建敏教授的新作问世！

此为序。

目　录

引　言 001

第一章　行业管理型编辑学家 001

居高声远　非藉秋风 003
　　——中国编辑学会首任会长刘杲的编辑学思想

恪勤匪懈　更上层楼 032
　　——为编辑学理论建设倾其心力者邵益文的
　　　　编辑学思想

桑榆未晚　彩霞满天 058
　　——《出版科学》创办者蔡学俭的编辑学思想

第二章　业界大师型编辑学家 089

由来具叙　允集大成 091
　　——编辑学理论体系最早建构者阙道隆的编辑学思想

史家有笔　拱璧盈尺 123
　　——中国古代编辑家思想史开创者戴文葆的编辑学思想

精华笔端　咫尺匠心 146
　　——"编辑学"英文名创造者林穗芳的编辑学思想

第三章　学界研究型编辑学家 169

删繁就简　领异标新 171
——"文化缔构派"创始人王振铎的编辑学思想

明达好学　介然特立 199
——"信息传播派"代表任定华的编辑学思想

博观约取　不竞自守 227
——"中介服务派"代表刘光裕的编辑学思想

庐山不到　幽人细穷 253
——"中介服务派"代表王华良的编辑学思想

晴空一鹤　诗情碧霄 274
——学报编辑学开辟者杨焕章的编辑学思想

千淘万漉　吹尽狂沙 294
——编辑出版史学研究引领者宋应离的编辑学思想

后　记 316

引　言

　　人类在社会文化建设和文化传播中，虽然已有几千年的编辑活动历史，积累了丰富的编辑实践经验，但与编辑活动悠久历史不相对称的是，"编辑学"名词的首次提出却是在中华人民共和国成立的1949年。这年4月，广州自由出版社出版了李次民的《编辑学》，作为中国乃至世界上第一部编辑学著作，它的问世不仅创造了"编辑学"这个名词，而且标志着编辑学作为一门学科的诞生。

　　任何一门学科都有自己的理论体系和学科构建，编辑学也不例外。例外的是编辑学虽然诞生于1949年，却由于特殊的历史原因，在此后30年间，理论研究成果寥寥无几，且零星、散乱，更不用说理论体系的建设了。1978年党的十一届三中全会召开，确立了改革开放的基本国策，在解放思想、实事求是思想指引下，学界对编辑学的探讨迸发出空前的热情，编辑学理论研究真正开始起步，编辑学体系的构建也迅速从探讨编辑学基本理论开始进入快车道。在那激情燃烧的20世纪八九十年代，伴随着对编辑学基础理论的讨论和争锋，涌现了一大批既有丰富编辑实践经验，又有深刻编辑文化理性的编辑学理论研究大家。这些大家基于个人丰富的从业经验和资历，结合丰沛的学养、惊人的毅力和对编辑学研究的一往情深，在中国编辑学学科建设过程中，发凡起例，著书立说，拓疆辟土，建功立业，极大地丰富和拓展了编辑学理论，为有中国特色的编辑出版学学科体系构建作出了不可磨灭的历史性贡献。这些大家，笔者称之为中国第一代编辑学家,或者称老一代编辑学家。选入本书的当代编辑学家就是他们中的杰出代表。

一、编辑学家:概念及其主体思想特征

关于编辑学家,目前没有一个权威的概念界定。

任定华先生在《编辑学导论》中指出:"汉语中的编辑,名词中有职务(主编、副主编、责任编辑等)、职称(编审、副编审、编辑、助理编辑等)、动词(编辑等)、动名词(编辑工作、编辑活动等)。在学科构建时,给予科学区分是十分重要的。作为名词的编辑,应像其他比较成熟的学科一样,依其不同学术、业务层次,可命名为编辑学家(编辑学识渊博,对编辑学学科建设颇有建树的人),编辑家(长期从事编辑实践,编辑业务非常熟悉,编辑经验十分丰富的人),编辑工作者(一般从事编辑业务人员的统称,或简称编者,含编辑家与编辑学家)。"[①] 编辑学家,指"编辑学识渊博,对编辑学学科建设颇有建树的人",这是目前见到的唯一的对编辑学家的解释。

如果说,任定华先生对编辑学家的概括是从编辑角色定位而论的话,那么,从学科、学问本身而论,人类知识、理论领域内作为名词的"学"就是学科、学问,由"问"而成"学",而成专业性、专门性的知识体系。编辑学作为以编辑为研究对象的专门学科,或者说"问""学"形态,同教育学、哲学、历史学等比较成熟的学科一样,具有一定的知识体系、概念图谱。既然教育学、哲学、历史学科有教育学家、哲学家、历史学家的称谓,《现代汉语词典》《辞海》《词源》等工具书收录有教育学家、哲学家、历史学家等的词条,那么界定编辑学家概念也就有了可资借鉴的依据和方法。

---

① 任定华等:《编辑学导论》,中国经济出版社2001年版,第84页。

为了相对科学地厘定编辑学家的概念，查阅《现代汉语词典》《辞海》发现"家"的一种解释是：掌握某种专门学识或从事某种专门活动的人；"教育学家"，亦称教育理论家，指在教育理论研究和教育学著述方面有创见、有贡献、有影响的杰出人物；"哲学家"，是指拥有自己的哲学范式、有原创的哲学基础理论与哲学体系的哲学学人；"历史学家"，也称史学家，是指以撰写历史著作为职业或对历史学的创立、发展与应用付出努力的知识分子，一般指在该领域颇有威望的人士……由此，笔者将"编辑学家"定义为：在编辑学理论研究和理论建构中有一定创见和造诣的专家、学者。由这些专家、学者个体组成的整体，称为编辑学家群体。

可以说从职业称谓而言，与编辑、编辑家相比，编辑学家是一个更为特殊的职业主体称谓。这一职业主体称谓，既像编辑家、出版家一样，是一个个鲜明的、独特的存在，又具有本质的、共同的主体类型特征。以中国第一代编辑学家为例，其特征主要表现为：第一，编辑学家都热衷于编辑学理论研究，执着于编辑学学科建设，为编辑学在中国的发展俯首孺牛、鞠躬尽瘁。中国编辑学会第一任会长刘杲，以构建中国特色的编辑学为己任，"为编辑学研究制订了正确的方针""正确地解决了编辑学学科的定位问题""明确地解决了编辑学的学科定性问题"，并"积极建立编辑学理论体系，倡导制定编辑学的理论框架""对编辑活动基本规律不断探索"[1]，带领中国编辑学会探索编辑工作规律和科学原理，以卓越的组织擘画之功，撑起了中国编辑学研究的一片蓝天。邵益文不仅"把自己的全部精力投向编辑学理论建设"[2]，提出"一切为了读者的编辑观""编辑活动的'二优律'"等，而且对编辑工作敬业奉献、尽职尽责，对编辑学研究呕心沥血、尽心尽

---

[1] 邵益文：《刘杲同志对编辑学研究的重大贡献》，《中国编辑》2011年第6期。

[2] 邵益文：《一个编辑出版者的自述：为编辑研究和编辑学学科建设尽一份力》，中国书籍出版社2016年版，《自序》。

力，以满腔热情和执着精神构建中国的"普通编辑学"[①]，使"编辑学研究在中国茁壮成长"[②]。蔡学俭以对出版事业的无限热爱、对编辑学研究的赤诚之心，探讨编辑规范、编辑质量、编辑主体、期刊编辑等理论与实践问题，带领湖北省编辑学会研究编辑学重大理论课题，退休后老当益壮，披挂上阵创办《出版科学》，不仅"办出了特色，办出了质量"，而且"做到了'闻达于诸侯'"，"受到了出版界、编辑出版学教育界读者的好评"[③]，一定程度上推动了编辑学研究在全国的深化与繁荣。第二，编辑学家都有着高度的编辑文化自觉和编辑学理论自觉，都在编辑学理论研究方面有创见、有建树。阙道隆作为"选择优化派"的代表，将编辑本质归纳为选择和优化或者完善；他的《编辑学理论纲要》"反映了我国编辑学研究二十年来的长足进步，并在研究核心领域填补了空缺，因而具有里程碑的意义"[④]，"被公认为中国编辑学开始走向成熟的一种标志"[⑤]。王振铎提出，编辑活动的本质是创造媒介，"文化缔构编辑观"是其基本观点；他的编辑活动三原理、编辑活动六元论、编辑主客体间性论，以及对编辑活动理论体系的整体构建，标志着我国编辑学研究进入到构建普通编辑学理论体系的新阶段。任定华的"信息智化编辑观"强调"信息智化"或"信息传播"是编辑活动的核心；他的《编辑学导论》构筑了以编辑历史、基础理论、编辑学原理、编辑与编辑学方法论、编辑系统工程为内容的理论体系，在20世纪我国编辑学理论研究界堪称不可多得的精品。刘光裕作为"中介服务派"的代表，认为编辑活动的本质就是中介；他提出的"有出版才

[①] 邵益文、周蔚华：《普通编辑学》，中国人民大学出版社2011年版。
[②] 邵益文：《编辑学在中国茁壮成长》全四辑，中国书籍出版社2020年版。
[③] 刘辰：《七十荷戟壮心未已：蔡学俭与〈出版科学〉》，《出版科学》2007年第4期。
[④] 林穗芳：《对我国编辑学理论研究深化的重大贡献：喜读阙道隆〈编辑学理论纲要〉》，《出版科学》2001年4期。
[⑤] 程绍沛：《倾心执着编书潜心研究立学：怀念编辑出版家阙道隆》，《中国编辑》2009年第5期。

有编辑""出版编辑本位观""编辑中介论"等鲜明学术观点,在编辑学研究历史上引人瞩目。第三,编辑学家都乐于奉献,笔耕不辍,都在编辑学著述方面有成就、有影响。刘杲的《刘杲出版文集》《刘杲出版论集》《出版笔记》《我们是中国编辑》,邵益文的《20世纪中国的编辑学研究》、《一切为了读者》、《编辑的心力所向》、《一个编辑出版者的自述——为编辑研究和编辑学学科建设尽一份力》、《编辑学在新中国茁壮成长》(全四辑),王振铎的《编辑学原理论》(合著)、《编辑学理与媒体创新》、《编辑学通论》(合著)、《文学与编辑》,阙道隆的《编辑学理论纲要》《实用编辑学》,戴文葆的《编辑工作基础教程》、《历代编辑列传》(系列论文),林穗芳的《列宁和编辑出版工作》《中外编辑出版研究》,蔡学俭的《离不开这片热土——我的编辑出版理念》,任定华等的《科技期刊编辑学导论》《编辑学导论》,刘光裕和王华良的《编辑学理论研究》,高斯的《编辑规律探论》《出版审美论》,徐柏容的《杂志编辑学》《书籍编辑学》《期刊编辑学概论》《编辑创意论》《编辑优化论》《编辑选择论》,向新阳的《编辑学概论》,胡光清的《编辑论编辑》,蒋广学的《编辑通论》,张如法的《编辑社会学》、《编辑的选择与组构》(合著),宋应离的《中国大学学报简史》《中国期刊发展史》《献身新中国出版事业的出版家》《宋应离出版文丛》等,不仅表征了他们的执着勤奋、专业情怀,而且表征了他们的学识才思、水平能力。正是这些丰厚的著述,彪炳了他们在编辑学研究上的地位和影响。第四,编辑学家都做过编辑,都有第一手的编辑经验和编辑业绩,都是编辑出版领域的行家里手。戴文葆历任"人民出版社、世界知识出版社、三联书店编辑部副主任,中华书局编辑,文物出版社、人民出版社、三联书店编审",一生编辑了大量优秀作品,是首届"韬奋出版奖"获得者。林穗芳从事编辑工作近40年,编辑成果丰赡,编辑业绩斐然,是第二届"韬奋出版奖"获得者,享受政府特殊津贴。蔡学俭曾在2008年时说:"我从事出版已历68年,其中与《出版科学》的关系，从1986年到现在有32年……"①王华良担任《复旦学报》《编辑学刊》副主编，曾以《编辑学刊》为平台组织编辑学基本理论论争，推动编辑学学术研究深化。杨焕章是《中国人民大学学报》主编、中国高校文科学报研究会第一任理事长，引领高校学报编辑学的开展。宋应离曾任《河南大学学报》主编、河南大学出版社社长，在《河南大学学报》"编辑学研究"栏目创设、出版社"编辑学研究丛书"出版方面贡献突出，前者使"编辑学首次登上我国学术研究的殿堂"，后者"开中国大学出版社出版编辑学研究丛书之先河"②。第五，编辑学家都参与或者支持编辑学学科建设，在编辑学高等教育、教学以及人才培养方面作出过卓越贡献。宋应离、王振铎活跃在河南大学编辑出版教育教学第一线30多年，既参与指导河南大学编辑出版学专业建设，又亲力亲为培育培养编辑出版方向硕士研究生。刘杲撰写专门提案，建议在高等学校设立编辑出版学硕士学位授予点。戴文葆兼任北京大学、南开大学编辑学专业兼职教授，自编《中国编辑出版史讲义》，开设《中国编辑出版史》课程。

概而言之，编辑学家这一职业主体称谓，既是有高度专业理论自觉意识的编辑出版家，也是有丰富编辑实践经验和卓越建树的编辑学研究家，更是在编辑出版实践和编辑学理论研究两个方面都有着突出贡献的编辑出版主体。像选入本书的德高望重的行业管理型专家刘杲、邵益文、蔡学俭，成就卓著的业界大师型专家阙道隆、戴文葆、林穗芳，学养深厚的学界研究型专家王振铎、任定华、刘光裕、杨焕章、王华良、宋应离，以及因各种原因没有选入本书的高斯、巢峰、徐柏容、赵航等一大批编辑学研究的专家、学者，都可称为编辑学家。以他们为代表的

---

① 蔡学俭：《我和〈出版科学〉：纪念〈出版科学〉创刊二十五周年》，《出版科学》2018年第6期。
② 王建平：《河南大学编辑学研究20年综述》，《河南大学学报（社会科学版）》2007年第1期。

新中国第一代编辑学家的出现，是新中国成立70年来编辑主体发展的一个特有现象，更是出版主体职业认同自觉和专业理论觉醒的必然结果，既反映了我国编辑出版业发展的高度的文化自觉，又是编辑出版实践发展到一定阶段的产物。这个一定阶段，就是编辑出版的实践主体对自己所从事的职业不再是一种无意识的实践，而是对编辑实践的性质、功能、价值、发展规律有着更为自觉的反思、深刻的省察，并通过这种省思来更好地实现编辑职业价值的自我确认。

二、当代编辑学家：学术思想及其历史地位

马克思主义唯物史观认为，人是社会的主体，是推动社会前进不竭的动力。社会发展的历史，也就是人们从事社会实践活动的历史。人是影响社会前进的最活跃因子。正如列宁所说："全部历史本来由个人活动构成，而社会科学的任务在于解释这些活动"[①]，在编辑学理论建构的70多年历史中，对编辑学本质规律的持久探寻，孕育造就了两代乃至三代编辑学家，特别是第一代编辑学家，他们筚路蓝缕、开启山林，为中国的编辑学建设矗立起了一个个标杆、一座座丰碑。如果说，一部中国编辑学学科史，就是一部编辑学家活动史的话，那么，新中国第一批编辑学家的开拓、建构之功，在这段历史中则光照千秋，泽被后世。

回顾这段历史，20世纪80年代，随着改革开放政策成为国策，编辑出版领域发生了翻天覆地的变化。第一个编辑研究专业刊物《编辑之友》在山西创办，第一个编辑学会在上海成立，中国出版发行科学研究所在北京建立并召开首届出版科学学术讨论会，北京大学、南开大学、复旦大学同年开始招收编辑出版学本科生。众多"第一"的出现，不仅助推了编辑学研究在中国的狂飙突起，而且唤醒了中国编辑沉睡几千年

---

① 《列宁全集》第1卷，人民出版社2013年版，第360页。

的主体意识，一大批长期奋斗在编辑出版一线的编辑工作者，积极投身到编辑学研究的热潮中去，先是总结经验、分析实务，继而转向编辑学基本理论问题的讨论和论争。论争围绕编辑学理论框架和编辑学活动规律展开，焦点集中在编辑概念、研究对象、学科性质、研究内容、主客体关系、学科范畴等问题上，争论时间之长，参与人数之多，争论程度之激烈，是新中国70多年编辑学研究历史上史无前例的，也是其他学科研究中所少见的。从参与的人员看，既有刘杲、邵益文、蔡学俭、高斯等从中央到地方出版系统的行业领导，也有阙道隆、戴文葆、林穗芳、巢峰、徐柏容、庞家驹、蔡克难、杨晓鸣、孙宸等具有丰富编辑实践经验又潜心钻研编辑学研究的业界大师，还有王振铎、任定华、刘光裕、王华良、杨焕章、赵航、宋应离、张如法、蒋光学、靳青万等既从事高校学报编辑工作又承担编辑学教育教学任务的学者、教授。他们各持己见，争鸣讨论，见仁见智。论争中观点相近或大致相近的人越走越近，由个体到群体，再到"扎堆儿"出现，形成了以阙道隆为代表的"选择优化派"，以王振铎为代表的"文化缔构派"，以任定华为代表的信息智化或"信息传播派"，以刘光裕、王华良为代表的"中介服务派"等编辑学理论流派。

一般来说，一个学科内一种理论流派的形成，至少需要三个条件，一是认识主体针对学科的基本问题有独到的见解；二是认识主体的认识有系统性，形成一定的理论体系；三是认识主体在理论问题核心问题观点相同或相近的基础上有一定的群体性。判断编辑学理论流派是否形成，也是看这三个条件。编辑概念是编辑理论研究的逻辑起点，编辑本质是编辑概念认识的关键所在。编辑学理论之所以有不同的研究流派，首先是因为研究者对编辑概念、编辑本质认识不同，并由此形成了不同的理论认知。其次，在这些问题的研究中又形成观点相近或大致相近的研究群体。……编辑理论研究有几种编辑观,并在此基础上形成几种不同的有影响的核心观点相似的理论体系,编辑学理论研究就有几种流派。①

罗志田教授曾说:"多数思想观念都是在反复表述和付诸实践的过程中,伴随着各式各样的理解甚至各种歧义和冲突,在不断辩论和竞争中发展的。"②随着论争的深入,编辑学研究得以深化——编辑学学科框架得以提出、概念讨论得以展开、方法认知得以探讨,学术阵地得以不断拓展,编辑学作为一个独立学科建设和理论研究的学术地位得以确立。换言之,第一代编辑学家群体中的任何一个具体见解的提出者和先后参与争辩者,虽然有其特定的动机和意图,虽然受到时代环境、认知眼界的限制,但毕竟通过他们的登台亮相、对话交流、切磋互动,编辑学才登上了中国的学术舞台,他们的思想也才成为编辑学"历史上的思想"。

有人说,20世纪八九十年代的编辑学研究,百花齐放,百家争鸣,是编辑学研究的深化期、高涨期。这一时期的研究,像一面光彩夺目的旗帜飘扬在编辑学研究的道路上。仰望这面旗帜,可以看到刘杲、邵益文、蔡学俭、高斯等从行政领导岗位走到编辑学研究的前台,从管理者到编辑学家的风姿风采;可以观览戴文葆、阙道隆、林穗芳等从编辑家到编辑学家的瑰丽人生;可以见证王振铎、任定华、刘光裕、杨焕章、宋应离、王华良、赵航等从高校教师到编辑教育家,从学报编辑到编辑学家的华丽转身。这些个性不同、经历各异的编辑学家的集结、崛起,对中国编辑学研究来说意义重大。历史为证,他们作为编辑学研究

---

① 姬建敏:《中国编辑学研究60年(1949—2009)》,社会科学文献出版社2015年版,第233页。
② 罗志田、张洪彬:《学术史、思想史和人物研究:罗志田教授访谈》,《学术月刊》2016年第12期。

的开拓者、奠基者、引领者、实践者,有的在编辑学理论建构方面功勋卓著,有的在编辑学某一领域引领潮流;有的开辟了编辑学理论研究的不同流派,具有突出的学术建树;有的参与缔造和领导了中国编辑学会的创立和发展,具有引领者和组织者的作用……他们为了编辑学学科体系的建立和完善,为了编辑学在中国的诞生和发展,做出了不可磨灭的贡献。正所谓人能弘道,道亦弘人,一个人、一群人未必能代表一个时代,但一个时代确实可能因为一个杰出人物、一群杰出人物而得到表现、表述。

三、当代编辑学家学术思想:研究价值及其启示

"人事有代谢,往来成古今。"人们常说,以史为鉴,可以明得失、知兴替。"充分地理解过去——我们可以弄清楚现状;深刻认识过去的意义——我们可以揭示未来的意义;向后看——就是向前进。"[①] 当前,编辑出版业既面临经济全球化和信息数字化的新形势,又面临改革转型进入"深水区"的困境。而改革转型作为承前启后、继往开来的历史大事件,需要研究新情况、新问题,同时,也需要研究基本理论和历史经验的新运用。在这样的背景下,对当代编辑学家学术思想进行研究,无疑具有重要的学术价值和启示意义。

一是可以拓展编辑学研究的内容和方法,突出编辑学思想史研究的内涵。我国第一代编辑学家无论是个体还是群体,都有着高度的专业理论自觉意识,有着卓越的学术建树。比如,刘杲的"编辑学是一门新的学科""编辑学不是出版学的一个分支。编辑活动的范围远远超越出版活动""编辑学的研究对象是编辑活动""编辑活动基本的客观规律是对科学文化成果的选择加工""建立普通编辑学是编辑学科建设的最终

---

① 李存光编选:《世纪良知:巴金》,人民文学出版社2000年版,第389页。

目标";戴文葆的"编辑活动起源于殷商",孔子是"中国编辑史上留下姓名的第一位编辑","编辑学既具有深厚的理论性,又具有全面的应用性",编辑学"必早于目录、版本、校勘、辑佚诸学而流布","编辑不是简单的重复劳动";王振铎的"编辑学的基础理论应包括三个基本原理:文化缔构原理、符号建模原理和讯息传播原理",编辑活动规律的"六元论""主体间性说""媒介间性说",编辑活动的本质是"缔构文化""创造媒介"等;杨焕章的"编辑定义是编辑学体系建立的基础""是编辑学的起点和前提""编辑学学科地位的确定需要马克思主义哲学提供根据""编辑学基本理论的确立需要马克思主义哲学提供方法""编辑学体系的构建需要马克思主义哲学提供原则""编辑学是关于编辑的科学""编辑活动是编辑学研究的对象";等等,他们的见解和思想,构成了有中国特色的编辑学理论的核心内容。对这些内容尤其是编辑学家个体的学术思想进行研究,既能够从理论建构者个体本位出发,揭示出个体视域下编辑学理论发展的内在逻辑,透视出学科发展背后的思想演变过程,拓展编辑思想史研究的当代空间,为我国编辑学理论成长提供借鉴;又能够在一定程度上扭转过去编辑出版史研究"见物不见人"的倾向,构建"以人为本"的研究范式和方法,补充以群体抽象为基础的"宏大叙事"之不足,凸显老一代编辑学家鲜活、灵动的思想情感,彰显编辑学科发展的历史就是编辑学人活动的历史,是人与社会时代行业互存互动的历史,实现编辑史研究当代话语呈现的丰富内涵与多元模式。

二是可以挖掘和保存新鲜史料,夯实编辑学研究的基础。习近平总书记曾强调指出,历史是最好的教科书。而鲜活的历史,离不开鲜活的人物。编辑学家作为一个个特立独行的鲜明存在,同编辑家、出版家一样,为编辑出版事业繁荣和发展作出了重要贡献。然而,相对于对编辑家、出版家的宣传和研究,编辑学家则没有受到足够的重视。综观现有的研究,相关成果不仅少而零散,而且对编辑学家的称谓缺乏相对科学的界定、对编辑学家的选择没有统一的标准,研究内容指向不一,有的重理论归纳，有的偏业务描述，个别观点尚存龃龉抵牾之处，未形成合力，缺少集中的系统呈现。更为严重的是，一代大家阙道隆、戴文葆、林穗芳、任定华、杨焕章、王振铎等已离我们而去，健在的许多著名编辑学家也已耄耋之年，垂垂老矣。因此，抢救历史记忆，还原历史图景，展现鲜活的个性与珍贵的史料，就有着非同寻常的学术价值。特别是编辑出版学作为中国人自主创建的人文社会科学，第一代编辑学家"亲历亲为"论说、叙事、创想、创构编辑学理论的实践活动，既展现了我国编辑学从无到有、编辑学研究由浅入深、学科由小到大的艰辛历程，也反映了当代中国编辑学研究和发展的斐然成就。从某种程度上来说，他们的学术研究和学术思想，就是一种文化存在，就是一种历史见证；他们的论著，就是一种历史真实，就是一种史料。而真实丰富的史料积累是史学研究不可或缺的重要基础。因此，对编辑学家学术思想进行研究，不仅可以提供生动形象的个体样本，发掘收集真实鲜活的原始史料，而且能丰富和完善编辑学学科史、思想史研究。

三是可以学习老一代编辑学家的光辉业绩和高尚品格，唤起编辑学人的文化使命和责任担当意识，引领编辑学人敬业奉献。编辑学家作为一个重要的群体类型，既热衷于编辑学理论研究，在理论建设方面卓有成就，又在编辑出版实践领域得心应手、成就突出，具有理论与实践相得益彰、务虚与务实有机结合的主体思想特征。比如，阙道隆参与编辑、主持出版的重要书刊《红岩》《青年文摘》等，都是经久不衰的经典，前者教育了一代又一代的读者，后者成为改革开放后我国发行量最大的青年刊物。戴文葆16岁开始做编辑，曾以审编高难度书稿著称，在人民出版社、三联书店、中华书局等著名大社审读加工和编辑出版了《谭嗣同全集》《朝鲜李朝实录中的中国史料》《严复集》《韬奋文集》《鉴真》《中国古长城遗迹调查》《胡愈之文集》《胡愈之出版文集》《胡愈之译文集》《宋庆龄选集》《宋庆龄书信集》等一大批有分量、有影响的著作。王华良"在求学时期当过油印的级刊编辑、壁报黑板报编辑,工作以后当了出版社的哲学编辑、文艺编辑,大学里的校刊编辑、学报编辑"[1]以及编辑学专业学术期刊编辑,20世纪90年代他以《编辑学刊》为平台,组织稿源展开对编辑概念的深入探讨——"从1990年11月到1997年12月发表争鸣文章20余万言,涉及的作者分布于全国11个省、市的高校、出版社及其他编辑出版和科研单位"[2],发挥了组织者、策划者、引领者作用,助推了编辑学在中国枝繁叶茂、茁壮成长。如此理论与实践、学识与经验的相互结合、相互成就,使他们的研究各有千秋、各擅胜场。

更难能可贵的是,老一代编辑学家大多德高望重,品行高洁,才情兼具,知行合一。比如,刘杲2018年5月13日荣获韩国第三届"南涯安春根出版文化奖",奖金为500万韩元(合人民币3.12万元),5月21日他收到奖金,5月22日就把奖金全部捐给了中国红十字基金会,用于抗震救灾。时任编辑学会秘书长的程绍沛先生回忆说:"刘杲同志任学会会长13年零5个月,没有工资,没有任何补贴,由女儿陪同抱病参加年会,费用自理。"[3]邵益文曾说:"有一点还可以感到自豪,那就是——在半个多世纪的编辑生涯中,自信没有编过一本坏书,一本对不起读者、对不起子孙后代的书"[4],"我虽然做了60多年的编辑工作……但我认为我一直是一个打杂的,跑龙套的","在工作中,总是小心翼翼,不敢懈怠","把自己的全部精力投向编辑学理论建设"[5]。蔡学俭说:"既当编辑,就一定要有不为名利的奉献精神,全心全意的敬业精神,坚忍不拔的执着精神,锲而不舍的追求精神,勤奋刻苦的钻

---

[1] 王华良:《我和〈编辑学刊〉的情缘》,《编辑学刊》1994年第6期。
[2] 丛林:《中国编辑学研究述评(1983—2003)》,齐鲁书社2004年版,第13—14页。
[3] 程绍沛:《道德的力量 人格的魅力——刘杲与编辑职业道德建设》,《编辑笔述》,中国青年出版社2013年版,第210、211页。
[4] 邵益文:《一切为了读者》,首都师范大学出版社2010年版,第1页。
[5] 邵益文:《一个编辑出版者的自述:为编辑研究和编辑学学科建设尽一份力》,中国书籍出版社2016年版,《自序》。

研精神"①,"我作为执行主编,自然更加兢兢业业,不敢有丝毫懈怠"②。阙道隆说:"我们搞研究、做学问,离不开一个'勤'字。'勤'就是不偷懒,不怕苦,做事持之以恒;'谨'是严谨审慎,一丝不苟,谈意见、下结论,要有证据;'和'是心平气和,虚心体察,不感情用事,在学术研究上有平和公正的气度;'缓'是不轻易作结论,不轻易发表著作,在意见不成熟、证据不充分时,宁可缓一缓,放一放。"③宋应离说:"多少年来我和图书馆结下了不解之缘。多少时光和岁月迷恋在图书馆期刊堆里,不计寒暑,翻阅资料,白天查阅,晚上梳理思考。查到有用的资料时,如痴如醉,忘乎一切,其乐无穷","工作无一日懈怠,学习无一日放松"④,等等。如此道德、品行、修养、追求,加上他们的学问、激情、睿智、文采,既凸显了老一代编辑学家大公无私的高尚情操,严于律己的优秀品质,知行合一的实践智慧,宁静致远的奉献精神,又集中展现了编辑学家的群体素质、个人风貌,显示了他们人格、人品、人性的光辉。在社会大环境有点浮躁的今天,总结表彰老一代编辑学家的优良作风和出版文化理性,有助于继承和弘扬他们的职业素养和道德品质,发扬光大他们的编辑学学术事业,鼓励新一代编辑学人在媒体融合环境下守正创新,拼搏奉献,成长为学者型编辑、研究型编辑出版家。

四是有助于反思历史积存,触摸历史本质,总结经验,启迪未来。英国史学家爱德华·霍列特·卡尔在他的经典著作《历史是什么》中曾说过:"历史是历史学家跟他的事实之间相互作用的连续不断的过程,是现在跟过去之间的永无止境的问答交流。"⑤如果以问答逻辑为中心并

---

① 蔡学俭:《编书杂感》,《出版科学》1996年第1期。
② 蔡学俭:《办刊十年》,《出版科学》2003年第2期。
③ 程绍沛:《倾心执着编书潜心研究立学:怀念编辑出版家阙道隆》,《中国编辑》2009年第5期。
④ 《宋应离出版文丛》,河南大学出版社2013年版,《自序》第3页。
⑤ [英]卡尔:《历史是什么》,吴柱存译,商务印书馆1981年版,第28页。

关联其历史语境进行分析的话，作为新中国成立70多年来编辑主体发展的一个特有现象，第一代编辑学家群体的崛起、发展，既与20世纪八九十年代改革开放、生机盎然的社会大环境有关，也与中国编辑学会营造的鼓励争鸣、鼓励创新、兼容并包、团结友善的研究局面有关，更与他们自身的从业经验、资质资历、学养修养、毅力品质有关。借用"有意义的命题是对特定环境中的问题的回答"[①]，第一代编辑学家的建树和业绩固然是主流、是方向，但问题、缺陷等也客观存在，不能回避。比如，编辑学理论论争这么多年，编辑学的核心概念有多少，多少达成了共识，多少还需要商榷？编辑学的主体理论有哪些，哪些得到了证明，哪些还需要进一步论证？尤其与相邻、相近学科相比，如传播学主体理论——从传播者切入，有把关人理论、意见领袖理论、二级传播理论；从传播效果切入，有议程设置理论、知沟理论、涵化理论等。编辑学的主体理论是什么，如何向其他学科证明自己的理论，进而赢得学科的合法性？这是编辑学学科的短板，也是第一代编辑学家乃至当今编辑学研究者还没有解决的问题。

如今，第一代编辑学家所处的时代离我们越来越远，中国人文社会科学在理论形态、话语方式、思想资源、方法路径等方面都发生了变化，"编辑学"学科名称也被政府认可的高校本科专业名称"编辑出版学"所替代、所包含。就编辑学理论研究而言，第一代编辑学家所构建的传统编辑学理论是建立在以往纸质媒介编辑实践基础上的单一媒介研究，现在的媒介融合，打破了传统媒介泾渭分明的状况，改变了编辑活动的格局，编辑活动的形态、编辑工作的方式、编辑实践的对象、编辑主体的构成等都发生了天翻地覆的变化。比如，从图书、期刊纸媒编辑到音频、视频、游戏、软件数字化编辑，是专业编辑活动向数字化智能

[①] 李频：《"读书无禁区：〈读书〉创刊影响分析"》，《河南大学学报（社会科学版）》2021年第3期。

编辑活动的发展，是单一编辑活动向复合型编辑活动的转向，是较为封闭的编辑流程向开放共享的编辑流程的转变。王国维说，一个时代有一个时代的文学。一个时代自然也有一个时代的编辑学。面对日日新、苟日新、又日新的编辑出版生产传播模式，如何传承与赓续第一代编辑学家优秀编辑学理念和理论自觉，批判与扬弃第一代编辑学家的思想积存，修正他们的缺陷，补足编辑学学科建设的短板，再铸编辑学研究的辉煌，不能不令人深长思之。

当然，从回应时代的问答逻辑出发，建构经得起时间检验的编辑学主体理论，推进适合各种媒介的普通编辑学理论体系建设，既是第一代编辑学家的追求，也是媒介融合时代编辑学研究者无法回避的现实问题。从这一维度出发，第一代编辑学家对普通编辑学的向往、追求，对编辑学研究的激情、信念、成就、贡献，将是我们永远的精神财富。"物质的力量是伟大的，精神的力量同样伟大"，"高尚的编辑精神同样具有巨大的精神力量，是引领和激励编辑活动获得成功的精神支柱。编辑前辈的事迹证明了这一点，当代编辑的经验也证明了这一点"。[①]向中国第一代编辑学家学习，书写好建设有中国特色的编辑出版学理论大文章，为编辑出版业高质量发展提供智慧和支撑，这是当代编辑学家学术思想研究给我们的启示，也是时代赋予我们的职责和任务。

四、本书的编选原则

编辑学创立 70 多年来，从"编辑无学"到"编辑有学"共识的建立，从编辑理论研究的兴起到编辑理论流派的形成，从编辑学教育的艰难起步到编辑学学科框架的基本形成，编辑学发展的每一步都凝聚着几代中国编辑学人的艰辛努力和辛勤汗水。筚路蓝缕的李次民、余也鲁，

---

① 刘杲：《编辑精神的嘹亮赞歌——〈编辑之歌〉序》，《出版发行研究》2009 年第 2 期。

深耕拓荒的刘杲、阙道隆、王振铎，后起之秀的靳青万、吴平、周国清、李频、段乐川，等等，几代编辑学人以各自学有新见的一部部论著，为编辑学成长为中国学科"百花园"里的一门独立学科书作出了杰出的贡献。鉴于编辑学是一门新学科、小学科，编辑学理论建构还处在奠基阶段，学科体系建设和其他相邻学科相比还比较稚嫩；且20世纪八九十年代崛起的编辑学家群体在我国编辑学研究历史上成就辉煌，本书的研究对象就框定为从20世纪80年代编辑学研究兴起以来为编辑学学科建设拼搏奋斗、开疆扩土的第一代编辑学家，特别是那些既有丰富的编辑实践经验，又有深刻的编辑文化理性，既在学科史上有着标志性地位，又在理论构建中有着特殊贡献，并经受了历史和实践检验的著名编辑学家。

（一）人物入选标准

总标准：在编辑学理论研究和理论建构中有一定创见和造诣的专家、学者。

具体标准：一是热衷于编辑学理论研究，执着于编辑学学科建设，为编辑学在中国的发展鞠躬尽瘁；二是有着高度的编辑文化自觉和编辑学理论自觉，在编辑学理论研究方面有创见、有建树；三是乐于奉献，笔耕不辍，在编辑学著述方面有成就、有影响；四是做过编辑，有第一手的编辑经验和编辑业绩，在编辑出版领域称得上行家里手；五是参与或者支持编辑学学科建设，在编辑学高等教育、教学以及人才培养方面作出过卓越贡献；六是阅历丰富、德高望重、年龄在85岁以上，对编辑学理论研究有独特思想和系统理论体系。

根据上述标准，本书遴选出12位编辑学家为研究对象。具体分为行业管理型编辑学家、业界大师型编辑学家、学界研究型编辑学家三类。第一类有刘杲、邵益文、蔡学俭；第二类有阙道隆、戴文葆、林穗芳；第三类有王振铎、任定华、刘光裕、王华良、杨焕章、宋应离。

当然，符合上述标准的并非只有这 12 位，限于种种原因，本书遴选可能不够全面，分类可能不够科学，还请专家学者批评。

（二）人物资料取舍

总原则：重点展现当代编辑学家的编辑学学术思想。

具体原则：重编辑学学术观点、学术思想、理论建树，轻工作生活；不面面俱到。

（三）人物学术思想评价

总原则：遵循历史唯物主义的科学态度，对编辑学家学术思想评价尽可能客观、公正；对学术观点、学术造诣，尽可能不溢美，不掩过。

具体方法：交代编辑学家生平、经历，分析其论著，提炼其观点，总结其思想，概括其成就，凸显其个性，彰显其特色，以论为主。主要内容是当代编辑学家的理论创见和学术造诣，核心和关键是编辑学学术思想和学术贡献。

第一章 行业管理型编辑学家

居高声远　非藉秋风

——中国编辑学会首任会长刘杲的编辑学思想

"刘杲同志是当代著名的出版家，也是杰出的编辑学家。"① 他作为新闻出版部门的领导，对编辑学、编辑学研究在中国的兴起，对编辑学及编辑学学科建设所作出的贡献，有目共睹。因此，对刘杲编辑思想的研究，在2011年10月中国编辑学会和原新闻出版总署等组织召开的"纪念刘杲80大寿及刘杲同志编辑思想研讨会"大会上有过集中呈现：参加会议的代表宋木文、邵益文、徐柏容、蔡学俭、王振铎、陈昕、贺圣遂、蔡克难、蔡鸿程、赵航、汪家明、程绍沛、李频、靳青万、于翠玲等，或重点阐述刘杲的编辑学学科建设成就，对其编辑出版理论研究的贡献进行分析；或特别强调刘杲的编辑出版学思想，围绕其某一方面的建树进行论述。作为中国编辑学学科发展的重要见证者、参与者和推动者之一，刘杲的编辑学研究贡献具有多层次、多方面和多维度的价值和意义，需要从更加系统全面的视角加以认识和探究。尤其是将其"拓荒者"和"引路人"的组织、引领之功深入地加以挖掘和呈现，无疑对于更好地审视20世纪80年代以来中国编辑学研究的历程及中国编辑学理论的流变发展具有重要的启示意义。

刘杲出生于1931年，湖北省武穴市人。1956年开始从事编辑出版工作，历任《学习生活》《七一》等刊物编辑；1972年后历任国家出版

---

① 邵益文：《刘杲同志对编辑学研究的重大贡献》，《中国编辑》2011年第6期。

局党组秘书、研究室主任,中央宣传部办公室副主任。1979年到1993年,历任国家出版局出版部主任,文化部出版局副局长,国家出版局、国家版权局负责人,新闻出版署副署长、党组副书记,兼国家版权局副局长;著作权法起草小组组长,出版法起草小组组长。1992年中国编辑学会成立,他作为创始人之一,任中国编辑学会第一、二、三届(1992—2006)会长,后担任名誉会长至今。曾出版《刘杲出版文集》(中国书籍出版社1996年)、《刘杲出版论集》(湖北人民出版社1998年)、《出版笔记》(河北教育出版社2006年)、《我们是中国编辑》(海豚出版社2011年)等著作,对出版工作、编辑工作、发行工作、人才培养与教育、版权、科研、编辑史、出版业的对外交流等都有论及,为建设有中国特色的社会主义出版事业贡献了卓越的智慧和睿智的思想。尤其是在编辑学理论建设和编辑学学科发展方面,刘杲"为编辑学研究制定了正确的方针""正确解决了编辑学学科的定位问题""明确地解决了编辑学的学科定性问题";通过"积极建立编辑学理论体系,倡导制定编辑学的理论框架","对编辑活动基本规律的不断探索"[①]等,不仅从领导者、组织者、理论建构者层面洞见了我国编辑学从无到有、编辑学研究从弱到强的发展历程,而且展现了他本人在编辑学研究上的学术思想和见地。

一、有开拓:编辑学学科建设思想

任何一门学科都有自己的学科思想。20世纪80年代编辑学兴起之初,面对编辑有学、无学之争,时任新闻出版署副署长的刘杲颇为关注。1985年5月,他在参加当时全国图书编辑人才培养工作座谈会上,就明确指出编辑学是一门学科,需要大力发展。他说:"编辑有学无学?

[①] 邵益文:《刘杲同志对编辑学研究的重大贡献》,《中国编辑》2011年第6期。

乔木同志对教育部的回信已经作了肯定的答复。"[1] 在肯定编辑是一门学科的同时,他指出编辑有学和编辑学科的建立是两个问题。编辑有学,并不等于编辑学就已经建立起来。他说:"真正建立编辑学的理论还需要作很大的努力。……需要对古今中外大量的编辑活动的实践经验加以总结,加以概括。建立编辑学离不开对编辑活动的社会功能的探讨。"[2] 他指出,迄今为止,人类科学文化传播和积累的基本手段是各种出版物,而所有的出版物无一不是编辑活动的成果。这一时期刘杲不仅高度肯定编辑学的兴起,积极宣传编辑活动对文化积累和文化传播的作用,而且从一个出版管理者的视角对编辑学建立提出了中肯的意见,但他并没有深度介入这门学科的研究中去。直到1993年卸任新闻出版署领导职务,退居二线担任中国编辑学会会长一职,他才真正地全身心地进入中国编辑学研究的中心领域。中国编辑学会是在1992年10月成立的,刘杲任首任会长,直到2006年6月卸任会长、担任名誉会长止,在他连续担任三届中国编辑学会会长这一时段,他积极投入编辑学学科创建,大力推进编辑理论探讨,为编辑学研究热潮的到来和编辑学在中国的建立立下了汗马功劳。这一时期,是刘杲编辑学研究的关键时期,形成了其独特的、有开拓性的编辑学学科建设思想。

(一)"研究中国编辑学的目的,是为建设有中国特色社会主义出版事业服务","编辑学研究要坚持为建设有中国特色社会主义出版事业服务"

确立编辑学研究的目的和方向,是编辑学学科建设的关键问题。作为原国家新闻出版署副署长、党组副书记,刘杲牢记自己肩上的政治责任,始终把握好编辑学学科建设的大局。早在1992年中国编辑学

---

[1] 刘杲:《刘杲出版文集》,中国书籍出版社1996年版,第87页。
[2] 刘杲:《刘杲出版文集》,中国书籍出版社1996年版,第87—88页。

会的成立大会上,他就明确提出,编辑学的研究,要为服务有中国特色的社会主义出版事业服务,并将此作为编辑学学会的根本宗旨。他说:"编辑学会作为群众性的学术团体,它的任务是以马克思主义为指导,遵守党的基本路线和出版方针,开展编辑工作、编辑理论、编辑学和编辑史的研究,探讨出版工作中的重大问题,逐步建立编辑学学科的理论体系,促进出版事业的繁荣,更好地为我国社会主义现代化建设服务。"[1]1993年,在编辑学会首届年会闭幕式上,他说:"编辑学研究,不是为研究而研究。开展编辑学研究的目的,是为了建设有中国特色社会主义的出版事业。"[2] 在之后的很多文章中、很多场合里,他都一再强调这一观点。1999年,他在《我们的追求——编辑学》一文中指出,编辑学研究的目的就是服务国家的出版事业。他说:"建立编辑学又是为了什么?我以为,是为了服务有中国特色社会主义出版事业。"[3]他还说,这个问题看似微不足道,实际上是编辑学与大局关系的重大问题。同年,他在中国编辑学会一次座谈会上,谈到中国编辑学研究的特点时,讲了四个问题。一是编辑学的起源。他认为,中国编辑学的建立,"渊源于五四新文化运动",是欧风美雨促成的结果。他从学科发展的角度提出,编辑学是在整个中国现代社会科学的建立过程中兴起的一门学科,是学习借鉴西方的重要结果。二是编辑学兴起的基本原因。他认为,中华文化重内容建设的特质,决定着以文化内容优化和选择为手段的编辑学在中国必然受到重视。他说:"精神文明重在建设,这是编辑学在中国受到重视的基本原因。"[4] 在他看来,编辑学之所以在西方没有发展起来,一个很重要的原因是西方出版业完全市场化,这就决定了他们更重视营销而不是内容编辑。三是编辑学兴起的直接原因。他认为,

---

[1] 刘杲:《刘杲出版论集》,湖北人民出版社1998年版,第479—480页。
[2] 刘杲:《刘杲出版文集》,中国书籍出版社1996年版,第540—541页。
[3] 刘杲:《出版笔记》,河北教育出版社2006年版,第321页。
[4] 刘杲:《出版笔记》,河北教育出版社2006年版,第341页。

出版事业的改革和发展，是中国编辑学在 20 世纪 80 年代兴起的直接原因。四是编辑学研究的目的。他说："研究中国编辑学的目的，是为建设有中国特色社会主义出版事业服务。"①2002 年在编辑学会成立 10 周年庆祝大会上，他说："为建设有中国特色的社会主义出版事业服务，是我国当代编辑学研究的历史责任，是编辑学一切研究活动的出发点和落脚点，是编辑学安身立命的基石。"②他强调，编辑学研究，不论持何种观点，最终都要以推动出版事业繁荣为归宿。他认为，明确了这个目的，有助于编辑学研究保持正确的方向。与此同时，他还指出，只有坚持正确的方向，编辑学研究才会充满活力和价值。他说："在中国、在当代，编辑学研究的活力和价值，只能根植于为建设有中国特色社会主义出版事业服务这个目标上。"③据统计，"凡是编辑学的会议或与编辑有关的议题，刘杲的每次讲话几乎都离不开'为社会主义现代化建设服务''为中国特色社会主义出版事业服务'的话题，在他的三本文集里，仅强调政治方向的术语就出现过几十次"④。可以说，确立为建设中国特色社会主义出版事业服务的编辑学研究目的，是刘杲对中国编辑学学科发展的一大贡献。正是在这一正确原则的指导下，中国编辑学研究在 20 世纪末的发展才进入了热潮期——一大批编辑理论论著得以出版，一大批见解各异、思想纷呈的编辑学观点得以出现，一大批独具特色的编辑学理论体系得以提出，一大批有着理论自觉与文化自觉的编辑学家集中亮相、展现风采。

（二）"要活跃编辑学研究，就要坚持百花齐放百家争鸣的方针"，"理论创新是学科建设的灵魂"

刘杲不仅确立了编辑学研究大的方向、目标，而且他特别倡导编

---

① 刘杲：《出版笔记》，河北教育出版社 2006 年版，第 341 页。
② 刘杲：《出版笔记》，河北教育出版社 2006 年版，第 370 页。
③ 刘杲：《出版笔记》，河北教育出版社 2006 年版，第 370 页。
④ 姬建敏：《论刘杲对编辑学建设和发展的贡献》，《中国出版》2011 年第 24 期。

辑学学术研究的开放性，提倡百家争鸣、百花齐艳。在首届编辑学会成立大会上，刘杲提出要坚定不移地贯彻百花齐放、百家争鸣的方针。他说："学会内部应该形成学术问题自由讨论的空气。只要符合宪法规定的原则，鼓励彼此间的学术探讨和切磋。"[1]针对不同的编辑学理论研究观点，他更是提倡大家畅所欲言，各抒己见，甚至鼓励大家积极争论，在争鸣中求同存异。他说："处于开创时期的编辑学研究，需要各抒己见，畅所欲言，从不同角度充分展开。现在不必急于归纳，更不必急于做结论。"[2]他还说："在编辑学理论研究上现在有很多不同意见，有的问题争论很大。学术问题可以保留不同意见。不同意见的发展，将来无非形成不同的流派。如果编辑学有不同的流派，这也不是坏事。希望不同意见能够发展成为不同学派。"[3]1996年，《中国编辑研究》创刊，刘杲撰写的发刊词题目就是《坚持学术民主学术自由》，发刊词说"作为编辑学研究的《中国编辑学研究》，应当成为坚持百花齐放、百家争鸣的园地，成为坚持学术民主学术自由的园地"[4]。仔细研读刘杲编辑学研究的论著，会发现一个独特景观，就是在涉及编辑学具体观点的争论时，他特别注意自己的编辑学会会长身份，表达自己观点时总是谦虚谨慎，总是以个体身份表达观点，生怕引起学界误会，影响到学界固有的争论。比如，在谈到编辑学学科性质和规律时，他总是特别指出"我认为"，并特别指出这些观点是个人意见，并不是中国编辑学会的意见，"两者幸勿混淆"。即使和编辑专业的大学生对话，他强调的也是："对理论问题的探讨，编辑专业的大学生和编辑学会的会长，享有完全平等的权利。"[5]精辟的论述，谦虚的态度，不仅为编辑学研究制定了正

---

[1] 刘杲：《出版笔记》，河北教育出版社2006年版，第377页。
[2] 刘杲：《刘杲出版论集》，湖北人民出版社1998年版，第491页。
[3] 刘杲：《出版笔记》，河北教育出版社2006年版，第345页。
[4] 刘杲：《我们是中国编辑》，海豚出版社2011年版，第16页。
[5] 刘杲：《雏凤清于老凤声——"未来编辑杯"获奖文集序》，见中国编辑学会秘书处编：《未来编辑谈编辑》，北京出版社1999年版，序第3页。

确的方针，而且还充分显示了刘杲的人格魅力及其编辑学研究方法的科学性。

不仅如此，刘杲还指出："理论创新是学科建设的灵魂。如果没有理论创新，学科建设势必停滞，甚至萎缩。"[①] 在他看来，编辑学从无到有，从幼稚到成熟，一刻也离不开编辑学的理论创新。在编辑学研究中，刘杲对编辑学理论创新最为关注。他说："编辑学理论创新是为了编辑学的成熟和发展，最终目的是更好地为建设有中国特色社会主义出版事业服务。"[②] 他认为，编辑学理论创新需要联系实际。实践是理论的最终来源，理论创新不能脱离实际，向壁虚构。对编辑理论研究与编辑实践工作"相脱节"问题，他提醒学界要高度警惕。如果编辑理论解决不了编辑实践中的新问题、新现象，不为编辑主体所接受，那么编辑理论研究就是一条死路。针对编辑业界存在的轻理论、忽视理论问题，他细致耐心地加以引导。他指出，要注意"吸引做编辑工作的同志关注编辑学理论"，同时又指出，吸引编辑工作同志关注编辑学理论，不等于降低理论要求。他清醒地意识到，理论来源于实践并高于实践，编辑业界对理论的忽视，既有理论本身的原因，更有编辑主体认知的问题。在他看来，降低理论要求，"那样等于取消理论"。为此，他指出，要吸引编辑业界重视理论，只能通过完善理论自身来实现。

与此同时，刘杲对编辑实践的新情况、新问题、新现象，总是富有浓厚兴趣，保持高度的职业敏感，具有敏锐的学科问题意识，并总能提出独到而鲜明的见解。在2003年的编辑理论研讨会上，他提醒研究者注意研究网络编辑活动。他说："现在所有的编辑活动都可以数字化。网络传播日新月异，迅猛发展。研究网络时代的编辑活动特别是研究网络传播的编辑活动，已经刻不容缓。"[③]2011年，在刘杲编辑思想研讨会上，

[①] 刘杲：《出版笔记》，河北教育出版社2006年版，第351页。
[②] 刘杲：《出版笔记》，河北教育出版社2006年版，第352页。
[③] 刘杲：《出版笔记》，河北教育出版社2006年版，第308—309页。

他说:"为了发展数字出版,我们需要研究和规范数字出版的编辑活动流程,需要努力提高数字出版的编辑含量和编校质量,需要加强数字出版的编辑专业队伍建设。"①在提出这些问题之后,他话锋一转,敏锐地指出,编辑理论必须对数字出版中的新的编辑现象进行研究和解释。他说:"问题来了:这里的'再编辑加工',是编辑活动,还是创作活动?这里的 iPad 编辑,是编辑,还是作者?两者之间的边界在哪里?看来,还有待于进一步的观察和研究。"②显然,他对数字出版环境下编辑模式的变化,以及由此带来的编辑活动形态的变化,不仅有着独特而深入的思考,而且将其作为当时编辑理论创新的重大而现实的课题。他希望学界认识到,数字出版时代已然来临,传统出版的战略转型大势已定。编辑活动的形态、模式,编辑主体的素养要求、思维方式、工作形态,等等,都在发生前所未有的变化,这些变动不居、创新不断的编辑实践,对编辑理论的创新也提出了空前的挑战。数字出版环境下编辑概念是什么,编辑活动的基本规律是什么,编辑模式是什么,编辑规范又是什么,这些都是横亘在编辑学界面前的等待着学人们潜心思索的重大理论问题。

(三)"建立普通编辑学是编辑学科建设的最终目标"

编辑学学科体系是编辑学建设的重点问题之一。刘杲指出,编辑学要成为一门独立的学科,就一定要具有现代科学形态。他说:"我们要从实际出发,逐步建立具有现代科学形态的成熟的编辑学……要从研究编辑学的基本范畴、基本命题、基本规律入手,构建和完善编辑学的理论体系。要研究编辑实务、编辑规范和编辑史,尤其是近百年的中国编辑史。"③他认为,编辑理论、编辑实务和编辑史构成了编辑学学科体系建设的重要内容。加强比较编辑学研究,对中外编辑活动进

---

① 刘杲:《我们是中国编辑》,海豚出版社 2011 年版,第 6 页。
② 刘杲:《我们是中国编辑》,海豚出版社 2011 年版,第 6 页。
③ 刘杲:《出版笔记》,河北教育出版社 2006 年版,第 370 页。

行比较研究，加强与国外同行的交流学习，可作为编辑学学科体系建设的重要组成部分。2001年4月，在参加"市场经济和编辑工作"主题座谈会上，他以美国《编辑人的世界》一书作为个案，向与会者提出了学习和研究国外编辑工作经验的重要性。

在庆祝中国编辑学会成立10周年大会上，他说："建立普通编辑学是编辑学科建设的最终目标"，"我们从研究社会主义历史阶段的编辑活动入手，从建立图书期刊编辑学入手，由个别到一般，最终建立涵盖各种传播媒体编辑活动的普通编辑学"。[①] 在编辑学理论框架研讨会上，他说："现在要努力建立普通编辑学。普通编辑学包括历史、理论、应用三个部分。历史，即编辑史，是编辑活动和实践经验的记载和梳理，为编辑理论提供客观依据。理论，即编辑理论，是编辑活动的历史经验和现实经验的理论概况，揭示编辑活动的本质和规律。应用，即编辑实务，应用编辑理论，形成活动规范，指导编辑实践。"[②] 他还指出，在编辑学学科建设中，历史、理论、应用这三个部分互相依存、互相推动；普通编辑学的建设与分支编辑学的建设，也相辅相成、互相推动。2006年，在编辑学会第四次全国代表大会闭幕式上，他说："今后的编辑学研究仍然要以最终构建普通编辑学的学科体系为目标。这是不能动摇的。"[③] 应该说，从确立"最终目标"，到"现在"的"努力"，到"今后"的"不能动摇"，刘杲对构建涵盖各种传播媒体编辑活动的普通编辑学理论体系发展目标的阐述，既高屋建瓴，又脚踏实地。从新媒体层出不穷迭代发展的现实情况看，他的学科体系建设思想，依然不过时、不落伍。

另外，关于编辑史与编辑学科建设的关系，编辑史在编辑学科中的位置，编辑史研究对于编辑学理论研究的作用，刘杲在《编辑史、出版史研究需要支持》《重视编辑史、出版史研究》两篇文章中都有深刻

---

① 刘杲：《出版笔记》，河北教育出版社2006年版，第370—371页。
② 刘杲：《出版笔记》，河北教育出版社2006年版，第345页。
③ 刘杲：《出版笔记》，河北教育出版社2006年版，第413页。

的论述，像"编辑学包括三个部分：编辑理论、编辑实务和编辑史"，"编辑学的历史研究和理论研究，互相推动，相辅相成"，"中国编辑活动的历史经验和当代实践经验，是中国编辑学的基础"等观点，充分表明刘杲对编辑史的理论认知，都是为了建立中国特色编辑学学科体系这一宏伟目标。

（四）"学会工作的总的要求是建立编辑学的理论体系"，"《中国编辑研究》，大家共同的园地"

在编辑学科建设的过程中，刘杲的组织擘画之功最突出的表现当是"在他的领导和推动下，我们中国编辑出版学的研究出现了一个新的局面，达到了一个新的水平"[1]，这其中就包括他在编辑学学科发展平台构建方面的努力。一是搭建有效成熟的编辑学理论讨论平台。在他担任的三届编辑学会会长任上，组织和推动编辑学理论讨论，始终是编辑学会的工作主题。就任首届会长时的报告里，他提出编辑学会的主要宗旨就是服务编辑学研究，推动出版发展。他说："学会工作的总的要求是要通过理论和业务的研究，探索编辑工作规律和科学原理，建立编辑学的理论体系，为发展中国特色的社会主义出版事业服务。"[2]他还提出要每两年开一次全国性的编辑学理论学术研讨会，并建议每个团体会员每年组织一次编辑学理论研讨。据统计，从1992年编辑学会成立到2006年刘杲卸任编辑学会会长期间，共召开编辑学学术年会11届，召开编辑学理论研讨会5届，学术年会少则七八十人，多则100多人；理论研讨会少则30多人，多则50多人。[3]不仅规模较大、阵容

---

[1] 宋木文：《刘杲同志对编辑出版理论建设的重要贡献》，中国建筑工业出版社2015年版。
[2] 刘杲：《出版笔记》，河北教育出版社2006年版，第377页。
[3] 姬建敏：《中国编辑学研究60年（1949—2009）》，社会科学文献出版社2015年版，第301—304页。

较强，而且极大地推动了编辑学研究的发展，扩大了编辑学学科的影响。正如2003年湖北省编辑学会建立10周年之时，他撰文祝贺所说，编辑学会的建立就是为了推动编辑学研究，推动编辑学学科建设，"编辑学会的各项活动都是为了实现这个目标"[①]。二是努力推动创办《中国编辑》《中国编辑研究》刊物，大力拓展编辑学研究阵地。2002年8月，在刘杲等人的推动下，《中国编辑》作为中国编辑学会的会刊正式创刊。该刊创办伊始，他满怀深情地写了发刊词——《我们是中国编辑》，对这份刊物承载推动编辑学理论研究的重任充满期待。2006年学会换届后他又写了卷首语——《春风杨柳又一年》，直言"本刊目前不可能办成纯粹的理论刊物，又不应该办成一般的泛文化的刊物"，只有努力攀登"编辑成就的高峰""编辑理论的高峰""编辑人才的高峰"，才能"前程无限"。不仅有期待、有期许，而且还有具体的内容构思、刊物定位、发展方略。另一本《中国编辑研究》年刊创办于1996年，也是刘杲推动创办并制定了刊物宗旨、撰写了发刊词的重要期刊。发刊词开头第一句话就是"编辑学研究有了一块新的园地"，结尾最后一段话是"《中国编辑研究》，大家共同的园地"，"作为编辑学研究刊物的《中国编辑研究》，应当成为坚持百花齐放、百家争鸣的园地，成为坚持学术民主、学术自由的园地"[②]，足见刘杲对编辑学学科发展平台的看重。《中国编辑》《中国编辑研究》两份期刊，一份重首创、首发，一份重二次选载、选编；前者是学会会刊，后者是"有一定影响的品牌"[③]，它们共同成为编辑学研究者展示学术成果的重要平台，成为编辑学界交流心得的重要阵地。三是重视编辑史研究及编辑史成果的发表平台。1999年3月，在谈到编辑史、出版史研究时，刘杲强调要加强理论平台建

[①] 刘杲：《出版笔记》，河北教育出版社2006年版，第383页。
[②] 刘杲：《我们是中国编辑》，海豚出版社2011年版，第12—16页。
[③] 邵益文：《〈中国编辑研究〉十年》，见《中国编辑研究》编辑委员会编：《中国编辑研究（2005）》，人民教育出版社2005年版，第1页。

设。他针对编辑史研究园地不足，研究成果发表有困难的状况，提出一方面要争取申办专业刊物，"研究所申办的刊物《出版史研究》如能成功，大家欢迎"①；另一方面要争取报刊关注编辑出版理论和历史研究。从某种程度上，正是刘杲等人超前的眼光和编辑学学科发展意识，《中国编辑》等才可能有刊号、上"户口"，编辑学学科发展也才可能多一条渠道、多一方园地。

二、有突破：编辑学理论思想

对中国编辑学研究，刘杲不仅倾力指导、积极引领，而且躬身实践、以身作则，努力在理论研究上实现自己的建树和突破。在他担任编辑学会会长的14年间，他一方面与学界同人交流、学习和探讨，另一方面深入思考、专心研究，不断地完善自己对编辑理论研究的认识，形成了较为系统完整的编辑学理论体系和有一定突破的编辑学学术理论思想。

（一）"编辑学是一门新的学科"，"编辑学不是出版学的一个分支，编辑活动的范围远远超越出版活动"

在编辑学发展的过程中，一个始终困扰学科发展的问题就是学科的独立性问题。从编辑有学无学的疑问到编辑学学科的归属，始终都是编辑学一直争论不休的话题。在这一问题上，刘杲的认识经历了两个阶段。第一个阶段，他从编辑出版学整体的角度来认识编辑学的独立性。他认为，新闻学、传播学和编辑出版学是彼此独立的学科，不能混为一谈，相互替代。2001年，在全国政协九届八次会议上的提案《建议在高等学校设立编辑出版学硕士学位授予点》中，他说："新闻学、传播学代替不了编辑出版学。它们要分别研究本行业活动的规律，培养本行

---

① 刘杲：《出版笔记》，河北教育出版社2006年版，第327页。

业需要的人才，研究本行业发展所面临的新情况、新问题。"① 此时的刘杲，已认识到编辑学是一门独立学科，而且是由中国开创，具有中国特色的独立学科。他说："从学科发展特点看，新闻学、传播学是国外已有的学科，编辑出版学则主要由中国开创，是具有中国特色的学科，而且已经取得客观的成果。"② 到了2005年，刘杲的这一观点发生了变化。他明确地提出编辑学和出版学关系密切，却又各自不同，不能混用，并特别提出编辑学是一门独立学科。在《编辑规律学习笔记》中，他说："编辑学不是出版学的一个分支。编辑活动的范围远远超越出版活动。编辑学和出版学有不同的研究对象。"③ 他认为，长期以来，学界把编辑出版学连用，把编辑学和出版学混搭，并没有准确地反映客观实际。他甚至也不同意"编辑出版学"的概念，他说："编辑出版学一词，把编辑学和出版学捏在一起，没有准确地反映客观实际。编辑教育和编辑活动的实践都表明，编辑出版学不能代替编辑学，也不能代替出版学。编辑活动不限于出版活动。"④ 他指出："如果说编辑活动就是出版活动的一部分，那编辑学就是出版学的一部分。可是这从横向的和纵向的两个方面都覆盖不了。"⑤ 在2006年中国编辑学会第四次全国代表大会闭幕式上，他再次提出编辑学学科的独立性。他说："为什么编辑学不是出版学的一个分支呢？因为编辑活动的范围大于出版活动的范围，编辑活动的发生早于出版活动的发生。"⑥ 他的这些论断无疑是正确的，这些论断不仅解决了编辑与出版、编辑学与出版学谁大谁小、谁包含谁的历史问题，也把编辑学提升到一个新的传承文化的高度。难怪王振铎教授认为

---

① 刘杲：《出版笔记》，河北教育出版社2006年版，第334页。
② 刘杲：《出版笔记》，河北教育出版社2006年版，第334页。
③ 刘杲：《出版笔记》，河北教育出版社2006年版，第405页。
④ 刘杲：《出版笔记》，河北教育出版社2006年版，第405页。
⑤ 刘杲：《出版笔记》，河北教育出版社2006年版，第346页。
⑥ 王振铎：《自序——编辑学研究60年的学术发现》，《编辑学理与媒体创新》，河南大学出版社2010年版，第9页。

"这是中国编辑学研究 60 年中的一个重大发现"①。

那么，为什么编辑学不是出版学的分支呢？在刘杲看来，原因有二：一是编辑活动的范围要大于出版活动的范围；二是编辑活动的起源要早于出版活动。这两点原因，基本可以概括为编辑学研究的对象和出版学研究的对象大不相同，大不相同的研究对象决定着各自学科独立性的存在。问题在于，为什么在进入新世纪之后他特别强调编辑学的独立性，并将其作为"突出的新问题迫切需要研究"呢？根本原因在于，刘杲认识到，在经过几十年发展之后，编辑学学科独立性问题已经影响到编辑学教育问题，进而影响到高层次编辑人才的培养问题了。换言之，他认为，编辑学学科独立性解决不了，编辑学教育就有问题，编辑人才的培养就难以做好。他说："在人才市场上需要的是编辑人才和出版人才，这两类人才对专业素养的要求并不完全一样。至于什么是编辑出版人才，迄今还难以界定。因此，编辑出版学专业人才培养目标也难以确定，相应的课程和教材也难以确定。这是出版学与编辑学没有分清的又一例。"② 正是从培养编辑出版学专业人才、发展好编辑出版教育的角度出发，他提出编辑学学科独立地位确立的必要性。这一点与一些编辑学学者纯粹从学科发展角度来探讨学科的独立性是完全不同的。他着眼于未来，着眼于新世纪，因此，进入 21 世纪之后，刘杲对编辑学学科的独立性更加关注，对编辑学学科独立性也更加自信。他甚至说，这个问题"被涉及的频率很高，尽管没有定论，但是必须弄清。弄清这一点，有利于编辑学的发展，也有利于出版学的发展"③。可见，刘杲对编辑学学科的独立性认识是一个不断完善的过程。从将编辑出版学一体看待，到编辑学是一门独立学科观念的确立，再到他着眼于未来，标志着他对编辑学学科的认识实现了重大飞跃，具有了更大自信。

---

① 刘杲：《出版笔记》，河北教育出版社 2006 年版，第 346 页。
② 刘杲：《出版笔记》，河北教育出版社 2006 年版，第 413 页。
③ 刘杲：《出版笔记》，河北教育出版社 2006 年版，第 412 页。

关于编辑学学科的性质，学界一直存在不同见解，有人文学科说、社会学科说、自然工程学科说等观点。刘杲的观点是：编辑出版学是人文社会科学中的一门应用学科，应用性是编辑学学科的基本性质。他说："我认为，编辑学是应用学科。因为，编辑学有很强的实用性，不属于基础学科；有相当的理论内涵，不能限制为应用技术。作为一门应用学科，编辑学应当包括基本理论和实用技能两大部分。实用技能是基本理论的具体运用。此外还应当有编辑史。实践经验是理论的基础。编辑史提供的是编辑活动的历史经验。"[1] 正是因为他对这一学科实用性、应用性的高度重视，他才反复地强调编辑学研究一定要注重理论联系实际，要对编辑实践中的重大理论问题和实际问题作出积极有效的回应和阐释。他指出："要推进编辑学的理论创新，就要面对编辑活动中的重大理论问题和实际问题，特别是热点、难点问题，努力从编辑学理论上加以说明。"[2] 在刘杲看来，编辑实践中存在着大量的问题需要理论来回答，比如，出版改制中编辑部如何把激励机制和约束机制结合起来？编辑如何利用网络传播和开发网上出版资源？如何正确行使编辑的权力？凡此等等，不一而足，都是编辑学研究的重要而迫切的现实课题。

与其他研究者相较，刘杲比较强调编辑学学科的应用性。这一方面是由他所提倡的编辑学研究服务于出版实践的观念决定的。在他看来，如果编辑学解决不了实践问题，没有理论说服力，那么就谈不上服务出版实践的问题。从这一角度出发，他特别强调编辑学一定要为编辑人员所接受。另一方面是他看到了编辑学研究中存在的理论脱离实践的倾向和现象，这使他认识到，理论与实践联系是编辑学面临的重大现实问题。从个人身份上讲，刘杲有着编辑学人和编辑出版管理者双重身份，这就决定了他总是能够从两种视角看问题，既特别看重学人的学术

---

[1] 刘杲：《出版笔记》，河北教育出版社2006年版，第321页。
[2] 刘杲：《出版笔记》，河北教育出版社2006年版，第376页。

价值取向，又很重视业界的现实问题导向。他强调，一定要看看编辑工作者对编辑学理论的反应，特别提醒研究者要注意学不致用的问题。"你讲了很多，我也不懂，我们着急的问题你根本没有回答。"[1] 如此，这些独到的见解、鲜明的思想，明确解决了编辑学学科的定位、定性等问题，在编辑学学科体系建设中颇有影响。

（二）"编辑有学"，"编辑学的研究对象是编辑活动"，"编辑活动基本的客观规律是对科学文化成果的选择加工"

刘杲在编辑学研究之初，就旗帜鲜明地提出"编辑有学"。他在《围绕编辑学研究的议论》一文中说："编辑有学，但编辑学目前还不是一门成熟的学科。我们应当建立具有现代学科形态的自成体系的成熟的编辑学。"[2] 早在1992年中国编辑学会成立大会上，他就说要"逐步建立编辑学学科的理论体系"[3]。在1995年全国编辑学理论研讨会上，他倡导编写"编辑学理论框架"。在《中国编辑学会十年》中，他又说："要从研究编辑学的基本范畴、基本命题、基本规律入手，构建和完善编辑学的理论体系。"[4] 基于此，刘杲分析了编辑学概念、编辑学研究对象和学科性质，他说："编辑学属于人文社会科学。编辑学的研究对象是编辑活动。编辑活动是社会文化生活中不可缺少的重要环节。"[5] 但相对于这些基本问题研究，他用力最猛、着墨最多的是编辑学基本规律研究。

实事求是地说，在编辑学理论研究中，编辑规律研究具有牵一发而动全身的核心地位。谈到编辑活动规律，就不能不思考编辑概念是什么，只有搞清楚了编辑概念，弄清了编辑活动的本质，才能对编辑活动规律

---

[1] 刘杲：《出版笔记》，河北教育出版社2006年版，第377页。
[2] 刘杲：《出版笔记》，河北教育出版社2006年版，第381页。
[3] 刘杲：《刘杲出版论集》，湖北人民出版社1998年版，第479页。
[4] 刘杲：《出版笔记》，河北教育出版社2006年版，第370页。
[5] 刘杲：《刘杲出版论集》，湖北人民出版社1998年版，第405页。

有比较正确的认知。从目前来看,在对待编辑概念问题上,刘杲比较慎重,并没有专一论述。1998年4月,在《祝贺〈我是编辑〉出版》一文中,他说编辑概念的表述众说纷纭,尚无公论,需要大家继续深入讨论。2000年,在《编辑学理论的探讨》一文中,他指出,编辑定义的表述是编辑学研究中首先引发争议且争议最大的问题,他同意学界提出的编辑概念界定要注意纵向和横向范围问题。他说:"现在纵向的覆盖好像问题不大。横向的覆盖还有问题,不能只是图书,还有报刊、音像、影视、网络等等,能不能覆盖?"[1]这一带有疑问的思考,其实透露出刘杲"大编辑"倾向的编辑概念界定观。那么,在"大编辑"倾向下,他对编辑本质的论述又指向了哪里呢?同样是在《祝贺〈我是编辑〉出版》一文中,他认为学界在编辑工作共通性内容上是没有疑问的。他说:"有一点是可以肯定的:人类的一切研究和创作的成果,要公之于众并且为公众所享有,无不经过编辑的选择、加工和编排。古今中外概莫能外。"[2]由此不难看出,选择和加工构成了刘杲编辑概念认识的关键词。2008年5月,在《我的出版观——在韩国"南涯安春根出版文化奖"颁奖大会上的答谢词》一文中,他明确地提出编辑活动就是加工作品。他说:"编辑——开发出版资源,编辑加工作品,为出版物提供内容。"[3]可见,刘杲对编辑概念的认识是从大出版视野将其定位为一种选择优化活动的,而这一点正是其对编辑规律研究的重要基础。

刘杲高度重视编辑活动规律的研究。他指出,编辑学从某种意义上来说就是编辑活动客观规律认识的科学。在编辑规律面前,编辑主体只能认识和利用它,而不能违背和偏离它。他说:"违背编辑规律的结果必然是编辑活动的失败。"[4]在2011年11月17日的全国编辑学理论研

---

[1] 刘杲:《出版笔记》,河北教育出版社2006年版,第346页。
[2] 刘杲:《出版笔记》,河北教育出版社2006年版,第310—311页。
[3] 刘杲:《我们是中国编辑》,海豚出版社2011年版,第227页。
[4] 刘杲:《出版笔记》,河北教育出版社2006年版,第405页。

讨会上，他提出一定要重视编辑基本规律的研究。他认为，编辑规律是有层次性的，涉及基本规律、普遍规律和特殊规律。在他看来，基本规律是编辑规律中最为重要的核心。他说："编辑基本规律应该是古今中外各种编辑活动共有的规律，是全局性的，不是局部性的；是全过程的，不是阶段性的。编辑基本规律对编辑活动中的其他规律有制约作用。"[①] 正是因为对编辑基本规律主要作用有深刻的认识，他才提出编辑基本规律研究是编辑理论研究的核心。"对编辑规律特别是编辑基本规律的研究，是编辑学理论研究的重要组成部分。"[②] 当然，由于对编辑概念的不同认识，编辑学界在编辑基本规律认识上也见仁见智。比如，王振铎的媒介文化缔构原理，阙道隆的主客体矛盾统一律，等等。在充分肯定学界编辑基本规律认识的基础上，刘杲提出了自己独到的见解。在 1998 年的中国编辑学会年会上，他提出编辑活动的基本规律是对科学文化成果的选择和加工。他说："什么是编辑活动的客观规律呢？能不能这样概括：编辑活动基本的客观规律是对科学文化成果的选择加工。"[③] 选择和加工并不是一次完成的，而是在编辑过程中交叉、比较和反复的结果。这一观点正是在以上论述编辑概念基础上的概括总结。1999 年 1 月，在《我们的追求——编辑学》一文中，他再次提出编辑活动的基本规律问题。他说："我认为，编辑活动的基本规律是对人类创造的文化成果的选择、加工和传播。选择，包括选优和创新。加工，包括内容和形式的优化。传播，包括复制成果和服务受众。"[④] 十分明显，这个认识较之上一个认识发生了很大变化，加上了"传播"这一重要概念。并且他特别指出，编辑传播的含义是复制成果和服务受众。在这里，他将编辑活动的根本目的提升为一种规律性认识，说明其对编辑

---

① 刘杲：《出版笔记》，河北教育出版社 2006 年版，第 356 页。
② 刘杲：《出版笔记》，河北教育出版社 2006 年版，第 406 页。
③ 刘杲：《出版笔记》，河北教育出版社 2006 年版，第 310—311 页。
④ 刘杲：《出版笔记》，河北教育出版社 2006 年版，第 321 页。

规律的思考又进了一步。2005年11月，在《编辑规律学习笔记》一文中，他对编辑规律的表述又作了完善，他说："编辑基本规律是编辑人员以传播文化为目的对作品进行选择和加工。"① 相比上一个表述，这个表述有三个明显变化：一是对传播的表述更为确切，明确将其列为编辑活动的目的；二是提出了编辑活动的主体，即编辑人员；三是将人类创作的文化成果限定为作品，并将其作为编辑活动的客体。为什么在这个表述中明确地提出作品的概念呢？这应该与他对学界编辑活动对象范围的泛化认识有密切关系。在对编辑规律的认识中，有论者提出信息、知识律。刘杲认为，将编辑活动客体界定为信息、知识不太明确。他说："为什么要将信息知识并列？一般认为，信息和知识不是并列的。"信息、知识，"应当指的是作品"②。可见，将作品作为编辑活动客体，绝不是刘杲随意为之的认识，而是深思熟虑考量后的结果。在他看来，学界在强调编辑主体性的同时，存在着有意或无意忽略编辑活动和著作活动区别的现象。他强调，对编辑活动规律的认识必须弄清楚著作活动和编辑活动的界限：编辑活动是在作者创作的作品基础上的再创造性活动，再创造性的基础和对象是作者的作品。一言以蔽之，刘杲一以贯之的"大编辑"观，即对编辑基本规律的认识是涵盖了图书、期刊、报纸、网络、影视等各种媒介的普通编辑学思想。

毫无疑问，刘杲对编辑基本规律的认识，是他普通编辑学理论体系中最为重要的组成部分。早在2000年，他就明确提出建立普通编辑学是编辑学学科建设的最终目标，也是编辑理论体系建设的最终目标。从理论发展的视野看，从部门编辑学到普通编辑学的提出，是我国编辑学理论研究的重大突破。这一观念认识转变的背后，反映的是编辑学研究视野和研究范式的重大转换。也就是说，普通编辑学的提出，标志着编辑学理论研究

---

① 刘杲：《出版笔记》，河北教育出版社2006年版，第406页。
② 刘杲：《出版笔记》，河北教育出版社2006年版，第377页。

对象发生变化了，由此也必然带来编辑学理论研究方法的变化，即部门编辑学研究的演绎、务实、具体思维，要转变为普通编辑学理论研究演绎、概括、务虚的抽象思维。这种研究范式和方法的转换，关系到编辑学理论发展的突破与突围，也是编辑学理论能否以及如何取得重大成就的关键所在。在这一转变过程中，刘杲的编辑概念和编辑规律认识，应该说对编辑学界认识视角的开阔有着重要开拓和启发意义。他是较早也是较为坚定的普通编辑论的重要倡导者之一。当然，刘杲也意识到编辑学研究范式转换所带来的困惑。2003年4月，他曾这样说："普通编辑学及分支编辑学研究，是先设计一个普通编辑学；再演绎到分支编辑学；还是各个分支编辑学都成熟了，然后再归纳为普通编辑学？"① 在回答这一问题时，他说："恐怕难于区分先后，应该说互相推动，互相促进。"②

三、有情怀：编辑主体思想

刘杲极其重视编辑主体研究，尤其是重视编辑主体的职业素质、职业道德和职业作风。他认为："人类的一切研究和创作的成果，要公之于众并且为公众所享有，无不经过编辑的选择、加工和编排。古今中外概莫能外。编辑对人类文明的开创和发展，起着无可替代的组织推动的重要作用。在这个意义上，编辑代表着人类的良知，社会的追求；编辑代表着对历史的梳理，对未来的期盼；编辑活动是对文化产品的设计和开发，是对精神矿藏的挖掘和冶炼。一句话，无论物质文明建设还是精神文明建设，都离不开编辑的贡献。"③ 因此，在他的字典里，编辑是伟大的，编辑工作是神圣的。以编辑职业为荣，重视编辑素质的提高，鼓励多出精品和传世之作，是刘杲编辑主体思想的精华所在。

---

① 刘杲：《出版笔记》，河北教育出版社2006年版，第378页。
② 刘杲：《出版笔记》，河北教育出版社2006年版，第378页。
③ 刘杲：《出版笔记》，河北教育出版社2006年版，第310—311页。

（一）"爱岗敬业、忠于职守是编辑职业道德的第一要求"

刘杲对编辑怀有很深的感情，热爱编辑和编辑工作，对编辑职业充满自信、自尊和自豪。在他著名的《我们是中国编辑》一文里，他笔下的编辑"好比燃烧自己而照亮别人的蜡烛"；"奉献给祖国和人民的，是出版物所传播的思想理论、科学技术、文化知识，是人类智慧和知识的灿烂花朵，是对社会主义现代化建设提供的精神动力和智力支持"；编辑"不以'案牍之劳形'为苦，而以创造和求知为乐"，编辑"自有编辑的理想"，"自有编辑的良心"；"我们要求自己做精神食粮的生产者、先进文化的传播者、民族素质的培养者、社会文明的建设者"；"我们的劳动是创造性劳动"，"我们勤奋敬业"，"我们洁身自好"，"我们是中国编辑。我们决不玷污这个响亮的名字！"[1]《我们是中国编辑》就像一首雄壮的歌，核心是编辑职业的崇高，编辑责任的重大，编辑工作的勤奋，编辑道德的敬业。刘杲指出："一个人如果不热爱编辑职业，不安心编辑工作，还谈得上什么编辑职业道德……"[2]他强调"加强编辑职业道德建设是编辑队伍建设的迫切需要"，提出了如何对待编辑职业、图书质量、文化建设、市场竞争、广大读者、相关作者、所在单位、出版同行、外国同行、编辑权力、编辑利益等著名的"十二个如何对待"[3]问题，并旗帜鲜明地表明以什么为荣什么为耻的立场。这为新形势下坚持和弘扬高尚的编辑精神，坚守爱岗敬业的编辑职业道德树立了标杆。

（二）"要提高出版物的质量，必须首先提高编辑队伍的素质"

刘杲多次指出："编辑工作是整个出版工作的中心环节，是政治性、

---

[1] 刘杲：《出版笔记》，河北教育出版社2006年版，第367—369页。
[2] 刘杲：《出版笔记》，河北教育出版社2006年版，第395页。
[3] 刘杲：《出版笔记》，河北教育出版社2006年版，第402页。

思想性、科学性、专业性很强的工作。出版物的水平同编辑队伍的素质是一致的。要提高出版物的质量，必须首先提高编辑队伍的素质。"[1]他提出，要采取多种方式加强学习和培训，不断提高政治素质、思想素质、道德素质、文化素质和业务素质。对于编辑的业务素质，刘杲认为应当包括两个方面：一方面，是编辑活动本身的专业知识，对不同学科的编辑来讲，这些专业知识是通用的，是基础性的；另一方面，是处理不同学科的书籍所需要的不同学科的专业知识。他还明确指出："我是主张编辑学者化的。编审的条件就相当于学者的条件，比之一般学者更为不易的是，编辑必须具备一种或几种学科的专门知识，又必须懂得和熟悉编辑专业。提倡编辑学者化，是一种不断提高自身素质的要求。"[2]

难能可贵的是，刘杲不仅强调编辑素质的重要，还身体力行，给编辑培训班讲课。1982年他给编辑培训班讲了"书稿编辑工作要重视政策问题"；2000年他给中国期刊协会举办的培训班讲了"我心目中的期刊编辑工作"，就书稿编辑在工作中涉及的各种政策问题该怎样处理，编辑工作在期刊中的重要地位和作用，期刊编辑工作的要领、文化和市场意识、法律和道德责任等方面，进行了具体而有针对性的讲解指导。这对提高编辑素质，从而多出精品具有直接的促进作用。

（三）"编辑工作是整个出版工作的中心环节"，"编辑工作的最高追求是出版传世之作"

李频曾指出，刘杲对于编辑理论发展有一个重要的论断，就是提出编辑工作的最高追求是出版传世之作。[3] 这个重要论断，实际上是他对编辑工作价值评判标准取向的一个重要认识，即对编辑工作重要性的

---

[1] 刘杲：《刘杲出版文集》，中国书籍出版社1996年版，第460页。
[2] 刘杲：《刘杲出版论集》，湖北人民出版社1998年版，第232页。
[3] 李频：《出版理论中几个命题关系的探讨——以刘杲命题为讨论中心》，《郑州轻工业学院学报（社会科学版）》2012年第3期。

认识。对编辑工作重要性的认识，正是刘杲编辑学理论研究展开的原点和起点。换言之，如果没有对编辑工作重要性的高度认同，就不可能会对编辑学理论研究倾注热情，更不会对编辑学理论有科学的追求。

刘杲对编辑工作重要性的认识，最突出的表现是他反复强调编辑是出版工作的中心。他说："编辑工作是整个出版工作的中心环节，是政治性、思想性、科学性、专业性很强的工作。"[1] 他还说：无论编辑工作环境怎样变化，编辑形态怎样变化，编辑手段怎样改进，编辑是出版工作中心的这一地位，永远都不会改变。尤其是对于市场经济条件下编辑工作地位被弱化的现象，他明确指出，现在有的人以为搞市场经济了，编辑工作不重要了，他们的眼睛只盯着市场，寻找发财的机会，而对编辑工作不屑一顾，当然更谈不上艰苦细致的创造性劳动。这是一个很大的误解。在刘杲看来，编辑工作是出版工作中心环节这个重要论断，虽然源于1983年中共中央、国务院《关于加强出版工作的决定》，但在市场经济条件下，一点也不过时。可见，这个论断被刘杲赋予了更深层次的内涵，他是从社会价值和文化功能的角度来体认编辑工作的特殊意义和价值的。他认为，编辑工作是影响出版产品质量的核心所在。他说："要提高图书质量，多出精品，奉献传世之作，离不开发挥编辑工作的重要作用……如果没有编辑工作或者编辑工作不到位，所有这些美好的期望都要落空。"[2] 正是因为他对编辑工作重要性有着深刻的体认，他才能高度重视编辑学理论研究工作，力求从理论上解决编辑实践中存在的种种问题，尤其是如何出版传世之作的问题。在他看来，为读者多出好书是对编辑的基本要求，也是一般要求。他指出："力图把最好的图书奉献给读者，是我们为读者服务的基本要求，也是社会主义文化建设对出版行业的基本要求。""什么是最好的图书？就是高质量的图

---

[1] 刘杲：《刘杲出版文集》，中国书籍出版社1996年版，第460页。
[2] 刘杲：《出版笔记》，河北教育出版社2006年版，第312页。

书。它包括图书的内容和形式的高质量，图书的编校和印刷的高质量，学术读物的高水准，通俗读物的高品位。"①他多次强调，要千方百计多出好书，"多出好书，是我们出版部门的中心任务，永恒的主题"②，"最重要的是要有几本书能够立起来，站得住，能够造福当代，能够传之后世。这就是精品"③。他认为，精品书是一个出版单位的标志；一批精品书是一个时代的出版行业的标志。在《编辑工作的最高追求是出版传世之作》里，他阐释说，传世之作当然是高质量的，是精品，是精品中的精品；"我们不可能也不应当要求每一本书都能传世。但是，就图书出版的总体而言，我们应当下决心攀登高峰。正是在这个意义上，我认为，出版传世之作是图书编辑工作的最高追求"④。从"好书""精品"到"传世之作"，刘杲的编辑观逐步提升、发展，显示了很强的现实追求和社会文化价值。

（四）"为人民服务是社会主义编辑职业道德的核心"

刘杲高度关注编辑职业道德问题，明确提出为人民服务是编辑职业道德的核心。在《为读者着想》一文中，他认为，编辑素养最重要的不是专业素养，而是思想素养。他说："编辑的素养不外两个方面：一是思想的素养，一是专业的素养。前者比后者居于更加重要的地位。"⑤ 在他看来，能力大小，学历高低，都不是最关键的，最重要的是要有正确的编辑思想，良好的职业道德修养。在《浅议社会主义编辑职业道德建设》一文中，他不仅提出了如何对待编辑职业、如何对待图书质量、如何对待文化建设、如何对待市场竞争、如何对待经济效益、如何对待广

---

① 刘杲：《出版笔记》，河北教育出版社2006年版，第138页。
② 刘杲：《刘杲出版论集》，湖北人民出版社1998年版，第114页。
③ 刘杲：《刘杲出版论集》，湖北人民出版社1998年版，第283页。
④ 刘杲：《出版笔记》，河北教育出版社2006年版，第312页。
⑤ 刘杲：《出版笔记》，河北教育出版社2006年版，第339页。

大读者、如何对待相关作者、如何对待出版单位、如何对待出版同行、如何对待外国同行、如何对待编辑权力、如何对待编辑利益的"十二个如何对待"问题，而且还从编辑社会学、编辑道德学角度进行了详尽阐释，并给出了具体方法——"编辑职业道德的养成要靠教育"，"还要靠法制"，"提高个人的编辑职业道德水平，最根本的还是要加强自我修养"[1]。在编辑主体素养上，刘杲有一篇在编辑业界受到广泛颂扬的文章，即他为《中国编辑》创刊写的发刊词《我们是中国编辑》。在这篇文辞优美、感情深挚的文章中，他对编辑主体的精神素养、责任担当、文化情怀等作了恰如其分的描述。在《编辑精神的嘹亮赞歌——〈编辑之歌〉序》中，他同样对以叶圣陶、邹韬奋、巴金等为代表的中国现当代优秀编辑主体精神表达了由衷赞美。他说："他们的编辑思路和编辑实践各有独到之处。而作为编辑群体，他们共同铸就了高尚的编辑精神。这就是：崇尚文化的人文精神、服务读者的服务精神、'为人作嫁'的奉献精神、精益求精的敬业精神、与时俱进的创新精神。这是我们的民族精神和时代精神在编辑活动中的鲜明体现。"[2] 这些文章或研究，虽然都不是长篇大论，却都鞭辟入里，饱含深思，熔铸深情，既受到编辑业界的喜爱，也很为编辑学界所推崇。

四、有担当：编辑出版学教育思想

20世纪80年代，编辑学研究领域有两件大事出现，一是形成了编辑学研究高潮，二是创立了编辑学专业。刘杲虽然不是中国编辑出版教育的"学院派"，却是编辑出版教育的鼎力支持者，他为我国编辑出版教育的发展和完善作出了独特而重要的贡献。

---

[1] 刘杲：《出版笔记》，河北教育出版社2006年版，第402—403页。
[2] 刘杲：《我们是中国编辑》，海豚出版社2011年版，第214页。

(一)"增设编辑学专业硕士点已到了刻不容缓的地步"

如同编辑学研究历经坎坷一样,中国的编辑学高等教育同样经历了曲折和艰难的历程。20世纪80年代中期,在胡乔木的关心和支持下,国内最早由北京大学、复旦大学、南开大学、武汉大学、清华大学等高校试办编辑学专业、出版发行学专业,并在20世纪90年代形成了一定规模和基础,1993年国家教委将编辑学正式列入我国大学本科专业目录之中。1997年,国家教育部门提出调整压缩大学本科专业目录,其中编辑学专业的去留引起热议。刘杲迅速行动,多方努力,积极争取保留编辑出版学专业。一方面,他积极参加国家教委人教司组织召开的座谈会,在会上详细阐明编辑出版学专业教育的重要性;另一方面,他加紧向新闻出版署有关部门负责同志汇报,积极争取总署支持。在给有关部门负责同志的信中,刘杲强调,编辑出版专业去留问题,关系到编辑出版专业高级人才的培养,关系到出版队伍的建设。他诚恳地希望总署领导高度重视此事,抓紧协调力量,力保编辑出版学专业不被砍掉。他说:"我只是深感此事不能耽误……时间已很紧迫。如果在大学本科目录中竟然去掉了出版专业,后果不堪设想。"[①] 正是在以刘杲为代表的老一代编辑学家的努力争取下,编辑出版学专业在此次专业调整中不仅没有被砍掉,而且成为国家新闻传播学科下的一个二级学科,这为编辑出版教育的发展奠定了坚实基础。不仅如此,他还希望编辑出版教育要在高层次人才培养上取得更大成果。在1997年3月的全国政协八届五次会议上,他郑重递交了一份提案,建议国家学位委员会将编辑学专业硕士列入国家研究生学位学科专业目录之中。他说:"出版高等教育如果仍局限于本科、第二学位的办学层次,已不能满足出版事业的发展需要,特别是跨向21世纪的发展需要。当前最

[①] 刘杲:《出版笔记》,河北教育出版社2006年版,第307页。

急迫的任务，就是培养研究生层次的出版编辑人才。""无论从全党加强社会主义精神文明建设的需要考虑，还是从编辑出版学科的发展考虑，或是从满足出版编辑人才的需要考虑，增设编辑学专业硕士点都已到了刻不容缓的地步。"[1]1999年6月23日，他又专门给新闻出版署有关负责同志写信汇报，努力争取总署领导支持，推动将编辑出版学正式列入硕士研究生专业目录。他说："不论是加强本科的教学还是加强硕士生的培养，把编辑出版学列入《授予博士、硕士学位和培养研究生的学科、专业目录》是极为重要的一环，甚至是前提。"[2]他诚恳请求总署领导和教育部领导多重视和关注此事。2001年3月2日，在全国政协九届八次会议上，他又撰写专门提案，建议在高等学校设立编辑出版学硕士学位授予点。不难看出，为编辑出版教育的学制完善和发展，刘杲多方奔走，上下协调，积极努力，作出了别人难以替代的卓越贡献。

（二）"专业教育的问题，这是一个很重要的问题。关系到我们的事业后继有人"

刘杲不仅关注编辑教育事业的发展，而且能够深入编辑教育实践一线把脉问诊，为编辑学教材、教学、人才培养出谋划策。早在1986年任新闻出版署副署长时，他就十分重视专业教材编写工作，希望加强课程教材建设。他说："主要的课程是编辑学。现在还没有公认的编辑学著作。由国家出版局和国家教委主持搞一本统编教材的编辑学，现在条件还不具备。比较现实的办法是各家都搞，作为讲稿先用。可以参考现在已出版的有关编辑学论著，也可以参考外国的有关编辑学论著。"[3]与此同时，他还强调编辑学教育一定要弄清人才培养目标，围绕目标

---

[1] 刘杲：《出版笔记》，河北教育出版社2006年版，第308—309页。
[2] 刘杲：《出版笔记》，河北教育出版社2006年版，第331页。
[3] 刘杲：《刘杲出版文集》，中国书籍出版社1996年版，第89页。

要着力能力和素养培育。他说:"专业教育的问题,这是一个很重要的问题,关系到我们的事业后继有人……一方面,要有编辑出版专业训练;另一方面,还要有其他学科的专业知识。或者是本科的双学科,或者是本科加上硕士研究生,使他们同时具备两方面的专业知识,这是一个兼顾。现在,经济全球化是大趋势,市场经济体制是普遍选择。因此,编辑出版人才,不但要有文化素养,还要有起码的市场意识。这是又一个兼顾。"①2003年9月24日,他受邀到北京印刷学院出版系,围绕出版改革和编辑学专业建设问题与同学们座谈。他说:"编辑学是一门新的学科……新的学科建设得从概念开始。进而要构造理论框架、理论体系。"②2004年10月20日,他又受邀到武汉大学出版科学系,围绕出版产业和编辑理念等问题与同学们座谈。他动情地对同学们说:"我们是文化的开拓者的传播者。默默无闻,为人作嫁。热衷于追求名利的人,请不要选择出版业。你们选择了出版业,就要以身相许,以心相许。"③早在1998年中国编辑学会开展的首届"未来编辑杯"获奖文集出版的时候,刘杲在他题写的《雏凤清于老凤声》的序言中也说:"编辑专业和编辑队伍总是要永远存在的","编辑是大有潜力的岗位。你要作贡献吗,这里有无限广阔的天地;你要做学问吗,这里有无限丰富的宝藏"。④对未来编辑人的谆谆诱导之心,殷殷期待之情,溢于言表。南开大学教授赵航曾撰文说:"任何高校这个专业的师生,总是能够及时听到他的见解和建设性的意见。而这些意见或建议,往往马上就有着排忧解难、除忧解惑的作用和效果。其实,他自觉自愿地承担起了责任,背起了沉重的'包袱',成为我们这支新兴的出版高教队伍中的一员,

---

① 刘杲:《刘杲出版文集》,中国书籍出版社1996年版,第89页。
② 刘杲:《出版笔记》,河北教育出版社2006年版,第245页。
③ 刘杲:《出版笔记》,河北教育出版社2006年版,第248页。
④ 刘杲:《雏凤清于老凤声——"未来编辑杯"获奖文集序》,见中国编辑学会秘书处编:《未来编辑谈编辑》,北京出版社1999年版,序第1—2页。

成为我们的导师、旗手，甚至是'靠山'。"①

结　语

　　桃李不言，下自成蹊。虽然刘杲的编辑学理论研究没有以专门的、系统的学术著作出现，但他创新性的思想、开拓性的研究、学理化的论述、前瞻性的成果，以及对编辑学的情怀与担当，透过一篇篇言简意赅的发言稿、讲话稿、学习笔记展现无余。尤其是他的敏锐、深刻以及对编辑学和编辑学研究的信心，少有人企及。比如，21世纪以来，编辑学理论创新的步伐趋缓，编辑学理论研究呈现出的热度相对减弱，有分量、有新意的理论成果相对减少，有人轻言编辑学研究已经停滞，编辑学发展走向式微的时候，刘杲对编辑学学科发展走向成熟充满信心。早在20世纪90年代，他对此就有深刻而清醒的论述。他说，精神文明重在建设，编辑学学科建设也是如此。编辑学学科的完善，不可能毕其功于一役，也不可能一帆风顺，一蹴而就。他大胆预言，"中国编辑学的成熟当在下个世纪中叶"，成熟的主要标志是，"社会科学界和出版界都基本认可的理论体系，公认的学科带头人，出版、科研、教学有机结合的运行机制"②。刘杲的这些论断，既源于他长期对编辑学理论的探索，也源于他对编辑学学科发展内在逻辑的深刻认识，更源于他对编辑学实践理论走向自觉的敏锐把握。理论、实践、睿智、学问、品行、修养，成就了他从一个编辑学理论研究的关注者、支持者转变为组织者、参与者，进而又成为一位成绩卓越的研究者、思想者、编辑学家。

---

① 赵航：《刘杲同志关于编辑出版教育的理论与实践》，见中国编辑学会秘书处编：《刘杲同志编辑思想研讨会论文》，2011年，第104页。
② 刘杲：《出版笔记》，河北教育出版社2006年版，第342页。

恪勤匪懈　更上层楼

——为编辑学理论建设倾其心力者邵益文的编辑学思想

邵益文是我国当代颇为著名的编辑家和编辑学家，编辑学研究的重要参与者、组织者，我国最早投入编辑学研究的几个人之一。他1955年进入中国青年出版社，历任助理编辑、编辑、副主任、主任、党委副书记等职，策划出版了《马克思恩格斯列宁斯大林著作介绍》、《学习毛泽东著作》（第1—4辑）、《政治常识》等一大批优秀图书，参与了以青年为阅读对象的毛泽东著作选本——《毛泽东著作选读》（乙种本）的编辑出版全过程。1984年，他调任文化部出版局，参与筹建中国出版科学研究所（现更名为中国新闻出版研究院），历任副所长、学术委员会委员兼党委书记。在研究所期间，他策划创办了《出版与发行》（现更名为《出版发行研究》）杂志，创建了中国书籍出版社，为中国编辑学研究的兴盛、发展奠定了一定的基础。1992年，他协助刘杲先生创建了中国编辑学会，任常务副会长兼秘书长15年，"在工作中，总是小心翼翼，不敢懈怠"，"起早摸黑，老老实实，刻苦学习"[①]，是德高望重的编辑学研究者、领导者、拓荒者。

20世纪80年代以来，邵益文倾心编辑学理论与实践研究，由他著述或主编的《出版学编辑学漫议》、《20世纪中国的编辑研究》、《一

[①] 邵益文：《一个编辑出版者的自述：为编辑研究和编辑学学科建设尽一份力》，中国书籍出版社2016年版，《自序》。

切为了读者》《编辑的心力所向》《一个编辑出版者的自述——为编辑研究和编辑学学科建设尽一份力》《编辑学在新中国茁壮成长》(全四辑)以及《中国编辑学研究》年刊和《普通编辑学》等一大批编辑学著作,在学界影响较大。除此之外,他还协助著名出版家边春光先生主编了《出版词典》《编辑实用百科全书》,与他人合作出版了《编辑学纵横谈》《编辑学研究文集》《编辑学的教育与研究》《编辑学研究在中国》等重要编辑学、出版学著作,对编辑学、出版学基本知识的普及功不可没。与此同时,他还撰写了200多篇编辑学研究论文,提出了诸多编辑学研究的重要观点,评述、介绍了80多部编辑学著作,他的若干编辑学文章被译成英文、日文、韩文,对推动我国编辑学研究的发展及编辑学国际交流发挥了重要作用。在编辑学理论研究上,他提出"一切为了读者"的编辑观,提出编辑活动的"二优律",提出构建普通编辑学理论体系等思想,都在学界产生了重要影响。在组织和推动我国编辑学研究和编辑学学科建设上,他"甘为春蚕吐丝尽,愿作红烛照人寰",为中国的编辑学研究和学科建设作出了重要贡献。

一、提出"一切为了读者"的编辑观

在邵益文的编辑学研究中,有一个重要思想不能忽视,即他提出和始终践行的"一切为了读者"的编辑观。这一观点,既是他编辑学思想的核心,又是他编辑学理论研究的起点和着力点;既生动地体现了他对编辑活动目的、宗旨和性质的深刻认识,又是他对编辑学研究的一大贡献。

邵益文多次指出:"为什么要出书、出刊、出报纸,根本的目的是为了读者。"[①] 在他看来,编辑工作的成功和失败,作用的大小,最终都

---

① 邵益文:《编辑的心力所向》,贵州人民出版社2004年版,第3页。

是通过读者来检验的，读者既是一切编辑活动的出发点，又是一切编辑出版活动的归宿。"但现在，在我们的实际工作中却不完全是这样的。编辑不了解读者，不想了解读者，缺乏读者意识的现象，恐怕不是个别的。"① 正是基于编辑在实际工作中对读者问题存在认识的误区，他特别强调编辑工作者必须树立起"一切为了读者"的编辑观。他说："在编辑出版工作者的思想上，牢固地树立起'一切为了读者'，把优秀的民族文化推向世界，使它成为全人类共享的精神食粮；把各种不同类型的优秀出版物，有针对性的，用人们喜闻乐见的形式介绍给不同的读者。为人类的文化提升而努力，这就是一切正直的有良知的编辑的光荣职责。"② 不难看出，邵益文把"一切为了读者"看成编辑的职责所在。既然是职责所在，那么，编辑与读者的关系，就是服务与被服务的关系；为读者服务，就是编辑的天职。"是不是为读者，能不能为读者，反映了一个编辑工作的目的性和自觉性。"③ 语言虽然朴实无华，但编辑工作的意义、编辑工作的目的不言自明。

其实，邵益文之所以这么说，是因为他既是编辑家，又是编辑学家，他的双重身份，使他对"读者""为读者"的问题见解深刻。在他看来，"为读者服务，就是为人民服务，应该而且完全是一回事。编辑，尤其是社会主义的编辑，必须竭诚地为人民服务，千方百计地满足读者的正当需求，真正做好人的工作"④。在这里，读者指的是人民大众。而人民大众又是一个有着丰富内涵的群体，面对这样一个复杂的群体，编辑究竟怎样才能"千方百计地满足读者的正当需求"，邵益文提出了三方面的意见。他说，为读者服务首先就要了解读者、调查读者，只有对读者做到有的放矢和情况熟悉，才能在编辑工作过程中更好地服务读

---

① 邵益文：《编辑的心力所向》，贵州人民出版社2004年版，第4页。
② 邵益文：《心存读者》，《编辑学刊》2005年第1期。
③ 邵益文：《编辑的心力所向》，贵州人民出版社2004年版，第10页。
④ 邵益文：《编辑的心力所向》，贵州人民出版社2004年版，第224页。

者。他说:"如果每一个编辑都有一批、至少是一些很要好的读者朋友,对他们的理想、追求、社会经济状况、文化需求等都一目了然。那么,我们在编某一种书的时候,就会想到他们,他们的形象就会在我们的脑海中具体地再现。这样,在处理稿件时心中就会踏实了,编辑工作的针对性也就强了,工作中的盲目性也就可以减少了。"[1] 其次,要"为读者打算,要事事处处为读者着想"[2]。他说,一本书刊,要真正为读者服务,就要在编辑过程中从内容到形式都要为读者服务,从读者本位进行思考,力求做到读者满意。当然,让读者满意,不是迁就读者,不是迎合部分读者的低级趣味和不正当需求,"当编辑,搞出版,必须坚持正确导向"[3];"社会主义编辑出版工作不仅在于满足读者的需要,更重要的在于造就一代新人"[4]。显然,对编辑出版工作为谁服务的问题,邵益文态度明确,旗帜鲜明。据统计,他在10多篇文章中谈到过这一问题,而这一问题也正是他"一切为了读者"编辑观的精华,是他对读者研究的一大贡献。再次,邵益文认为,为读者就要尊重读者。他说,尊重读者,让读者满意,最根本的就是把出版物的质量搞好。在《一切为了读者》书的序言《写在前面》里,邵益文曾坦诚地说道:"有一点还可以感到自豪,那就是——在半个多世纪的编辑生涯中,自信没有编过一本坏书,一本对不起读者、对不起子孙后代的书。"[5] 在他看来,优秀的编辑家是用心血和生命换取出版物质量的,比如鲁迅,比如邹韬奋。"作为编辑,能够留给后人的主要就是一颗火热的为读者的心"[6]。这些肺腑之言,不仅是邵益文读者观的显现,也是他编辑生涯伟大人格的写照,仅看他《一切为了读者》《心中只有读者——编辑最高的职业品格》《心

---

[1] 邵益文:《编辑的心力所向》,贵州人民出版社2004年版,第6—7页。
[2] 邵益文:《编辑的心力所向》,贵州人民出版社2004年版,第9页。
[3] 邵益文:《编辑的心力所向》,贵州人民出版社2004年版,第10页。
[4] 邵益文:《编辑的心力所向》,贵州人民出版社2004年版,第226页。
[5] 邵益文:《一切为了读者》,首都师范大学出版社2010年版,第1页。
[6] 邵益文:《编辑的心力所向》,贵州人民出版社2004年版,第11页。

存读者》《一切为了读者：叶圣陶编辑思想的核心》《读者在那里》等研究成果的名字，就很能说明问题。

显而易见，从了解读者，到服务读者，再到尊重读者，邵益文的"一切为了读者"的编辑观，被赋予了丰富多样的内涵，并展现出与当代其他编辑学家不同的研究立场。这一研究立场，就是编辑工作、编辑学研究必须树立以读者主体为本位，而不是以编辑主体为本位的编辑学研究价值取向。为了更好地说明这一问题，在《编辑本意在元元》一文中，他提出了"元意识"的概念，称以读者为本位永远是编辑工作的根本指导思想。他说："编辑活动必须把为读者作为根本的指导思想，作为处理编辑活动中一切问题的准绳，这是一个不可模糊和动摇的基本思想，它应该是编辑意识的元意识，必须牢牢地扎根在每一个编辑的头脑之中，体现在一切编辑活动的始终。"[①] 可见，邵益文的"一切为了读者"的编辑观，既包含了他对编辑活动性质和本质的思考，又倾注了他对编辑工作宗旨和功能的认识。为读者不是一句口号，而是一种心境和态度。他说："为读者服务的关键是要真诚、热忱，要基于关心、尊重、爱护读者的立场，真心实意地为读者服务。这里来不得半点勉强，更不能虚情假意。"[②] 由此可以看出，读者本位的编辑观，其实正是他对编辑工作宗旨和性质的深刻理解和自觉体任。而这一点，无疑也影响到了他对编辑概念、编辑规律等重要编辑理论命题的认识。

二、探讨编辑概念、规律、学科体系，创新编辑学理论

邵益文热心编辑学研究，对编辑理论问题有着高度的理论自觉，不管是在20世纪七八十年代，还是在媒介变革日新月异的今天，他都

---

① 邵益文：《一切为了读者》，首都师范大学出版社2010年版，第4页。
② 邵益文：《心存读者》，《编辑学刊》2005年第1期。

十分关注编辑学理论中基本问题研究的新进展、新动向，并热情地加入各种讨论争鸣，并在充分吸收各家所长的基础上提出自己鲜明而独到的见解。

（一）界定蕴含"大编辑"意识的编辑概念

关于编辑概念的讨论，从编辑学研究开始学界就一直纠缠不清。20世纪八九十年代，邵益文作为编辑学研究的有心人，在总结了当时学界各种编辑概念的基础上，提出了自己对编辑概念的认识。他说，编辑概念的界定要特别强调两个方面，一是共性，二是特性。"共性"就是编辑概念界定要有多媒体观念，要说明所有编辑活动的共性；"特性"就是编辑概念界定要有编辑本位意识，要说明编辑活动的特性。同时，还要做到理性认识，避免将概念界定混同为"具体的操作过程描述"。在此基础上，他认为，编辑工作是一种综合性的精神生产活动，并将其概念界定为："编辑是根据一定的思想原则，以相应的信息或著述材料为基础，进行优选、创意和优化、组合等综合性的精神生产过程，使精神成果适合于制作传贮载体的创造性智力劳动。"[1] 邵益文这个编辑概念，最大的亮点就是提出了"创意""优选""优化"和"组合"这4个编辑活动的基本特征，并将其作为一切编辑活动的共性。应该说，这一概念在编辑概念争锋的过程中是很有影响的，其中"组合"的提法，在整个编辑概念的界定中为数不多，具有一定的创新性。邵益文说："我一直认为编辑部到最后是个装配车间，各种零件制成之后，由装配车间负责装配，不合适的零部件，或者自己加工修改，或者给原生产部门，重新制作或者局部返工。再由转配车间加以细装，使之成为一种合格的机器或其他产品。"[2] 这一"装配车间"的认知，与王振铎先生的缔构媒介有

---

[1] 邵益文：《20世纪中国的编辑学研究》，河北教育出版社2000年版，第36页。
[2] 邵益文：《编辑的心力所向》，贵州人民出版社2004年版，第33页。

着共通的意义指向，那就是编辑活动再创造性的活动特征，不同于作者的零部件创构，而显示出集成组合的活动形态。而这一形态，阐释了编辑"创造性智力劳动"的本性，显示了其概念的独特创意。

需要指出的是，这个编辑概念具有"大编辑"的认识视野，尽管在当时他还没能以"大编辑"含括自己的思想，但他却实实在在的就是以多媒体、大媒体视角来认识编辑活动共性的，并将其作为编辑概念界定的重要原则之一。他说："这个特定视角是什么？就是编辑活动的普遍性。这个普遍性，不是图书期刊、报纸、广播、影视等的特殊性，而是编辑活动的一般性。这种一般性来自书、报、广播、影视等各种编辑活动的特殊性，就是各种特殊活动中共有的最普遍的东西。这个东西，概括起来，就是'编辑'。"[①] 显然，在他的编辑概念里，对编辑活动共性、普遍性的认知，不仅成全了他"大编辑"的创见，而且也成为他倡导普通编辑学研究、构建普通编辑学理论体系的重要思想来源。

（二）提出编辑活动"二优律"

编辑规律的研究是编辑学理论研究的重要组成部分，也是邵益文投入比较多、关注比较多、研究成果影响比较大的一个方面。早在1985年3月走上中国出版发行科学研究所领导岗位起，他就致力于编辑规律的研究。1987年，他牵头在乌鲁木齐筹办召开第一次编辑学学术研讨会，探讨规律问题就是会议的主要内容之一；20 世纪 90 年代至今，他不仅非常关注学界对编辑规律研究的新成就、新观点，而且对于这些新成就、新观点会及时分门别类地归纳、总结，并提出自己的看法和见解。比如，2001 年 9 月他撰写并收入《编辑的心力所向》一书中的《略论编辑活动的主要矛盾和基本规律》、2002 年他在《出版广角》上发表的《关于编辑活动规律的探讨》、2007 年他在《河南大学学报

---

① 邵益文：《编辑的心力所向》，贵州人民出版社 2004 年版，第 33 页。

(社会科学版)》上发表的《近几年编辑学研究中的主要论争》等，都具有典型性。

在《略论编辑活动的主要矛盾和基本规律》一文中，他深入地总结了20世纪80年代以来编辑学界有关编辑规律的探讨，并在评述20世纪90年代若干意见的基础上提出编辑活动规律的探讨应该从分析编辑活动的矛盾入手。在他看来，规律一词的基本含义是事物在运动着的内部过程中各种联系之间最基本的联系。编辑活动的内部的各种关系，也就是编辑活动的内部矛盾。从这一维度出发，他认为，编辑活动的规律存在于编辑活动的基本矛盾中。他提出，编辑活动本身矛盾多种多样，但是最主要的矛盾是编辑活动构成要素之间的矛盾。他说："在众多矛盾中，与编辑工作联系最多、关系最多的莫过于作者和读者。它们关系到编辑活动的出发点和归宿，关系到编辑活动的成败。所以，编辑和作者的矛盾、编辑和读者的矛盾是编辑活动中的基本矛盾。"[1]那么，究竟编辑和作者的矛盾是主要矛盾，还是编辑和读者的矛盾是主要矛盾呢？邵益文认为，编者和作者的矛盾是编辑活动的基本矛盾，但是编辑和作者具有共同的服务读者的目的，具有牢固的合作关系，"在和读者的关系中，他们处在矛盾的同一方"[2]。由此，他指出，编者和读者的矛盾才是编辑活动的主要矛盾，是错综复杂的矛盾状况中最主要的一方。他说："实践的经验告诉我们，编辑活动的主要矛盾只能是编辑和读者之间的矛盾，而不是其他。"[3]正是基于这样的认识，他旗帜鲜明地提出编辑活动的基本规律主要体现在编辑和读者的矛盾关系中，他说："编辑根据一定的原则，以众多的精神成果为基础，以优选、优化为手段，生产新的精神产品，最大限度地满足读者的需要，促进社会文明的发展。这个基本规律，如果说得简单一点，也可以说是'优选、优化规律'，

---

[1] 邵益文：《编辑的心力所向》，贵州人民出版社2004年版，第42页。
[2] 邵益文：《编辑的心力所向》，贵州人民出版社2004年版，第43页。
[3] 邵益文：《编辑的心力所向》，贵州人民出版社2004年版，第45页。

或称'二优律'。"① 毫无疑问，"二优律"这一认识的逻辑起点就是他一贯倡导的"一切为了读者"的编辑观。以读者为本位的编辑观，决定了他对编辑概念的认识，更影响到他对编辑活动主要矛盾的判断。从认识逻辑层面上来讲，"二优律"推论的过程，蕴含着从辩证唯物方法论的角度来把握编辑活动规律的路径选择和积极尝试，显而易见，这具有一定的科学性。

然而，编辑学界对编辑规律认识的分歧，不在于认识方法上，而在于编辑活动构成要素上，或者说，在于究竟什么才是编辑活动的内部联系上。于是有从主体关系上来认识的，也有从主客体关系来认识的，还有从客体关系来分析的。邵益文作为一名实践经验丰富的研究者，他认为："只有把这些影响编辑主客体之间的关键问题解决了，也就是编辑主体和客体之间具体的带有根本性的矛盾统一了，才是生动具体而且有实际意义的。"② 为此，他设想："如果说编辑活动基本规律是编辑主体和编辑客体对社会责任、读者认知、内容质量和审美追求等的对立统一规律，也许可以更贴近编辑和编辑工作的实际。"③ 当然，他也明白，在编辑主体元素和客体元素的界定方面，编辑学界呈现出巨大的差异，这些认识的差异，才是编辑规律研究观点纷呈、认识歧异的根本问题所在。因此，他说："编辑活动基本规律的研究和讨论，是编辑学研究中的一场重头戏，讨论还在继续中，我们希望有更多的同行，为它付出劳动和心血。"④

（三）推动构建普通编辑学学科体系，主编《普通编辑学》

邵益文对于我国编辑学理论研究最大的贡献，是由他所推动的普

---

① 邵益文：《编辑的心力所向》，贵州人民出版社 2004 年版，第 46 页。
② 邵益文：《近几年编辑学研究中的主要论争》，《河南大学学报》2007 年第 2 期。
③ 邵益文：《近几年编辑学研究中的主要论争》，《河南大学学报》2007 年第 2 期。
④ 邵益文：《近几年编辑学研究中的主要论争》，《河南大学学报》2007 年第 2 期。

通编辑学研究工作和普通编辑学学科体系的构建。早在1989年，他就在《编辑学的研究需要深化》一文中提出，编辑学研究应该加强普通编辑学研究，努力研究贯通各种编辑活动的普遍规律。他说："关于基础理论的研究，当前似可从两个方面入手，一是抓普通编辑学，或曰理论编辑学。重点是从编辑工作特殊性出发，进一步弄清编辑学的性质、对象、任务，它的基本原理，有哪些规律……二是抓各类读物编辑学，或曰部门编辑学的研究。"[①] 他认为，普通编辑学研究和部门编辑学研究两者并重，不能偏废一方。部门编辑学研究，离不开普通编辑学研究；反之，普通编辑学研究也必须从做好部门编辑学研究入手。他说："普通编辑学与部门编辑学的研究，两者是相辅相成的，如果部门编辑学研究能够取得丰硕的成果，就能为普通编辑学的研究提供肥沃的土壤，而普通编辑学的研究成果，也必将推动部门编辑学研究的发展。"[②] 10年后的1999年，在《实践的需要　时代的呼唤——建立普通编辑学漫议》一文里，他不仅结合我国编辑出版业发展的形势断然认为："建立普通编辑学已经不是要不要的问题，而是必须抓紧的当务之急，这是实践的需要，时代的需要，也是编辑学学科建设的基本目标，或者是编辑学界在21世纪初需要共同奋斗的目标"[③]，而且还对普通编辑学的学科性质进行了较为完整的阐述，他说："普通编辑学，或曰理论编辑学，它仍然是应用科学，但是是理论层次的应用科学。它主要结合实际阐明理论原理、指导原则、基本知识、编辑活动的要素、方法论和人才素养及其塑造等。它应该是理论和实际紧密结合，史论结合，有自己的概念系统和理论范畴的科学。它要阐明编辑活动的客观规律和普遍原理，是能够涵盖各种编辑活动，并指导实践的科学……"[④] 正是有这样的理论认知

---

① 邵益文：《编辑学的研究需要深化》，《编辑学刊》1989年第3期。
② 邵益文：《编辑学的研究需要深化》，《编辑学刊》1989年第3期。
③ 邵益文：《编辑的心力所向》，贵州人民出版社2004年版，第51页。
④ 邵益文：《编辑的心力所向》，贵州人民出版社2004年版，第51页。

和学术自觉,到 2007 年,邵益文对普通编辑学学科体系构建的必要性和可能性领悟得更深刻,对普通编辑学研究中的有关理论问题补充得更完善。他说:"普通编辑学是研究各种传播媒体编辑活动的性质、功能及其一般规律的科学。换句话说,普通编辑学是研究各种媒体活动的共性,是从它们不同的个性中概括出来的共性。"① 显然,这种关于"一般规律""共性"的概括,相对于以前论述得更简明扼要。在他看来,"普通编辑学和各门类编辑学(如书、报、刊、网络出版、电子音像出版)一样,是一门应用科学,但它不是研究各种媒体具体编辑活动特殊的理论和实践的,而是研究各种媒体编辑活动通用的共同规律和共同原理"②。学科性质、研究对象等也较以前更明晰。

至于对普通编辑学学科体系构建的深刻体悟,《建立普通编辑学是历史的必然》一文论述得比较细致。文章从编辑学研究的实际、编辑出版发展的实际和编辑出版教育的现状分析谈起,认为编辑学研究已经到了建立普通编辑学的新阶段。他指出,学科体系的完备为普通编辑学的建立奠定了首要条件,编辑学研究成果的深入为普通编辑学的建立提供了充分条件。他说:"现在不仅由于各门类编辑学的发展,编辑学的学科体系已经基本形成;也不仅因为编辑出版教育的发展,建立普通编辑学已经成为客观实际的需要;更重要的是学界对一些基本概念、基本观点已经形成了一定的共识,或者说有了某种相同或相似的看法,对于一些争论最多的问题,观点也已经接近。"③ 当然,谙熟编辑学研究之道的邵益文也知道建立普通编辑学学科体系绝非易事。在他看来,编辑实践的变动不居、编辑功能的复合发展,都对普通编辑学研究提出了现实

---

① 邵益文:《建立普通编辑学是历史的必然》,《中国编辑研究(2008)》,人民教育出版社 2009 年版,第 392 页。
② 邵益文:《建立普通编辑学是历史的必然》,《中国编辑研究(2008)》,人民教育出版社 2009 年版,第 392 页。
③ 邵益文:《一切为了读者》,首都师范大学出版社 2010 年版,第 101 页。

挑战；通过部门编辑活动研究来探讨普通编辑规律也是一件艰苦繁难的工作。他指出，普通编辑学的研究存在困难是客观现实，存在争论是在所难免的，只要研究者潜心研究、协同攻关，就一定能够建立普通编辑学，从而深入地推动编辑学的发展。他呼吁："当前建立普通编辑学的现实基础和客观条件都是很好的。这不是某些个人的主观愿望，而是客观形势的要求，是学术发展的需要。如果大家齐心协力、因势利导，是可能取得好的效果的。"①正是秉持这样一种强烈的学术责任和学术担当意识，再加上中国编辑学会的大力支持，邵益文联合编辑学界的同人，在2012年出版了《普通编辑学》一书。这本书的出版，不仅标志着我国编辑学理论研究达到了新高度，而且也标志着普通编辑学研究取得了重大的、新成就。刘杲曾指出："这是编辑学研究向前推进的又一标志"②，"既是编辑出版学科建设的重要成果，也是益文同志个人科研征途达到的高峰"③。

邵益文作为《普通编辑学》的第一主编，不仅付出了艰辛的汗水，也贡献了他关于普通编辑学研究的智慧和才华。有人曾评价该书的主要贡献有三：一是较为系统地提出了普通编辑学的理论框架；二是较为明确地指出了编辑学研究的重点和方向；三是较为新颖地探讨了编辑学研究的几个范畴。④这几个方面一直都是邵益文研究的重点。比如说，编辑学理论框架问题，编辑活动的规律问题，邵益文就多次梳理、总结学界的研究观点，并在此基础上提出自己的看法。他说："1996年以来，经过学界的共同努力，对编辑学理论框架研究，形成了若干共

---

① 邵益文：《一切为了读者》，首都师范大学出版社2010年版，第102页。
② 刘杲：《由衷的感谢——在"刘杲同志编辑思想研讨会"结束时的发言》，《中国编辑》2012年第1期。
③ 刘杲：《〈编辑学在新中国茁壮成长〉序》，见邵益文《编辑学在新中国茁壮成长（第一辑）》，中国书籍出版社2020年版，第1页。
④ 段乐川：《难能可贵的创新　不可忽视的问题——评〈普通编辑学〉》，《现代出版》2013年第1期。

识。"① 然后将这些共识总结为 7 个方面。在谈到编辑基本规律时，他说："以上各种表述，尽管层次不同、视角各异、繁简有别、虚实有差，但都在不同程度上反映了编辑活动客观的哲学思考，特别在选择和优化方面，已经表现出思路上的趋同倾向，这是一种重要的突破，它为今后的继续研究打下了很好的基础。"② 由他和周蔚华教授共同担纲主编，由中国编辑学会组织撰写，几位编辑学界领军人物集体合作，共同完成的《普通编辑学》，在以前研究的基础上，第一次对普通编辑学的学科体系、理论框架、基本原理进行了大胆探索。它的出版，打破了长期以来为人们所习惯的媒介分割思维，从编辑本质、特性、基本功能、编辑规律和编辑质量管理等几个方面进行了系统、深入论述，首次较为系统地阐明了作为涵盖不同媒介编辑规律的编辑学基本原理研究应该包括的范围。这一范围既包括编辑活动的本质属性，又涉及编辑活动的基本规律，可以说迈出了普通编辑学研究的重要步伐，也代表了以邵益文为首的一大批热衷于编辑学理论研究和建设的研究者的心愿，是他们多年研究之大成。

再比如说，编辑学研究的重点和方向问题。邵益文多次强调理论研究的重要性，以他发表的文章题目为例，就有《努力发展我国的编辑学理论》《有计划有步骤地开展编辑学基本理论研究》《是研究编辑学理论框架的时候了》《我们的目标：建立具有现代科学形态的编辑学》《略论编辑活动的主要矛盾和基本规律》《略说多种媒体编辑活动的共性》《出版：需要理论支持》等。在他看来，学界之所以对编辑学基本问题看法不统一，原因就在于编辑学基本理论研究不够深入，尤其是在编辑基本规律研究上缺乏科学、系统的理论建构；在编辑学研究中之所以出现重术轻理、重应用轻思想的状况，很大原因也是缺乏能涵括各种媒体编辑

---

① 邵益文：《近几年编辑学研究中的主要论争》，《河南大学学报》2007 年第 2 期。
② 邵益文：《30 年编辑学研究综述》，《编辑之友》2008 年第 6 期。

共性的普通编辑学理论的存在。为此，邵益文在主编这部书时指出，要强化编辑学基本理论建设，强调通过理论的建设来提升编辑人员的编辑自觉、编辑艺术和编辑工作水平。应该说，《普通编辑学》一书的出版，既是对编辑学研究中过于重视实践的纠偏，又是对编辑研究方向的指正。

另外，还有编辑学研究的几个范畴问题，邵益文之前也都有探讨，像编辑活动的地位与作用、编辑活动与质量、编辑活动与市场等，他都不乏高见。刘杲曾说："关于编辑的重要地位，他有一系列命题……关于编辑的重要作用，他也有一系列命题……对上述命题，益文同志分别作了解释和论证。"[①] 总之，作为国内首部以《普通编辑学》命名的专著，它既是各位撰稿人集体智慧的结晶，也包含了主编邵益文的思想、看法；它在普通编辑学原理的探讨上进行的难能可贵的探索，既是学界几十年来积累、积淀的结果，也是中国编辑学会领导、支持以及邵益文推动的结果。当然，这也是编辑学学科自身建设的需要，更是指导当下日新月异的编辑实践的需要。当今媒介融合是大势所趋，可媒介为什么会融合，即媒介融合的理论依据、基本规律是什么谁也说不清。邵益文带领相关人员所进行的普通编辑学研究，正是对这些问题的重要回应，至少在理念上为编辑学界更深入地展开这些研究奠定了基础。

三、深化编辑主体研究

邵益文高度重视编辑主体研究，将其作为编辑学理论体系建设的重要方面。早在 1998 年他就指出，编辑学研究必须强化主体研究，通过主体研究来找到激发编辑主体能动性和创造性的根本途径。他说：

---

① 刘杲：《为了编辑学研究——〈20 世纪中国的编辑学研究〉序》，见邵益文：《20 世纪中国的编辑学研究》，河北教育出版社 2000 年版，第 2—3 页。

"编辑的能动作用,对产品质量具有非常重要的意义。这就告诉我们,必须认真研究编辑主体,即编辑者自己,包括他们的思想、知识、道德和业务水平,甚至他们的思想方法、工作作风和心理素质。"[1] 在编辑主体研究上,他有几个方面的思想比较引人注目。

(一)提出"编辑是社会主义精神文明的重要建设者"重要命题

邵益文总是站在社会主义精神文明建设的高度来讨论编辑的地位与作用,在《编辑》一文中,他提出了"编辑是社会主义精神文明的重要建设者","编辑是社会主义发展的积极推动者","编辑是社会政治活动的积极因素","编辑是出版文化的设计者、组织者和生产者","编辑是文化科学知识的积累者和传播者","编辑是新知识领域的开拓者和新成果的催生者"等一系列著名命题,这些命题在编辑学研究领域影响很大。之所以影响很大,是因为邵益文是从编辑工作的实际出发,来认识编辑主体和社会主义精神文明的关系的。在他看来,编辑作为精神文明的生产者,编辑活动的根本目标就是最大限度地以健康的精神产品满足广大的不同层次读者的需要,促进社会进步、经济发展。他说:"编辑工作要时刻体现国家和人民的意志,忠实地执行和宣传党的路线方针政策,把党的方针变成自己的思想,融入到出版物中去。"[2] 为此,他提出,编辑要把好出版物的质量观,讲质量首先是讲政治质量。他认为,编辑要讲政治,是他的工作性质和任务所决定的。"编辑这个角色,在社会主义精神文明建设中,既是战斗员,在某种意义上说,又是某一个方面的指挥员。"[3] 所谓的指挥员,就是要从宏观上考虑国家、民族乃至世界的文化工程。正是基于这样的认识,他特别强调,编辑工作的作用十分明

---

[1] 邵益文:《编辑学研究中值得探讨的几个问题》,《编辑学刊》1998年第1期。
[2] 邵益文:《20世纪中国的编辑学研究》,河北教育出版社2000年版,第77页。
[3] 邵益文:《20世纪中国的编辑学研究》,河北教育出版社2000年版,第67页。

显，非常重大，每个编辑都要认识自己的历史使命，认真做好工作。

至于怎样做好工作，他说："只有认认真真，兢兢业业，从大处着眼，从小处入手，一字不疏，一丝不苟，才能做好工作。"[1]显然，在他看来，编辑工作是那么重要，只有从"大处"——社会主义精神文明建设着眼，从"小处"——"一字不疏，一丝不苟"做起，才不辱编辑使命。邵益文不仅是这么说的，也是这么做的。作为编辑，他"时刻以党的出版方针，'两为方向'和百花齐放、百家争鸣的原则提醒自己"[2]；作为研究者，他一再强调编辑在社会主义精神文明建设中的作用。这可谓是他编辑主体研究的一大特色。

（二）强调编辑职业道德

邵益文认为各行各业都有自己的职业道德，编辑工作是整个出版工作的中心环节，是出版为两个文明建设服务的主要任务和基本保证，鉴于编辑在出版工作中的重要地位，编辑也应该有自己的职业道德。在《论编辑的职业道德》一文中，他从编辑工作的特点出发，提出了编辑职业道德的五条基本原则：坚持用稿标准，不以稿谋私；认真奉献，为他人作嫁衣裳；竭诚为读者服务，对社会负责；尊重作者，真诚待人；在同行之间，互相支持，互相帮助。邵益文认为，这五条原则是编辑职业道德最基本的要求，是"编辑人员在编辑工作中应当自觉遵守的行为规范"。这些行为规范，看似平平常常、朴素无华，但如果站在学术理论的层面进行剖析，可谓逻辑严密，特点鲜明。

首先，邵益文从编辑社会学出发，更多地关注编辑活动主体元素之间的关系，如编辑与作者、编辑与读者、编辑与同行、编辑与社会，提出对编辑行为规范的认识。其次，以编辑质量观为要。他强调，质

---

[1] 邵益文：《20世纪中国的编辑学研究》，河北教育出版社2000年版，第79页。
[2] 邵益文：《一切为了读者》，首都师范大学出版社2010年版，《写在前面》第1页。

量意识是编辑职业道德的核心,要"坚持用稿标准"。他说:"编辑的权力,主要表现在对稿件的褒贬取舍上。因此对待稿件必须按照客观标准办事,这就是原则,这就是职业道德。"① 邵益文之所以将质量观看作编辑职业道德的重要构成,是因为他深刻地认识到编辑职业道德与出版物质量是相辅相成的关系。编辑的职业道德影响出版物质量,出版物质量反映编辑职业道德。在《质量:编辑职业道德的体现》一文中,他指出,当下存在的图书质量滑坡,一个重要的原因就是编辑职业道德低下。他列举出了种种编辑职业道德失范的现象,如向作者索要加工费,粗制滥造,唯读者眼球是从,等等。他说:"凡此种种,都造成图书质量下降,不仅玷污了编辑的神圣使命,而且使读者受到损害,也使出版社形象、图书的公信力受到破坏。"② 由此不难看出,邵益文编辑职业道德论的认识逻辑,即从编辑质量观出发,延伸为编辑主体关系论和编辑职业作风论。换句话说,在他看来,出版物质量是检验编辑职业道德的试金石,是编辑职业行为规范约定的根本出发点和重要着力点。

(三) 弘扬知名编辑出版家的编辑思想

邵益文十分重视知名编辑出版家研究,并将此作为编辑主体研究的重要内容。在《让韬奋精神永放光芒》一文中,他深入论述了邹韬奋的编辑出版思想,指出为国家独立、民族振兴、为人民利益而奋斗的宗旨,为读者服务的精神,高贵的责任、报格和骨气,讲究出版物的质量,反对模仿、强调创新,重视经营这五个方面是邹韬奋编辑出版思想的主要体现。在《一切为了读者:叶圣陶编辑思想的核心》一文中,他提出叶圣陶编辑思想的核心是一切为了读者。他说:"他的编辑出版活动的全部用心,就是为了读者。"③ 围绕这一点,他深入细致地分析了叶

---

① 邵益文:《一切为了读者》,首都师范大学出版社2010年版,第185页。
② 邵益文:《一切为了读者》,首都师范大学出版社2010年版,第190页。
③ 邵益文:《一切为了读者》,首都师范大学出版社2010年版,第28页。

圣陶编辑思想的定位、根本原则、指导方针、具体再现和根本保证,比较全面、系统地总结了叶圣陶编辑思想的要义。

邵益文对于知名编辑出版家的研究有一个重要特点,即开门见山,要言不烦,重点突出,主要围绕编辑主体的精神风范展开论述,强调编辑职业道德和职业理念精神的挖掘。与此同时,在论述的过程中,他总是能将编辑出版家的精神风范与当下编辑界存在的问题进行对照分析,在比较中指出现实的积弊,在对比中突出名家风范。比如,在谈到叶圣陶的读者观念时,他一语中的地指出编辑界如今存在的恶习。他说:"遗憾的是我们现在的有些编辑,心情浮躁,只看票子,不看稿子。有的不是一切为了读者,而是一切为了'实惠'。"[1] 在谈到邹韬奋的创新精神时,他不失时机地批评当下出版跟风现象。他说:"说到创新,现在大家都很注意,有许多好的经验。但也有一些单位,总是跟在人家屁股后面转圈子,吃别人嚼过的馍。"[2] 这种论述方式,一方面是为了彰显著名编辑出版家精神的独特之处,另一方面是为了增强编辑主体研究的针对性和现实性,并且凸显了邵益文自己的研究取向和价值取向。他认为,编辑主体研究的根本目的是提高编辑主体素质,研究优良传统是为了继承传统。他说:"我们研究传统,不是颂古非今,而是吸取精华,古为今用……只要我们在改革中弘扬优良传统,摒弃不合时代潮流的东西,努力推进出版改革,我们就一定能够取得更大的成就,为建设有中国特色的社会主义出版事业作出更大的贡献。"[3]

另外,邵益文还对编辑素质、编辑规范等进行过专题研究。在他看来,当编辑不容易,当好编辑更不容易。他在《从编辑工作看编辑素质》一文里,特别强调编辑素质(至少包括政治素质、思想素质、文化

---

[1] 邵益文:《一切为了读者》,首都师范大学出版社2010年版,第31页。
[2] 邵益文:《一切为了读者》,首都师范大学出版社2010年版,第25页。
[3] 邵益文:《一切为了读者》,首都师范大学出版社2010年版,第181页。

素质、职业素质）及编辑素质对编辑工作的重要性①；在《坚持基本规范不断开拓创新》一文里，强调编辑要加强基本功训练，熟练掌握编辑工作的基本规范的意义，指出编辑不要借口创新而抛弃不该抛弃的基本规范。②显然，邵益文对编辑素质、编辑规范、编辑道德、编辑作风等的探讨，一是从编辑工作的实际出发的，二是从当今社会环境及编辑出版业的现实状况考量的。因此，这类研究，不仅具有较强的问题意识、深刻的现实意义，而且也映现了邵益文编辑学研究理论联系实际的鲜明特色。编辑学是一门实践性很强的学科，理论联系实际是其研究的重要原则，也是邵益文研究编辑工作、编辑主体的金钥匙。

四、开拓编辑学学术史研究的内容和方法

邵益文对编辑学研究的另一重大贡献就是高度重视并积极投入编辑学研究成果的梳理和综述工作，为推进编辑学研究的开展和编辑学的进步不遗余力。这方面的研究，主要表现在两方面：一是从时间的维度对编辑学研究进行历史性回顾。如他撰写的《20世纪中国编辑学研究》《30年编辑学研究综述》《编辑学研究综述》《编辑研究拾微》《中国编辑学会在新世纪头五年的研究活动——中国编辑学会第三届理事会工作报告摘要》等文章，都是从发展的角度对我国编辑学研究成果进行的纵向、历时性梳理。二是对编辑学界的研究著作进行横向的集成评述。如他撰写的《初读世纪之交的几本编辑学新著》《我国已出版的编辑学专著书目汇编》《第三批新出版的编辑学著作印象》《评我国十二本编辑学著作》等文章，都是对我国特定时期编辑学研究状况、成果的汇集与评述，既简明扼要，又客观全面，共时性特征明显。

---

① 邵益文：《编辑的心力所向》，贵州人民出版社2004年版，第142页。
② 邵益文：《20世纪中国的编辑学研究》，河北教育出版社2000年版，第162页。

邵益文 2000 年出版的《20 世纪中国的编辑学研究》(个人文集)可谓集大成之作。编辑学会第一任会长刘杲在这本书的《序》中说："这本文集中有《20 世纪中国的编辑学研究》等几篇长文，对一个时期以来的编辑学研究，从纵的和横的两个方面进行了叙述和比较，既做了资料工作，又做了研究工作"，像"《编辑学的五次全国性学术研讨会》从特定的角度叙述了编辑学研究的进程"，"文集中还有四篇值得注意的文章。这是分四批对总共六十二种编辑学著作所作的述评"等，[1] 既充分反映了邵益文的编辑学思想和学术见解，也集中展现了20世纪八九十年代我国编辑学研究的盛况。例如在《20世纪中国的编辑学研究》这篇文章中，邵益文以广阔的视野对 20 世纪中国的编辑学研究进行了梳理，不仅分编辑学的萌芽（20世纪70年代末以前）、编辑学的崛起（20世纪70年代末—80年代）、编辑学研究的逐步深化（20世纪90年代）三个阶段对编辑学的发展进行了概括总结，还重点对20世纪以来编辑学研究的轨迹进行了描述，对这一时期讨论过的问题——编辑有学无学、编辑学的性质、编辑学属于哪个科学范畴、编辑学的研究对象、编辑的概念、编辑的起源、孔子是不是编辑家、编辑学研究范围、编辑工作导向性、编辑劳动的性质和作用、编辑主体能动作用、编辑学与邻近学科关系、编辑学学科体系等，均提取要点，依序排列。例如，关于"编辑"的概念，文中列出了古代中国对"编辑"的两种认识，现代国内 13 种工具书对"编辑"一词的表述，国外 12 种工具书对"编辑"一词的表述，国内编辑学界近 20 年来对"编辑"概念的 8 种界定以及作者对这 8 种界定的评说、自己的观点等。再如，关于编辑的起源问题，文中先介绍了编辑活动起源于殷商、春秋、五代北宋时期 3 种意见，后又表达了自己的学术见解。这种写法不仅客观介绍了几种观点、如何论争、争论的

---

[1] 刘杲：《为了编辑学研究——〈20 世纪中国的编辑学研究〉序》，见邵益文：《20 世纪中国的编辑学研究》，河北教育出版社 2000 年版，第 2 页。

状况，还复原了编辑学理论研究激烈论争的场景，再现了编辑学研究中的学术分歧和学术争鸣，反映了一定时期编辑学研究中的热点问题和焦点问题，有效地促进了编辑学研究中不同观点的交流，推动了编辑学研究的进一步深入。文章也因其资料性和学术价值，成为后来他总结编辑学研究 30 年、60 年的基础。

再一个例子是《编辑学的五次全国性学术研讨会》《中国编辑学会头四年的活动与思考》两篇文章，它们都是从特定的角度出发，对中国编辑学研究进程的阶段性梳理和针对性总结。前者的视角是 1987 年到 1997 年 10 年间编辑学会召开的 5 次学术研讨会主题内容的变化，第一次主要讨论编辑学和编辑规律，叙述了对编辑规律的几种意见；第二次主要讨论编辑概念；第三次主要讨论编辑学研究的重点；第四次主要讨论编辑学的学科定位；第五次主要讨论编辑学的理论框架，重点介绍了侧重于基本理论、基本理论与应用理论并重、强调编辑理论与编辑业务相结合三个思路。[①] 后者以总结编辑学会的工作为出发点，叙述了编辑学会所组织和开展的学术活动，特别是对当时编辑工作中重大理论问题和实践问题的研究以及对编辑学理论的探讨叙述详细，像编辑工作要不要适应市场经济和如何适应市场经济、图书是不是商品、编辑工作是不是整个出版的中心环节、在市场经济条件下编辑要不要坚持编辑规范、编辑策划和案头工作的关系、编辑职业道德的讨论、编辑史方面的研究、编辑学研究的方向和重点、编辑学的学科定位问题、编辑学的学科范围等，真实地记录和再现了当时编辑学工作和研究中遇到的、迫切需要解决的问题。[②] 两篇文章，虽然是提纲挈领地介绍，但条理清晰，叙述完整，从学科史的视角观之，特定时期、特定内容编辑学研究的脉络得到了还原和显现。

---

① 邵益文：《20 世纪中国的编辑学研究》，河北教育出版社 2000 年版，第 186—190 页。
② 邵益文：《20 世纪中国的编辑学研究》，河北教育出版社 2000 年版，第 212—231 页。

至于横向综述则以刘杲所说的评62本书的4篇文章为例。这4篇文章是《评我国12本编辑学著作》《评我国新出版的12本编辑学著作》《第三批新出版的编辑学著作印象》《近期见到的若干编辑学专著浅说》，它们作为系列论文，从编辑学研究著作出版这个方面，展现了20世纪编辑学研究的成果。从1956年8月出版的苏联 К.И. 倍林斯基著的《书刊编辑学教学大纲》开始，评述到1998年6月以后出版的向新阳主编的《编辑学概览》（续编），其中包含余也鲁的《杂志编辑学》、荆溪人的《新闻编辑学》、张觉民的《现代杂志编辑学》3部港台编辑学论著。62种著作，62种编辑学研究成果，一一展示、分析、评说，不仅推介、宣传、提升、强化了编辑学学科的形象，也表现了编辑学界的劲头、能力、水平和力量；既为编辑学研究提供了切实有力的帮助，也显示了编辑学学科发展的良好态势。从编辑学著作出版的角度看，通过邵益文的个体视角，向世界展现了20世纪中国编辑学研究的丰富内容和丰硕成果。

作为对编辑学研究有着极高热情和高度自觉的研究者，邵益文从1992年中国编辑学会成立到他退休，全国出版科学学术讨论会"直接筹办或参与筹办过的有九届"[1]，退休后，"从事编辑学会的工作……先后共18年"[2]，所举办的学术年会、理论研讨会、国际出版学研讨会等，不仅"事事亲力亲为，每每忙得不亦乐乎"[3]，而且几乎每一次学术交流会都有综述文章发表。像《探索新时期编辑工作的特点和规律　促进我国社会主义出版事业的健康繁荣——中国编辑学会第二届年会侧记》《规范编辑工作　弘扬编辑道德——中国编辑学会第三届年会侧记》《国际

---

[1] 邵益文：《一个编辑出版者的自述：为编辑研究和编辑学学科建设尽一份力》，中国书籍出版社2016年版，第133页。

[2] 邵益文：《一个编辑出版者的自述：为编辑研究和编辑学学科建设尽一份力》，中国书籍出版社2016年版，第154页。

[3] 邵益文：《一个编辑出版者的自述：为编辑研究和编辑学学科建设尽一份力》，中国书籍出版社2016年版，第148页。

出版学发展史上的一个里程碑——第四届国际出版学研讨会侧记》等，都收录在他 2000 年出版的《20 世纪中国的编辑学研究》里面。2000 年之后，为纪念新中国成立 60 周年和改革开放 30 周年，他又分别发表了《编辑学在新中国茁壮成长——为纪念新中国成立六十年而作》《30 年编辑学研究综述》等力作。

综观邵益文的这些研究，可以发现，系统梳理、全面总结、求同存异、立新求真的编辑学研究特色非常鲜明。而这种鲜明的研究特色，正反映了他独特的学科史意识。我们知道，科学研究的一个显著特点是它的继承性，任何学术研究都是在继承和借鉴前人的基础上创新和发展的。梳理以往的研究成果，对学科史加以回顾和总结，既是学术研究、学术发展自我意识的自省和凝炼，也蕴含着对未来学术的展望与期待。回观几十年来邵益文对编辑学研究成果的梳理和综述工作，可以说他做的就是学科史研究工作。在他看来，编辑学研究破土于 20 世纪中叶，和一些成熟的学科相比较，学科发展历史十分短暂，学科积淀十分薄弱。这就决定了编辑学研究要有更加鲜明的学科史意识，在发展中总结，在反思中进步，努力做到学科发展和学科史的研究同步进行，交相促进，协同发展。正是秉持着这一理念，在编辑学研究过程中，邵益文对编辑学研究成果的梳理和综述堪称第一人。

五、助推编辑出版学教育发展

回顾中国编辑学教育的历程，会发现有一个重要特征，那就是编辑教育界和编辑出版界的良性互动是推动我国编辑出版教育持续发展的重要动力之一。编辑学专业教育发端于 20 世纪 80 年代初，由我国高等院校编辑学理论的先知先觉者所发起。同时，胡乔木的积极倡导，戴文葆等具有丰富编辑出版实践经验的大家给予的无私无畏支持，也显得弥足珍贵。

作为中国编辑学研究的积极分子和助推编辑出版教育的热心人，邵益文在中国编辑出版学教育发展和编辑学学科建设上，投注了满腔热情。从中国出版发行科学研究所，到中国编辑学学会，虽然工作岗位不同，但他总是给编辑出版学教育以极大的关注和支持。1997年，当教育部调整压缩大学本科专业目录，编辑学专业砍与不砍引起热议时，邵益文力所能及地奔走、呼吁。在《高校编辑学专业要有一个大发展》一文中，他指出，编辑学教育发展经历了一个艰难的过程，"苦""穷""冷"是编辑学专业发展的主要困难。但是不能因为困难而有所畏惧。他提出，要努力推动编辑出版教育有个大发展，尤其是在高层次人才培养上要有大的作为。2005年，在《编辑出版学专业教育需要总结和提高》一文中，他围绕编辑学的学科性质、人才培养目标、课程设置、师资力量建设等问题进行详细分析，既客观总结了我国编辑出版教育取得的成绩，也冷静指出了存在的问题。他认为，"编辑学、出版学都应该是一级学科"，"出版教育必须和出版实践紧密地结合"，"培养编辑一定要德育为先"，"编辑应该另有专业背景"。[1] 正是基于这样的认识，他特别强调，师资问题、编辑出版学专业骨干课程设置问题必须得到重视。2006年，在《编辑出版教育要适应出版发展需要》一文中，他站在出版实践对人才需求的角度分析了编辑出版学科的定位问题，提出编辑出版业快速发展的形势迫切需要高素质专业人才；理顺编辑出版学的学科定位，把编辑出版学列为一级学科迫不及待。他强调说："把编辑出版学列为一级学科，是培养编辑、出版人才，推进出版发展的关键。"[2] 在《培养高素质人才是出版专业教育的当务之急》一文中，他大声疾呼：把编辑学出版学列入国家《授予博士、硕士学位和培养研究生的学科专业目录》刻不容缓。他说："建立编辑

---

[1] 邵益文：《一切为了读者》，首都师范大学出版社2010年版，第143页。
[2] 邵益文：《一切为了读者》，首都师范大学出版社2010年版，第159页。

出版学硕士研究生点的基本条件已经具备。实践告诉我们，出版要发展必须得到高等教育的进一步支持。"①与此同时，他还十分注重研究编辑学教育的理念、教学方法和课程设置等问题。他认为，编辑出版学教育要围绕人才培养这个核心展开。要首先弄清编辑人才的素质要求是什么，然后在此基础上展开课程设置和教育教学方法改进。编辑出版专业人才必须有专业的知识背景，要紧紧围绕人才专业知识教育展开，以职业素养教育为辅，全面推进编辑出版学教育教学改革。他说："要成为一个合格的编辑，就应该要有专业知识作为基础，再加上编辑学、出版学的理论和业务知识，才能如虎添翼。"②针对教育本身，他提出要打通学界和业界隔阂，走开放式教学之路。他说，高校编辑学出版专业的研究生培养要"经过社会（出版专家）鉴定和学校答辩"后，才可以授予学位。在谈到师资问题时，他说编辑出版学专业的老师一定要有"足够的实践经验"，一方面要鼓励高校青年教师到出版社实习，另一方面要大胆聘请一些经验丰富的编辑来当专业课老师。"出版教育能否与出版实践相结合是出版教育成败的关键，这一点务必要加以重视。"③邵益文的这些观点对于纠正我国编辑出版学教育实践过程中出现的某些问题和倾向，有一定的针对性和指导性。

结　语

中国编辑学会第一任会长刘杲曾说："多年来，在编辑学研究活动中，益文同志既是积极的参与者，又是有力的推动者。他自己一直坚持从事编辑学研究。他经常搜集编辑学研究的成果加以点评。他多次写文章评述编辑学研究的发展趋势。他多次组织和主持编辑学的研讨会开展

---

① 邵益文：《一切为了读者》，首都师范大学出版社2010年版，第168页。
② 邵益文：《一切为了读者》，首都师范大学出版社2010年版，第158页。
③ 邵益文：《一切为了读者》，首都师范大学出版社2010年版，第147页。

学术交流。他多次率团出访和接待来访进行编辑学研究的国际交流"[①],"他的职务,加上他的学术修养和工作热忱,使他在编辑学研究活动中长期居于重要地位,发挥了组织和推动作用"[②]。诚如斯言,邵益文对于编辑学研究的贡献是多方面的,既有编辑学理论研究的重要建树,也有编辑出版教育的完善之功,同时还有编辑学学科史的重要成果。他提出的"一切为了读者"的编辑观,以及由此形成的编辑概念和编辑规律论,在百花竞妍的编辑学园地里显示出与众不同的价值观念和逻辑认识,推动着我国编辑学基础范畴建设朝着理性健康的方向发展。由他倡导和主持出版的《普通编辑学》一书,更是近年来为数不多的编辑理论研究的重要成果。虽然该书还存在一定的不足,但邵益文对普通编辑学研究的首创之功不容忽视。正如郝振省所说,他"在忠诚于党的编辑出版事业,在孜孜不倦对编辑学、出版学学术探讨进程中所表现出来的理论素养和理论追求,值得我们认真地学习,永久地学习"[③]。

[①] 刘杲:《为了编辑学研究——〈20世纪中国的编辑学研究〉序》,见邵益文:《20世纪中国的编辑学研究》,河北教育出版社2000年版,第4页。
[②] 刘杲:《为了编辑学研究——〈20世纪中国的编辑学研究〉序》,见邵益文:《20世纪中国的编辑学研究》河北教育出版社2000年版,第1页。
[③] 郝振省:《编辑学的理论建设与实践—写在邵益文同志的文集出版之际》,见邵益文《编辑学在新中国茁壮成长(第一辑)》,中国书籍出版社2020年版,第2—4页。

桑榆未晚　彩霞满天

——《出版科学》创办者蔡学俭的编辑学思想

作为学者型编辑家，蔡学俭既有丰富多彩的编辑实践经验，又热心、擅长编辑出版理论研究，在编辑学界有着不可忽视的重要影响。著名编辑人周百义曾说："他亲手创办《出版科学》杂志，团结和培养了一大批热爱出版科研的年轻人。他不仅甘当人梯，还带头从事出版研究，对编辑学的创建和出版史的拓展都有很多建树。"[①]

蔡学俭，1929年2月生，湖南华容人，中共党员，1948年就读于南京政治大学新闻系，同期任香港《华商报》今日通讯社记者。1951年调中南人民出版社，1954年调湖北人民出版社，先后从事政治理论、文史、工农业等类图书的编辑工作。历任编辑、编辑组长、编辑部副主任、总编辑。1983年，任湖北出版总社总编辑、党组副书记。1986—1991年任湖北省新闻出版局局长、党组书记；曾兼任湖北省人民政府发展研究中心常务干事，中华全国新闻出版工作协会理事，中国编辑学会副会长，湖北省编辑学会会长，中国出版科研所特约研究员，武汉大学兼职教授；曾被评为湖北省劳动模范，是湖北省第五、六届人大代表。

蔡学俭有着卓越的编辑才能。1953年，负责编辑著名哲学家艾寒松的《怎样做一个共产党员》一书，他认真审读，精心审校，并大胆

---

① 湖北省新闻出版局研究室：《湖北省出版科研论文选》，湖北教育出版社2011年版。

地向作者提出几个重要修改意见，得到了作者的认可和采纳。由于该书主题重大，编校精严，多次重版再版，连续发行多达800万册，并被译成少数民族文字出版，成为当时有关党员标准学习的重要通俗性时事读物。1954年，在得知詹剑峰教授撰写的《墨家的形式逻辑》一书是对当时权威逻辑学的异议后，他认真与作者交流，仔细阅读书稿，全力负责该书编辑出版工作。这本书1956年出版后，被《人民日报》评介，并在美国翻译出版，一改"只有西方才有形式逻辑"的片面认识。针对出版市场中缺乏具有思想性和通俗性的中国哲学家传记这一状况，1955年，他立志编辑出版一套中国哲学史人物传记丛书，全面深入地介绍中国哲学发展的历程，同时又凸显中国哲学家的主体思想。这一出版计划得到了当时诸多学者名家的支持。蔡学俭善于进行重大选题组织策划工作，在他任职期间，《杨守敬全集》(13册)、《闻一多全集》(12卷)、《汉语大字典》(8卷本)、《中国哲学史丛书》、《中国当代记者丛书》等多个重大项目出版，获得了良好的经济效益和深远的社会影响。1991年，在卸任湖北省新闻出版局局长之后，他全身心投入《出版科学》的编辑出版中去。1993年，《出版科学》正式创刊，他出任首任主编。为将这份刊物打造成为国内有影响的编辑出版专业研究平台，他精心设计栏目，仔细策划选题，倾力撰写"卷首语"，认真约稿审稿，悉心做好经营。经过短短几年的努力，《出版科学》就成为国内颇受学界重视的重要专业学术期刊。如同丰富多彩的编辑人生一样，蔡学俭的编辑学研究也是灿烂多彩的，编辑业务、出版管理、出版改革、编辑主体建设等，方方面面他都有涉及。主要著作有《离不开这片热土——我的编辑出版理念》《归燕集》《九十初度》和100多篇编辑出版学研究文章。这些研究成果，以编辑质量论、编辑规程论、编辑主体论、期刊编辑论为主要内容，形成了较为系统和完整的编辑出版学理论体系。

一、编辑质量论

蔡学俭是一位有着高度文化自觉的编辑家和编辑学家,丰富的编辑实践经历和对编辑出版学研究的热爱,管理者的担当与研究者的睿智,使他的编辑出版学研究既饱含热情、富含学理,又联系实际、服务实践。尤其是他对编辑质量的思考和研究,可以说是他整个编辑出版理论体系中最为重要的构成,也是他对编辑出版学研究的重要贡献。

(一) 图书编辑质量观:图书的生命在于质量

实践出真知,实干长智慧。正是编辑实践的沃土,促使蔡学俭对出版质量问题有深入的理性思考。早在 20 世纪 80 年代,针对图书出版业的"大干快上",蔡学俭发表了《图书质量三论》《争取量的发展 着重质的提高》《关于图书未来的对话》等文章,敏锐地提出"质量是对图书的根本要求""图书的生命力在于质量""编辑工作决定图书质量""体制改革是为了多出好书"等重要观点。

在他和汪诚所撰的《图书质量三论》一文中,他从出版工作出发,首先明确提出了"图书的生命在于质量"这一图书编辑实践的重要论断。他说:"质量是各个时代对图书的根本要求。我国浩如烟海的古籍中,至今传播不衰的,就在于它们有比较高的质量。可见,图书的生命力在于质量。质量低劣的图书,是经不起历史和人民检验的。"[①] 其次,提出了图书业归根结底要靠质量促发展的观点。他认为,图书出版有一个辩证的问题,那就是如何处理好质量和数量的关系。出版真正的发展,既包括数量的增长,又包含质量的保证。他说:"以质量求发展,实际上是有计划按比例发展规律的要求。物质文明建设、精神文明建设的发展要有比例,精神文明建设各方面也要有比例。出版事业内部,出

---

① 蔡学俭、汪诚:《图书质量三论》,《出版工作》1984 年第 1 期。

版社、印刷厂、书店之间，编辑、校对、装帧设计人员之间，各类图书之间，其发展同样要有比例。"① 在《争取量的发展　着重质的提高》一文中，他表达得更明白："单纯数量增长并不等于出版繁荣，而出版事业如果离开质的提高，量的发展就失去了意义。"② 只有在保证质量的基础上发展数量，才能实现量和质的协调发展。再次，提出了以改革促质量的观点。蔡学俭认为，在新闻出版改革的过程中，出版发展的问题纷繁复杂，但质量是永恒的命题，而改革则是出版质量提升的一个重要动力。在他看来，提高图书质量，要靠改革。而出版改革越深入，越需要深入地研究出版理论，越需要增强出版改革的认识理性。

在《出版改革四题》一文中，他说："出版改革正在深入，事业迅速发展，然而理论研究相对滞后。出版改革呼唤着理论指导，而出版理论研究未能回答和解决面临的许多问题……出版理论研究缺乏共识，也就会影响出版改革的深化和出版业的持续发展。"③ 基于此，他对编辑管理体制、编辑工作的改革都有自己独特的思考，且颇多论述与他的编辑质量观关系很大。比如，他认为，出版社是文化单位，不是行政单位，不应该搞"官本位制"。对出版单位盛行的"以官留人"的人才管理理念，他进行了严肃的批评和认真的反思。

在《责任编辑是什么》一文中，他说："编辑室主任、总编辑不是官，与普通编辑之间是业务指导关系，这种上下级关系与行政机关不同。"④ 他认为，正是对出版单位性质的错误认识，导致了"以官留人"的现象在出版单位中普遍流行。而这一现象可能带来的结果，则是编辑人员人人想当官，从而影响图书出版质量。他指出，出版社需要大量人才，而领导职务岗位有限，不可能都去当"官"，故须破除旧的用人机制，广泛

---

① 蔡学俭、汪诚：《图书质量三论》，《出版工作》1984 年第 1 期。
② 蔡学俭：《争取量的发展　着重质的提高》，《出版工作》1983 年第 4 期。
③ 蔡学俭：《出版改革四题》，《编辑学刊》1994 年第 5 期。
④ 蔡学俭：《责任编辑是什么》，《出版科学》2000 年第 4 期。

吸引容纳人才。至于新的机制是什么，蔡学俭认为是出版单位对编辑主体的充分尊重，真正在职称和待遇上，彰显出版生产主体的地位和价值。他说："出版社可不可以有一些具有高等学历和高级职称的普通编辑，不一定要他们当室主任或总编辑。"① 他指出，应该对现行的编辑职称体制进行改革，不要把初级、中级和高级职称的人数比例定得太死，允许普通编辑中具备条件的晋升高级职称，并给予他们与其职称和贡献相适应的待遇。显而易见，蔡学俭的出版体制改革，编辑是中心，质量是目的。在他眼里，编辑是出版工作的中心环节，制约着其他环节乃至整个出版工作的开展。编辑工作决定图书质量。体制改革是为了多出好书。

在面对"出书难""卖书难"的难点问题时，蔡学俭也同样是基于图书质量进行思考认知的。在《关于图书未来的对话》一文中，他结合"出书难"和"卖书难"两大难题，敏锐地提出了出版现代化问题。他指出，要根本解决"两难"，就要从现在起，下决心实现图书出版的现代化。他认为，出版现代化，既是解决"出书难"和"买书难"这两大出版现实问题的需要，更是解决出版业长久发展的根本所在。在他看来，出版现代化最重要的不是技术的现代化、管理的现代化，而是编辑主体思想的现代化。现代化并不是出版的最终目的，出版的终极目的永远是向人民提供高质量的思想食粮。他说："现代化不仅需要先进的科学技术，还需要有为人民服务的思想，这是我们不可忘记的。绝不要只注意增加图书品种而忽视图书质量，当然，更不能为了钱而不注重图书的社会效果。"② 可见，他有关出版业现代化论述的逻辑起点，始终是图书质量这一核心问题。

另外，在面对某一时期出版粗制滥造、"无错不成书"以及以数量代替质量等现象时，蔡学俭以图书质量为念，再三强调"图书出版工作者

---

① 蔡学俭：《责任编辑是什么》，《出版科学》2000 年第 4 期。
② 蔡学俭：《关于图书未来的对话》，《出版与发行》1986 年第 1 期。

任何时候都要坚持质量第一的方针，力戒粗制滥造，认真考虑社会效果，尽最大努力，把最好的精神文化食粮贡献给人民"[1]。可以说，图书编辑质量观是他编辑工作的准则，也是他编辑出版学研究的原点和亮点。

（二）期刊编辑质量观：质量是立刊之本

蔡学俭不仅有"图书的生命在于质量"的重要论断，而且对于期刊质量也毫不含糊。在《我和出版科学：纪念〈出版科学〉创刊二十五周年》一文中，他说："如果问我，办刊要注重什么？我的回答是要特别注重质量。质量是立刊之本，没有质量便没有特色，没有影响和效益。"[2]

纪念《出版科学》创办10周年时，蔡学俭在《办刊十年》中说道："刊物的质量靠文章，文章的质量是看能否赢得读者的眼球。一个期刊一定要办好几个重点栏目，每期一定要有几篇高质量的文章。"[3] 在他看来，期刊质量不是一个空洞的概念，而是一篇篇好文章的叠加和几个重点栏目的支撑。他结合《出版科学》对"卷首语"等重点栏目的打造、打磨，指出："好文章来自作者，作者的好文章交不交你这个刊物发表，在于你是不是认真做好作者工作，是不是设身处地为作者着想，努力为作者服务。"[4]《出版科学》之所以拥有王益、王仿子、许力以、宋木文、刘杲、袁亮、伍杰、杨牧之、宋原放、高斯、张伯海、戴文葆、吴道弘、阙道隆、巢峰、林穗芳、周奇等著名作者，离不开蔡学俭对作者的重视和尊重，这既是他作者观的体现，也是实现期刊高质量发展的重要原因。

在《办刊十年》和《我和出版科学：纪念〈出版科学〉创刊二十五周年》中他曾说过："《出版科学》是个季刊，每期总要有上十篇文章拿

---

[1] 蔡学俭、汪诚：《图书质量三论》，《出版工作》1984年第1期。

[2] 蔡学俭：《我和出版科学：纪念〈出版科学〉创刊二十五周年》，《出版科学》2018年第6期。

[3] 蔡学俭：《办刊十年》，《出版科学》2003年第2期。

[4] 蔡学俭：《办刊十年》，《出版科学》2003年第2期。

得出手。"可以说，蔡学俭对期刊质量的评判，稿源质量是第一要素，"拿得出手"才是目的。但怎样"拿得出手"，蔡学俭有一套自己的想法和做法。在《办刊十年》中他说："好栏目和高质量的文章必须精心策划、组织"，办刊人必须"信息灵通，眼光敏锐，抓住时机"，编辑必须"千方百计抓好稿，抓住好稿不放松"。在《我和出版科学：纪念〈出版科学〉创刊二十五周年》中他说："在抓质量上，还有一条硬措施，就是认真审稿、加工、校对"，"《出版科学》从 1993 年创刊后，即请人民出版社资深编审林穗芳逐期检查成品质量……"在蔡学俭看来，"质量是立刊之本"是硬道理，保障期刊质量是硬要求。因此，他既要求编辑"努力为作者服务""千方百计抓好稿""抓住好稿不放松"，也要求"认真审稿、加工、校对"以及出版后送专家审读。对于后一点，蔡学俭回忆他 20 世纪 50 年代编辑《中南农民》时也曾总结过，期刊要有"严格的选题论证和审稿加工制度"，"每期必须有选题计划，计划必须经过论证和批准，稿件必须编审加工和三审"[①]。也就是说，作为大半辈子浸淫在出版圈、期刊圈的行家里手，蔡学俭对期刊质量的看重几十年来一以贯之，从不含糊——从"质量是立刊之本"的宗旨出发，到抓栏目、抓作者、策划组织选题、严格编辑校对，有理论、有实践。《出版科学》从试刊、创刊、内部资料到公开发行、成为核心期刊、CSSCI 来源期刊，"办出了特色，办出了质量。不仅做到了'闻达于诸侯'，而且受到了出版界、编辑出版学教育界读者的好评"[②]。

可以说，由蔡学俭主持创办的编辑出版专业刊物《出版科学》既是他几十年心血的结晶，又是他期刊编辑学研究的点睛之笔，更是他编辑家特有的职业情怀、一丝不苟的编辑作风、十分精严的编辑质量观的最好证明。

---

① 蔡学俭：《我的出版之路》（口述），《中国出版史研究》2016 年第 4 期。
② 刘辰：《七十荷戟壮心未已——蔡学俭与〈出版科学〉》，《出版科学》2007 年第 4 期。

二、编辑规范论

有学者指出:"蔡学俭对我国编辑学研究最大的贡献是由他领衔组织完成的《图书编辑工作基本规程》研究","从某种程度上来讲,该研究也是蔡学俭编辑质量观发展的新阶段"。[1] 之所以会有如此高的评价,是因为《图书编辑工作基本规程》(以下简称《规程》)不仅内容丰富,针对性、实用性强,而且有一系列明确判断、简要论述、经验总结和规律概括,既是蔡学俭理论思考和实践智慧的结晶,又是他编辑出版学研究的重要组成部分。

(一) 图书编辑工作规程和编辑规范问题

20世纪90年代,随着社会主义市场经济的崛起,我国的编辑出版事业发展迅速,为了服务于实现我国出版工作多出好书的总目标,也为了提高图书质量,针对当时妨碍提高图书质量的编辑工作不规范、编辑行为随意等问题,1996年,中国编辑学会委托蔡学俭执笔撰写《规程》。如此重任,为什么交由年近古稀的蔡学俭负责?赵航先生认为,是因为蔡学俭有"任劳任怨的老黄牛精神",有"对编辑出版大局的巨大把握能力",有"对编辑出版工作独到的见地",有"锲而不舍的追求和务实稳健的作风"[2]。宋应离先生说得更直接:"由谁担任撰写《规程》的重任,在1996年初,中国编辑学会常务理事会上,刘杲会长把这项任务交给既有长期的编辑工作经验,又热心出版科研的蔡先生。"[3] 对于这项工作,蔡学俭认真负责,勤奋务实,从1996年初到1998年2月,他几次进京,几番汇报,几多讨论,几易其稿,《规

---

[1] 段乐川:《论蔡学俭的编辑质量观》,《出版科学》2012年第6期。

[2] 赵航:《把一生献给了出版热土:读蔡学俭〈我的编辑出版理念〉》,《编辑学刊》1999年第6期。

[3] 宋应离:《在出版热土上辛勤耕耘的编辑出版家蔡学俭》,《出版科学》2018年第3期。

程》"一字一句精雕细刻而成",最终由新闻出版署图书司批转全国"供全国出版社参照执行",编辑工作者有了在编辑活动中共同遵守的行业标准。

《规程》近两万字,内容包括总述、信息、选题、组稿等12个部分,涵盖了编辑流程的所有程序。即按照图书生产的全流程,从信息搜集开始,到选题、组稿、审稿、加工整理到图书的宣传评介,体现了系统性、实用性、指导性原则。尤其是根据出版业发展的现实需要,新增加了信息、图书宣传、评介、质量检查等内容。不仅实用价值高、可操作性强、时代特色鲜明,而且"对图书编辑工作全过程的每一环节,都清晰地列出了具体的内容和要求。不仅说明应当如何做,还说明为什么要这样做。完整、系统、详细、准确……"[1]。可以说,《规程》对规范编辑工作、提升图书质量和提高编辑主体素质意义重大,称得上是编辑人员的工作守则和行动指南。

(二) 编辑规范与编辑质量的关系

蔡学俭之所以对图书编辑工作全流程进行明确具体的规定,是因为他长期工作在编辑出版的第一线,深知要保证图书质量,亟须通过具体规定来约束编辑行为、规范编辑流程。早在20世纪80年代,蔡学俭就深刻地认识到编辑规范之于编辑质量的重要性。他说:"责任制是一项打基础的工作,出版部门建立责任制要明确以质量为中心,不仅要建立各级的责任制,还要按照生产流程,建立全面的责任制,包括编辑工作责任制、校对责任制、产品验收和成品检查责任制等。要使出版过程中,从上到下,处处有人负责,事事有人把关,各种齿轮运转正常,机器发挥效率,从而使图书质量的提高得到保证。"[2] 可见,蔡学俭在承担

---

[1] 刘杲:《蔡学俭和他的文集》,《编辑之友》1999年第1期。
[2] 蔡学俭、汪诚:《图书质量三论》,《出版工作》1984年第1期。

编撰《规程》这一重任之前，已对编辑责任、编辑流程控制与图书质量之间的关系有深入思考。在他看来，编辑工作的规范，是保证图书质量的必然要求。他说："须知图书质量是一个系统工程，图书质量的提高有赖于扎实的基础工作，打好基础才能建好万丈高楼。编辑工作规范正是一项重要的基础工作。只有既从宏观上又从微观上抓好图书质量，才能更好地实现阶段性转移的目标。"① 正是基于这样的认识，在这部图书编辑《规程》中，他从编辑工作系统性的角度，详细地阐述了制定这部规程的必要性。他认为，编辑工作是一项系统工程。一个环节、工序的工作影响着另一个或几个环节、工序乃至全部编辑工作。只有用严密的制度规范各自的职责和相互关系，才能使整个编辑工作高效率运转。这正是他系统性编辑规范论与编辑质量观在《规程》中的体现。

其实，早在1988年，在《谈编校分开和相互配合》一文中，蔡学俭就针对当时出版界编校混岗的现象，大胆提出质疑，认为编辑和校对虽然目标一致，但职责范围、工作要求和侧重点不同，因此不能混岗。他认为，专业分工性决定着编辑岗位的职责相异性。而编辑工作的整体性，则又决定着图书质量工程必定是一项系统性工程。② 从这一论述可以看出，蔡学俭对编辑工作的系统性和专业性早有深入认识。因此，如何从编辑工作规范化和制度化的角度来做好编辑工作，成为萦绕蔡学俭几十年编辑实践和编辑学研究的重要问题。而《规程》这部凝聚着蔡学俭心血和智慧的研究成果，解决的基本问题则是用编辑规范化的思想来达到编辑工作质量建设的目的。换句话说，编辑规范是编辑工作质量建设的根本途径，这一思路，是蔡学俭制定这部规程的内在认识逻辑。在《规程》中，蔡学俭分别从信息、选题、审稿、加工整理和整体设计、发稿、校对、质量检查、图书宣传和评介、编务工作等几个方面，较为

---

① 蔡学俭：《编辑工作的规范与创新》，《科技与出版》1998年第2期。
② 蔡学俭：《谈编校分开和相互配合》，《出版工作》1988年第6期。

深入详尽地提出了每个环节应该遵循的基本要求。每一个环节的规程，既有细致入微的工作内容或方法提示，又有深入浅出的理论论述。可以说，每一个环节的规程，都是理论和实践相互融通的具有高度思想性和实践性的编辑工作指南。

在谈到如何制定好这部规程时，蔡学俭曾经这样说："它不能只是个人经验的概括，而必须归纳总结编辑实务方面的研究成果；它不能是一家之言，而必须汲取诸家众说之所长；它不能只是编辑过程的描述，而必须努力对实践进行理论升华。"[1] 换言之，实践性、开放性和理论性是蔡学俭对《规程》编写的基本要求。实践性是《规程》的根本属性。《规程》制定的根本出发点，是为了规范编辑实践的随意性，保证图书出版质量。因此，整个《规程》，无论从立意立论，还是谋篇布局，抑或是文风文字，都体现着鲜明的实践价值取向，既简明扼要，又通俗易懂；既系统完整，又针对性强。开放性，则是《规程》的又一鲜明特色。在《规程》制定过程中，蔡学俭坚持"开门"定程，集思广益，博采众长，兼容并蓄，广纳良言。《规程》的制定，大致经历了从征求意见稿到形成初稿再到修改完善三个阶段。单单征求意见稿就数易其稿，且广泛征求了几十位专家学者的意见。在形成初稿的过程中，还进行了小范围的深入讨论。1996 年 8 月，中国编辑学会第三届年会对《规程》进行了深入细致的讨论，广大与会人员围绕《规程》制定，畅所欲言，直抒己见，蔡学俭则是"虚心记述意见"。会后，结合相关意见，认真修改完善后方定稿。

难能可贵的是，这部以实践为价值导向的《规程》，还有着浓郁的理论色彩，这就是蔡学俭所说的"理论升华"。这种理论色彩至少表现在以下两个方面。一是对编辑工作系统性的把握上，《规程》的认识达到了前所未有的高度。如前所述，《规程》制定的认识逻辑，是从编辑

---

[1] 蔡学俭：《我与中国编辑学会》，《出版科学》2002 年第 4 期。

工作的系统性角度，从整体方法论的视野解决编辑质量问题的。蔡学俭认为，如果不从系统性和整体性的观点来认识图书编辑质量问题，就不可能从根本上解决图书质量问题。在《规程》中，蔡学俭从编辑工作的流程环节入手，条分缕析地提出每一个编辑环节的规范要求，实际上正是他系统性编辑质量观的体现。从这个角度上来讲，《规程》和《图书质量保障体系》的根本区别，并不在于自律性和行政性的差异，而在于两者所体现出的编辑质量观的差异。前者是一种鲜明的系统质量观，后者则是中心质量观。二是对编辑工作一些规律性要求的科学认识上，达到了一定的深度。比如，它对审稿性质和作用的认识，指出"审稿是编辑工作的决定性环节"，"是一种对书稿进行科学分析判断的理性活动"。再如，对编辑和作者关系的分析，指出"编辑人员和作者的关系是同志式的互助合作关系"，"编辑人员必须依靠作者，尊重作者，与作者建立真诚的友谊"。再比如，对选题概念的认识，提出选题"是对准备出版的图书的构思和策划，是依据党的方针、政策和一定时期的形势、任务，以及各个学科的研究状况和产业发展状况，对信息提炼、集中、升华的结果"。如此等等，都是蔡学俭基于编辑实践的直接经验，总结出的科学认识。正是在这个角度上，刘杲先生高度肯定《规程》的价值，指出这部《规程》"来自图书编辑工作的长期实践……总结编辑工作的实践经验，上升到理性认识，使我们逐渐了解和掌握编辑工作的客观规律"[1]。

（三）编辑规范与编辑创新的关系

蔡学俭作为具有高度文化自觉和理论自觉的编辑学家，对于编辑规范、编辑创新以及二者之间的关系，在撰写《规程》时已有过深入思考。他说："它一方面促使我研究像图书编辑工作这样的精神生产要不

---

[1] 刘杲：《为什么要编写〈图书编辑工作基本规程〉》，《出版科学》1997年第1期。

要加以规范,可以不可以规范;另一方面又促使我在编写《规程》时注意精神生产的特殊性,努力做到规范与创新相结合。"① 在他看来,弄清楚规范与创新的关系,不仅涉及对规范的理解,关系到比《规程》更重要的诸多国家标准和行政规定的贯彻执行,而且也关系到编辑工作质量和图书质量的提高等问题。

在《编辑工作的规范与创新》一文中,他深入分析了编辑工作规范与编辑创新的辩证统一关系。

首先,规范离不开创新,规范就是创新的结果。蔡学俭认为,规范是对客观事物认识深化的产物,如果对编辑工作没有广泛实践经验的积累,没有对内涵、本质的把握,没有对不断出现的新情况和新问题的研究,也就谈不上建立规范。在他看来,过去图书的标准化程度很低,相关的一些著录规则、标准等,或者付之阙如,或者各行其是,不仅影响图书质量,而且不利于图书进入国际市场。如今国家制定了相关标准,如果沿袭原来的做法,那就既没有规范,也谈不上创新;如果不严格执行国家标准,也就会制约编辑工作的创新。他说:"规范逐步完善的过程就是创新的过程,规范不能适应新情况就会阻碍工作,改革就是为了破旧立新,改革原有的规范,建立新的规范。规范限制守旧,促进创新,创新使规范逐步完善,充满活力,这就是所要理解的规范与创新的正确关系。"②

其次,编辑主体创新必须遵从规范。他说:"规范对于提高编辑人员的素质和图书质量,对于深化编辑学研究和实现阶段性转移,都是十分重要的。"③ 编辑主体的工作创新必须立足于编辑规范。在他看来,编辑主体规范本质上是编辑工作规律的反映,是编辑主体创新必须遵循的前提条件。他说:"规范就是人们从事实践经验的总结和客观规律

---

① 蔡学俭:《编辑工作的规范与创新》,《科技与出版》1998 年第 2 期。
② 蔡学俭:《编辑工作的规范与创新》,《科技与出版》1998 年第 2 期。
③ 蔡学俭:《编辑工作的规范与创新》,《科技与出版》1998 年第 2 期。

的反映。它是对客观事物本质认识的深化，是经过许多人反复实践证明行之有效的，具有一定的客观必然性。因此，规范不是主观随意性的产物，不是主观可以决定或者改变的，也不是可以随意违反的。否则，就可能为此付出或大或小的代价。"[1]可见，蔡学俭的编辑规范，不仅仅是一种编辑原则意义的范式，而是编辑规律的概括和体现。从这个角度讲，没有对编辑活动规律的深刻认识，没有对编辑规范的遵从，就不可能有真正的编辑创新。再次，编辑创新又必然推动规范完善。蔡学俭认为，编辑创新才能推动编辑规范完善发展。他说，编辑出版实践发展日新月异，总是会出现很多新情况新问题新现象。这些新情况新问题新现象在挑战着考验着编辑规范，"规范不能适应新情况就会阻碍工作，改革就是为了破旧立新，改革原有的规范，建立新的规范"[2]。规范完善的过程实际上就是编辑主体对编辑规律更新认识的过程，是编辑思想观念与时俱进的过程，同时也是编辑创新的过程，因此编辑主体创新必然带来编辑规范的修订完善。规范和创新是一种辩证统一关系，创新离不开规范，它要以规范为前提，规范反向促进创新，规范也是创新的结果。

（四）编辑规范意识

《规程》以图书编辑为研究对象，研究的内容是图书生产过程中的编辑规范问题，鲜明的规范意识至少表现在以下两个方面：

一是论述了主体规范与编辑质量的重要性。2007年，在《关于〈图书编辑工作基本规程〉的修改》一文中，蔡学俭再次论述了编辑规范与编辑质量的关系。他说："当时制订《图书编辑工作基本规程》的出发点是为了促进图书质量提高，经过十年，图书质量有了提高，但也

---

[1] 蔡学俭：《编辑工作的规范与创新》，《科技与出版》1998年第2期。
[2] 蔡学俭：《编辑工作的规范与创新》，《科技与出版》1998年第2期。

出现了一些新问题。修订《图书编辑工作基本规程》应当在新的起点上仍然着眼于提高图书质量,对质量的要求不是要降低而是要更加提高。"① 可见,在蔡学俭看来,对编辑主体的规范是编辑质量的必要条件。他从编辑工作系统性的角度详细阐述了两者的内在关系。他认为,编辑工作是一项系统工程,各环节相互联系、制约和促进,具有严密的整体性,而每一环节又具有相对独立性。各环节中有许多工序,相互之间同样具有制约性和相对独立性。这就既要从宏观上把握编辑工作的整体性,又要在微观上抓好每一个环节、工序的工作,处理好局部和全局的关系,要用严密的制度,规范各自的职责和相互关系,使整个编辑工作协调一致,高效率运转。也就是说,编辑工作的系统性和编辑主体的专业分工性,决定了必须用规程规范来确保编辑工作的有序展开和协调一致。

二是形成了编辑主体规范的框架体系。《规程》出台的一个重要意义,在于提出了编辑主体规范的框架体系。在《规程》中,蔡学俭对编辑工作所涉及的所有程序,即每一工作环节提出了应该遵循的基本要求,这也构成了编辑主体规范的主要框架体系,成为学界和业界对编辑工作基本流程和环节要素的重要认识框架。因为这个框架体系的出现,人们对编辑主体的规范要求有了更为系统、完整的认识。一方面,认识到编辑主体规范是一个体系,不是零散的,需要各个环节协同发力,需要各个编辑主体同频共振,才能确保编辑质量;另一方面,编辑工作不同环节对编辑主体规范要求不一样,需要因地制宜、因人施策,既重视规范的整体性要求,又要兼顾不同编辑主体工作要求的差异性。不仅如此,在认识这些框架的时候,蔡学俭以敏锐的眼光注意到了媒体变革的现实性,提出编辑工作规程的修订一定要与时俱进。

---

① 蔡学俭:《关于〈图书编辑工作基本规程〉的修改》,见中国编辑学会:《图书编辑规程论——中国编辑学会第十二届学术年会论文集》,中国标准出版社 2008 年版,第 21 页。

他说:"修改《图书编辑工作基本规程》怎么定框架,究竟图书编辑工作要经过哪些环节,需要研究明确。数字技术的应用,使编辑工作出现了许多新情况,传统媒体要与数字出版结合,编辑工作环节必然发生变化,这些在修订时都要考虑。一些在数字出版方面走在前面的出版社的做法和经验,可以借鉴。"[1]这些清醒的认识,无论是对于更好地认识编辑工作的变化,还是制定具有鲜明时代特色的编辑主体工作规范,都具有一定的启发意义。

可以说,蔡学俭所领衔制订的《编辑工作规程》,不仅是提高图书质量的要求,更是编辑学理论建设的重要组成部分。他认为,编辑主体的编辑实践要讲究规范,要通过规范来确保编辑主体的思想的科学性、逻辑性和有效性,要通过规范来提高图书质量。这是他对编辑主体规范意识深入认识的集中反映,也是他对编辑学研究的一大贡献。

三、编辑主体论

编辑主体是编辑实践中最活跃的因素,是编辑生产力的核心。作为一位长期从事编辑实践工作、有着丰富编辑出版管理经验的编辑出版家,蔡学俭对编辑主体思想的观照,包含编辑思想建设、编辑作风建设、编辑行为规范、编辑素质提高、编辑创新创造等多个方面。比如,蔡学俭较早地提出了编辑主体应该具有编辑思想这一重要论断,提出了编辑主体规范对编辑工作重要性的认识,提出了编辑工作贵在创新等观点。可以说,他的编辑主体建设思想成体系、成系统,比较完备。下面重点论述编辑思想论、主体素质论、编辑作风论等内容。

---

[1] 蔡学俭:《关于〈图书编辑工作基本规程〉的修改》,见中国编辑学会:《图书编辑规程论——中国编辑学会第十二届学术年会论文集》,中国标准出版社2008年版,第23页。

（一）编辑思想的重要性

蔡学俭作为同新中国一起成长的编辑学家，近 70 年的编辑出版经历，使他深深认识到编辑主体思想建设对于编辑出版工作、编辑出版质量、编辑出版事业发展的重要性。在《试论编辑思想》一文中，他明确提出编辑主体的思想建设问题。他开门见山地指出：编辑工作是思想工作，编辑一定要有编辑思想。在他看来，正因为对编辑思想的轻视和忽视，才导致了编辑实践中出现很多不良现象，如"无错不成书"等。针对编辑实践中一些编辑没有编辑思想或不重视编辑思想的现象，他不无建设性地给予批判。他说："有些人做编辑工作时间不短，编稿不少，也出了些好书，却总结不出多少经验教训，其原因在于他们没有用编辑思想指导实践，以致长期未能从盲目走向自觉，从必然走向自由。"[①] 对于什么是编辑思想这一问题，他进行了深入系统的思考。他认为，编辑思想是编辑主体对编辑工作的一种自觉观念。这种观念，不仅仅是"用脑子"，它是一个艰苦复杂的思维活动，贯穿编辑工作的全过程。在他看来，编辑劳动的过程就是在编辑思想指导下的实践过程，编辑思想蕴含于编辑工作的全流程、各方面。他认为，编辑思想的有无，和编辑工作质量有着直接的关联。他说："编辑思想的淡化，正是导致编辑工作简单化和精神产品平庸低劣的重要原因。"[②] 不同于一般学者对编辑思想的论述，蔡学俭是将编辑思想上升到编辑质量的高度来认识的。他通过追问编辑主体的编辑思想与编辑质量的重大关联，从而得出编辑主体的编辑思想的不可或缺性。为了更深入地论述这一问题，他引用马克思和恩格斯等经典作家对意识和实践关系的论述，阐述了作为认识实践的编辑思想和作为行为实践的编辑实践的重要关系，由此明确地赋予了编辑

---

① 蔡学俭：《试论编辑思想》，《出版科学》2000 年第 1 期。
② 蔡学俭：《试论编辑思想》，《出版科学》2000 年第 1 期。

思想价值认识以重要的哲学论内涵。为了更具体地说明这一问题，他又从编辑过程的全流程各环节出发，论述了编辑思想在编辑主体选题策划、组稿、审稿加工等过程中的重要作用。他说："编辑绝不是'编辑匠'，而是在运用编辑思想、专业知识以至心理素质和作者进行学术对话，从而促进编辑价值实现和稿件质量提高。"[1]

与此同时，蔡学俭还对编辑思想所具有的独创性、社会性和实践性三大特征进行了深入分析。首先，独创性是岗位标准，体现的是编辑的创新精神。他说："每个编辑都有编辑思想，但不会是一模一样完全相同的，不同编辑的编辑思想具有与众不同的个性，即独创性。"[2] 编辑思想的独创性，是编辑个体素质的重要体现，也是编辑队伍建设的重要内容。编辑思想的独创性，既来源于编辑工作方式的独创性，又来源于编辑工作对象类型的丰富性。编辑工作不同于著述活动的性质，决定了编辑主体要有自己的思想，才能助益于著述活动，达到协同作者共同创造新文化的目的。编辑工作对象类型的多样性和差异性，决定了编辑主体的编辑思想也应该具有独创性，从而"通过多种媒体，运用多种方式，满足不同读者的不同需求"；"编辑形成了自己独到的编辑思想，就会编出有特色有影响的图书"[3]。其次，蔡学俭认为，社会性是政治要求，体现的是编辑的大局意识。他说："人的思想不能脱离社会意识形态而存在，编辑思想也不例外。编辑思想虽然要打上个性的烙印，但它不可能不受到社会意识形态的制约。"[4] 也就是说，编辑思想是特定社会历史条件的产物，具有鲜明的社会性，既"受到社会意识形态的制约"，也受到编辑实践内在规律的制约。他强调，鉴于编辑思想的社会性，要求编辑主体必须服务于社会主义现代化建设的大局，必须为社会主义制度服务、为人民服

---

[1] 蔡学俭：《试论编辑思想》，《出版科学》2000年第1期。
[2] 蔡学俭：《试论编辑思想》，《出版科学》2000年第1期。
[3] 蔡学俭：《试论编辑思想》，《出版科学》2000年第1期。
[4] 蔡学俭：《试论编辑思想》，《出版科学》2000年第1期。

务。他说:"编辑具有全局观念,就会充分发挥编辑工作的作用,促进改革开放和社会发展。"①再次,蔡学俭认为,实践性是工作规律,体现的是编辑的职业态度。他说:"编辑思想不是头脑中固有的,也不是自然形成的,它来源于丰富的编辑实践。"②不仅如此,编辑思想是否正确,还需要在实践中检验。社会实践不仅是编辑思想之源,而且是检验编辑思想是否符合实际的唯一标准。他强调,实践的变动性决定了编辑思想的变动性,因此编辑主体的思想必须与时俱进、改革创新。显而易见,蔡学俭对编辑思想的论述包含了编辑思想建构的必要性、建构的内涵和建构的途径三个方面。尤其是他对编辑思想必要性的论述,是以如何提高编辑质量为出发点的,并由此形成了一种以编辑质量为导向的编辑思想认识逻辑。而这一认识逻辑,又与蔡学俭的编辑实践关系密切。

在《做出版工作的一点体会》一文中,他回忆了自己早年编辑《中南农民》半月刊时的经历。他说:"这是一份期发量最高达到百万册的半月刊,要编好它责任很重,我却不知其重,我对编辑工作知之甚少却自视很高,情况不明决心却很大,满怀热情,没日没夜地编出了初稿,自我感觉不错。哪知编稿内容芜杂,没有中心,毫无章法,缺乏编辑思想,结果几乎被全部否定,刊物险些延期出版。"③由此看出,蔡学俭对编辑思想重要性的认识,绝不是隔靴搔痒式的唱高调,而是有着切肤之痛的真实教训。他之所以提出编辑主体的思想建设这一课题,是因为在他看来,编辑思想是影响编辑工作的一个重要决定因素,也是编辑主体理论研究的重心和灵魂。

(二)编辑主体素质

蔡学俭从最初编辑《中南农民》《怎样做一个共产党员》学做校对、

---

① 蔡学俭:《试论编辑思想》,《出版科学》2000年第1期。
② 蔡学俭:《试论编辑思想》,《出版科学》2000年第1期。
③ 蔡学俭:《做出版工作的一点体会》,《编辑学刊》2007年第6期。

助编、编辑开始,到担任领导职务,再到退休后编辑出版《出版科学》,几乎从没有离开过出版。对编辑工作的深刻体悟,使他极其重视编辑主体建设。他认为,在编辑工作中,往往存在着重视宏观规划和选题优化,"但却忽视同时从微观上打好基础"①。在他看来,这个微观基础工作就是编辑主体建设工作。他说:"诸如编辑人员政治素质、职业道德和基本技能的提高,中青年人才的培养……还未引起足够的重视,并一步一个脚印地去解决。"②在《一个老编辑的期望》一文中,他不仅指出"编辑工作是思想政治性很强的岗位,又是学术文化气息浓郁的园地,编辑素质的专业化是一种进步的趋势",而且还指出,"增强时代意识,发扬优良传统,提高编辑整体素质,才能适应现代编辑工作的要求,实现中青年编辑的历史使命,从而实现社会主义出版事业的高度繁荣"。这里的编辑整体素质,他在另一篇文章中总结为"包括提高思想政治、科学文化和职业道德素质"③几个方面的内容。

一是编辑主体的思想政治素质。在《编辑工作要讲政治》一文中,蔡学俭认为,编辑工作是政治性、思想性很强的工作,因此,编辑主体必须讲政治,要拥有较高的政治素养。在他看来,编辑工作的基本职责是选择、评价和把关,促进优秀著作出版。至于选择、评价和把关的标准是什么,他说:"科学标准、知识标准、艺术标准是不可或缺的,但是对于编辑工作来说,重要的是政治思想标准。"他对于编辑"守土有责"的解释是,"这个'责'主要不是指科学性、学术性方面,而是指政治思想方面"④。编辑人员如果不注意提高政治思想素质,不讲学习,不讲政治,不讲正气,那就不能胜任新世纪赋予的任务。他还指出,新世纪的编辑人员要成为高素质的复合型人才,一个重要的要求就是要有政治

---

① 蔡学俭:《一个老编辑的期望》,《编辑之友》1992年第6期。
② 蔡学俭:《一个老编辑的期望》,《编辑之友》1992年第6期。
③ 蔡学俭:《出版业可持续发展的途径》,《出版发行研究》1998年第1期。
④ 蔡学俭:《编辑工作要讲政治》,《出版科学》2001年第3期。

素质。他说:"需要注意的是,'复合型'中要包括政治思想方面的要求。这就是要学习掌握马克思列宁主义、毛泽东思想和邓小平理论,学习掌握党的路线、方针和政策,学习掌握国家法律和政策法规,能敏锐观察政治形势,见微知著,辨别正确方向……"①他认为,编辑工作要坚持正确的政治方向,学习和掌握马克思主义理论是根本保证。这是编辑的政治基本功,不具备这样的基本功,便不可能成为一名合格的编辑。蔡学俭还指出了提高编辑政治素质的途径。他以自己在20世纪50年代编辑《怎样做一个共产党员》时排在第一位的成功经验——"编辑工作的预见性和政治敏感"为例,重申出版工作需要"与党和人民同呼吸、共命运"②,编辑坚持党性原则,具有政治素养是第一位的;并讲述自己从年轻时候开始,在"工作之余挤时间学习",熟读了各种马列著作和中国共产党的经典论述。他说:"1951年至1953年,《毛泽东选集》1至3卷陆续出版,我通宵达旦阅读,特别是其中的《矛盾论》和《实践论》两篇,我结合李达的两本解说,做了详细笔记。"③检视蔡学俭的相关文章,马克思的《经济学手稿》、恩格斯的《欧洲土耳其前途如何?》、列宁的《党的组织与党的出版物》和《邓小平文选》等经典理论在文章中频繁出现,足以说明,蔡学俭对编辑主体政治素养的强调,既出自他的实践经验,又融入了他的学习感悟和理论思考。

但需要指出的是,蔡学俭强调编辑主体的政治素养,并不是用政治思想标准去评价科学学术著作,而是要遵循党的路线,正确地处理政治思想性与科学学术性的关系。他以自己在湖北人民出版社"编辑原创学术著作"为例,指出学术原创、高质量和政治思想性不矛盾。他在2008年至2017年第2期《出版科学》上以"珞珈"为名发表了56篇

---

① 蔡学俭:《编辑工作要讲政治》,《出版科学》2001年第3期。
② 蔡学俭:《出版繁荣——认识与实践》,《中国出版》1991年第10期。
③ 蔡学俭口述,蔡姗、欧阳敏采访:《我的出版之路》,《中国出版史研究》2016年第4期。

卷首语[1]，细化自己对编辑主体思想的论述，强调编辑基本功、编辑政治素质的重要，认为编精品、出传世之作就需要学习马克思主义理论，掌握广博的科学文化知识，熟悉编辑全过程业务，练就语言文字过硬本领。[2] 可以说，蔡学俭是立足于编辑工作专业性和质量本身，以辩证统一的思维来认识编辑主体的政治思想性和科学学术性的。

二是编辑主体的科学文化素质。蔡学俭认为，编辑工作是一种精神生产，不是任何人都可以做编辑工作，也不是马马虎虎就可以做好编辑工作的。作为编辑，在学习和掌握马克思主义理论的同时，还要学习和掌握广博的科学文化知识，具有过硬的语言文字功底。他指出，编辑经手的稿件多种多样，千差万别，这就决定了编辑要比其他专业具有更加广博的知识，只有这样才能适应工作要求。他说："自然科学编辑要懂点社会科学，社会科学编辑要懂点自然科学，政治、经济、文化和科技知识，门门都不能偏废。"编辑知识广博的同时，还要有一门或几门专长。"博和专是相互联系和促进的，专是博的基础，没有专谈不上博，博又可以更好地促进专。""编辑习惯以'万金油'自谦，以'杂家'自诩，以'为人作嫁'自勉，而不以'成名成家'为意。事实上，历代和当代都有不少出版家、编辑家，许多编辑也是专家学者。"[3] 他赞成当"学者型编辑"，提倡"杂中有专"。他还强调，在数字出版条件下，编辑工作的链条还要向全媒体延伸。编辑不能仅了解某一环节的工作，而要全面地熟悉编辑业务，只有弄懂弄会对编辑全流程的业务，拿得起，上得了手，才能做好编辑工作。

至于语言文字，他认为这是编辑必须具备的特殊基本能力。他强调，对编辑来说，认识和掌握尽可能多的汉字是一项基本功，是基本职责，不论从事何种编辑工作，文字基本功扎实，才能较好地完成肩

---

[1] 范军、曾建辉：《论蔡学俭的出版评论活动及特征》，《出版科学》2019年第5期。
[2] 珞珈（蔡学俭）：《编辑的基本功》，《出版科学》2014年第2期。
[3] 珞珈（蔡学俭）：《编辑的基本功》，《出版科学》2014年第2期。

负的工作任务。在他看来，不管是审稿、改稿、编辑、校对，还是鉴别、判断、比较、选择，都需要广博的知识修养与基本的语言文字功底。他以周振甫、叶至善、叶圣陶、巴金为例，论述编辑的眼光是深厚知识修养与丰富编辑历练相结合的产物；他在《出版科学》上以"珞珈"为名发表的《编辑的基本功》《编辑的眼光》《编辑要认识多少汉字》等卷首语文章，集中表达了对编辑文化知识及综合素质的看重；他以自己几十年来勤奋刻苦学习、实践的经历，证明了编辑的基本功不可能一蹴而就，而是一个学习、应用、再学习、再应用不断深化的过程。正如刘杲先生所说："他的文笔所及，既是理论的，又是实际的；既是宏观的，又是微观的；既能高瞻远瞩，统筹全局，又能细致具体，探幽发微。"①这是对蔡学俭文采的赞誉，也是对蔡学俭知识、水平、能力、素质的肯定。

二是编辑主体的职业道德素质，也即编辑的精神素养。蔡学俭有着丰富的编辑工作经验，对编辑主体精神素养的重要性有着深切的体会。早在20世纪50年代初编辑《中南农民》时，他就体会到了编辑工作的苦辣酸甜，而且对编辑主体精神素质重要性有了感悟。他说："作为刚刚进入出版业的一名普通编辑，在《中南农民》接受的锻炼和教育使我终身受益、永远难忘。我逐步理解了为人民服务的深刻内涵，它不是一句口头说说的套话，需要有坚定的理想信念和顽强的意志毅力，需要有严肃认真的工作态度和一丝不苟的作风，还需要有丰富的知识积累和扎实的语言文字基本功。"②后来，随着他编辑经历的增多，在《编书杂感》一文中，他结合自己的经验教训直言："既当编辑，就一定要有不为名利的奉献精神，全心全意的敬业精神，坚忍不拔的执着精神，锲而不舍的追求精神，勤奋刻苦的钻研精神。"③在关注和解读

---

① 刘杲：《蔡学俭与他的文集》，《编辑之友》1999年第1期。
② 蔡学俭：《作出版工作的一点体会》，《编辑学刊》2007年第6期。
③ 蔡学俭：《编书杂感》，《出版科学》1996年第1期。

"金盾现象"时,他为编辑的服务精神点赞,指出"没有全心全意为人民服务的精神,没有艰苦创业、开拓进取、求新务实的精神,即使建立了完善的体制和运行机制,也难以充分发挥其作用"[①]。在总结《出版科学》办刊经验时,他强调:"编辑责任重大,任务艰巨,工作繁杂,但为人作嫁,无名无利,只有热爱事业,乐此不疲,淡泊名利,不计得失,方能以刊为家,奋斗终身……编辑全心全意,敬业乐业,尽职尽责,任劳任怨,何愁刊物不能办好,目标、要求、融合等愿景不能实现。"[②]可见,不管是奉献精神、敬业精神、执着精神、追求精神、钻研精神,还是全心全意为人民服务的职业道德、编辑情怀,都是蔡学俭对编辑主体精神素养的高度凝练和概括,也是他一生编辑出版工作精神、编辑人格的真实写照。

(三)编辑作风

蔡学俭是位勤奋勤勉的编辑学家,几十年如一日,始终笔耕不辍,屡有佳作。这种大跨度、长时间对编辑学研究的投入、热情和追求,在编辑学界广受赞誉。他率先垂范,身体力行,孜孜以求,自始至终强调并践行勤奋务实、严谨细致的编辑作风。由他主持创办的编辑出版专业刊物《出版科学》即是一个明证。

《出版科学》是蔡学俭一手创办并亲力亲为编辑出版的一份编辑学研究重要期刊。在主持该刊物编辑出版过程中,他将自己勤奋务实、严谨细致的编辑作风,运用到刊物的编校工作中去。他说:"在抓质量上,还有一条硬措施,就是认真审稿、加工、校对。一篇文稿至少审改三遍,重要文稿送局领导审查,重要引文必须核对。录入时由三人各校一遍,排版后初样二校二读、清样二读,出胶片再检查一遍,还请专家

---

① 蔡学俭:《"金盾人"》,《出版科学》1995年第2期。
② 蔡学俭:《我和〈出版科学〉——纪念〈出版科学〉创刊二十五周年》,《出版科学》2018年第6期。

检查编校质量。"① 为追求刊物编校质量做这样的严格要求，体现了他一丝不苟、精益求精的办刊精神和编辑作风。在《出版科学》卷首语中，他甚至这样说道："一个错别字符，就像一块沉重的铅石压在我们心头。我们希望能有一期不再出现此表（勘误表）。"② 在《出版笔记》中，刘杲先生曾经回忆起他和蔡学俭两人作为作者和编辑的交往经历：他的一篇稿子被蔡学俭责编，蔡学俭不仅"指出毛病甚多"，甚至连文章中错打的顿号都"抠"了出来，并请他校核。刘杲先生不无感慨地赞美道："这就是老蔡。这就是《出版科学》，一个标点也不放过。见微知著。一个标点符号也不放过的精神，就是实事求是、一丝不苟的精神，就是对读者认真负责的精神，就是对作者负责任的精神。"③

这样一种恪守职责、一丝不苟的编辑作风，同样表现在蔡学俭早年的编辑工作中。在《编书杂感》一文中，蔡学俭回忆起自己早年编辑著名哲学家艾寒松的《怎样做一个共产党员》一书的工作细节。他说，拿到该书清样后，看了一通宵未发现差错，但仍然感觉不踏实，认真再读，结果发现清样中误将"毛泽东"误排为"毛东泽"。谈及此事，蔡学俭感慨万千。他说："内容的加工和文字的推敲，以及引文、数据等的核对，并不是'雕虫小技'，而是'捉虫大技'。丝毫懈怠就会留下隐患。编辑不可不看清样，还要十分认真。"④ "处理书稿，责任编辑的'责任'二字总要牢记在心。"⑤ 由此可见，蔡学俭的编辑作风、编辑观念，是他追求编辑作品高质量的必然要求，是他不忘初心——"'作嫁'就是服务，'为人作嫁'就是要为人民、为社会主义服务"⑥ 的体现。

---

① 蔡学俭：《办刊十年》，《出版科学》2003 年第 2 期。
② 蔡学俭：《办刊十年》，《出版科学》2003 年第 2 期。
③ 刘杲：《一个标点符号也不放过》，《出版笔记》，河北教育出版社 2006 年版，第 380 页。
④ 蔡学俭：《编书杂感》，《出版科学》1996 年第 1 期。
⑤ 蔡学俭：《我在 1950 年的编辑工作》，《九十初度》，第 97 页。
⑥ 蔡学俭：《离不开这片热土：我的编辑出版理念》，湖北教育出版社 1999 年版。

四、期刊编辑论

蔡学俭的期刊编辑之路开启于1951年他调入中南人民出版社后编辑《中南农民》半月刊，他最投入也最为人称道的是1991年卸任湖北省新闻出版局局长之后创办与主编《出版科学》。正如他自己所说："我从事出版已历68年，其中与《出版科学》的关系，从1986年到现在有32年，就是说，我的出版工作中有近一半时间与《出版科学》结缘。"[①]正是对期刊编辑工作的深切热爱，对《出版科学》几十年的耕耘，使蔡学俭除了对期刊质量有深刻的实践认知和理性思考外，对期刊定位、特色、作者、读者等都有一定的创见。

（一）期刊要有明确的定位

刊物的定位，一般指的是办刊者依据市场和读者的阅读需求确立的编辑方针和经营策略。蔡学俭在《我和〈出版科学〉——纪念〈出版科学〉创刊二十五周年》一文中明确提出，"刊物的名称就是刊物的定位"。他说："取名'出版科学'当时有些人不以为然，但对这个刊名和由此决定的刊物定位从来没有动摇过。我们坚信出版学是一门科学，并且必然会获得社会和学界业界的认同，刊物一定要按照这个定位努力去办。"在他看来，"出版与科学紧密联系，人们认识到出版离不开科学，科学指导着出版。……《出版科学》的定名，使刊物内容具有与时俱进的广阔空间"[②]。《出版科学》试刊号发文27篇，开篇是伍杰的《加强出版科研，发展出版科学》，内容是编辑有学、出版有学，研究出版科学既是基础理论研究的需要，也是实际工作的需要；接着是邵益文的《祝〈出版科学〉创刊——从重庆会议说起》，主要是为《出版科学》试刊鼓

---

① 蔡学俭：《我和〈出版科学〉——纪念〈出版科学〉创刊二十五周年》，《出版科学》2018年第6期。

② 蔡学俭：《办刊十年》，《出版科学》2003年第2期。

与呼；重要栏目《出版学研究》刊有叶再生的《编辑出版学绪论》、蔡学俭的《图书美学三题》、方振益的《略论出版学的建立和研究》，《编辑学·编辑工作》栏目刊有吴道弘的《图书编辑的人才理论》、胡光清的《我国编辑学研究的现状和趋向》（文后附有研究文章索引）；另有罗紫初的《试论图书发行学的学科性质》、汪城的《再论书评学》、刘冠军的《读者心理探论》等，内容涉及20世纪80年代编辑学、出版学研究的方方面面。应该说，这些以编辑学、出版学理论与实践为研究对象的文章能集中出现在《出版科学》试刊号上，除了说明以蔡学俭为代表的主编者的远见卓识和约稿、组稿能力的出类拔萃，也说明《出版科学》作为一份出版类专业期刊定位鲜明、主旨明确，得到了学界和业界的认可。"从创刊以迄于今始终保留的几个重要栏目，如《专论·特约稿》《出版学·出版工作》《编辑学·编辑工作》《编辑史·出版史》等"，从刊物发表的"一系列出版学、编辑学、出版史方面有分量的学术文章"[1]来看，蔡学俭"刊名就是刊物定位"的期刊编辑思想一览无余。作为《出版科学》的创办者、主编、顾问，蔡学俭借赵航教授一篇文章中的"最契合心意的就是刊名，它最早亮出出版是科学的大旗"来宣示自己对"出版是科学"观点的认同，而且还表明，"科学不能脱离实际，出版科学的大厦是出版实践一砖一瓦积累而成。因此，我们把办刊宗旨定为理论性与实用性并重"[2]，"科学指导着出版，出版的内涵越来越深入、外延越来越拓展，传统纸质出版物与多媒体数字出版物互融共进。《出版科学》的定位使刊物内容具有与时俱进的广阔空间"[3]。

其实，对于刊物名称、定位、特色、发展及其辩证关系，勤奋务实、敏于思考的蔡学俭早有认知。比如，对于《中南农民》，他这样认

---

[1] 蔡学俭：《办刊十年》，《出版科学》2003年第2期。
[2] 蔡学俭：《办刊十年》，《出版科学》2003年第2期。
[3] 蔡学俭：《我和〈出版科学〉——纪念〈出版科学〉创刊二十五周年》，《出版科学》2018年第6期。

识:《中南农民》半月刊是一种面向农村,以农民和农村基层干部为读者对象的期刊。"反映农民要求,丰富农民文化生活""处处为农民着想"是刊物的定位、内容,也是刊物的宗旨、特色。他说:"办好一种农民刊物,使农民看得懂听得懂,成为农民的知心朋友,这是艰巨的任务","句子不能太长,附加成分不能太多,尽量运用短语、口语和单音词代替双音词"。[1] 一个是专业学术期刊,一个是通俗大众期刊,虽然期刊性质不同、定位不同,但都反映了"刊物的名称就是刊物的定位"的思想。

（二）期刊要有鲜明的特色

蔡学俭认为,刊物的质量来自刊物的特色,没有特色便谈不上质量。在《我和〈出版科学〉——纪念〈出版科学〉创刊二十五周年》一文中,他说:"特色就是个性,各种各样的刊物既有共性,又有个性……没有个性的刊物也就没有存在的必要和发展的可能","刊物既然办了,就要办出特色,缺乏特色或个性等于平庸"。为了不甘于平庸,也为了将《出版科学》打造成"闻达于诸侯"[2]的编辑出版专业研究平台,卸任湖北省新闻出版局局长后,蔡学俭从1993年开始担负办刊重任,不仅精心设计栏目,仔细策划选题,认真约稿审稿,而且在特色建设上也下足了功夫。他曾借著名编辑家林穗芳对《出版科学》"重学术,重规范,与时俱进"[3]的评价,把《出版科学》的特色概括为坚持学术性、时代性、创新性和规范性几个方面。以学术性打造为例,他说:"《出版科学》是学术刊物,学术是刊物的生命,是办刊之本"[4],"《出版科学》所标举的学术,是理论与实践结合的学术"。如何培养、形成刊物的学

---

[1] 蔡学俭:《我的出版之路》（口述）,《中国出版史研究》2016年第4期。
[2] 蔡学俭:《王益老与〈出版科学〉》,《出版科学》2009年第3期。
[3] 林穗芳:《重学术,重规范,与时俱进:〈出版科学〉的基本特色》,《出版科学》2003年第3期。
[4] 珞珈（蔡学俭）:《〈出版科学〉的基本特色》,《出版科学》2013年第4期。

术风格、学术特色及学术影响力，如何发现、团结优秀作者和刊发有创见的学术好稿，如何防止、避免刊物内容的低俗和品位下降，是《出版科学》主编和编辑思考谋划最多的大事。在《办刊十年》里，他回忆说："我作为执行主编，自然更加兢兢业业，不敢有丝毫懈怠。"在《我和〈出版科学〉——纪念〈出版科学〉创刊二十五周年》里，他总结说："这些年来，《出版科学》一直专注质量和特色，坚持走自己的路。"事实也确实如此，在蔡学俭的带领下，《出版科学》坚持《编辑学·编辑工作》《出版学·出版工作》等重要栏目不动摇，坚持刊发大批有分量、有影响的高水平学术论文，如2001年第3、4期连载的阙道隆的《编辑学理论纲要》，不仅"反映了我国编辑学研究二十年来的长足进步，并在研究的核心领域填补了空缺，因而具有里程碑意义"[1]，而且形成了中国编辑学理论体系框架，被公认为中国编辑学开始走向成熟的一种标志；再如2002年出版的增刊《出版科学年评》（1980—2000），分13个专题对改革开放以来我国出版科研情况进行了系统述评。如此等等，使《出版科学》"获得了进展，产生了影响，赢得了声誉"[2]。

另外，《出版科学》在时代性、创新性、规范性特色打造方面，除设置重要栏目《卷首语》《专论·特约稿》《多媒体·网络出版》《港澳台出版·国外出版》，发表对时代热点和学术热点进行政策和理论引导的代表性文章外，早在2002年3月就开通了自己独立的网站，是当时同类刊物中唯一的一家；为了不出现《勘误表》，坚持三审制和"三校一读"，加强了胶片检查，工厂、编辑、主编各检查一次，把好最后一道关。期刊编辑家余也鲁曾说，"伟大的杂志都是它主编身影的伸长"[3]。笔者也以为，

---

[1] 林穗芳：《对我国编辑学理论研究的重大贡献——喜读阙道隆〈编辑学理论纲要〉》，《出版科学》2001年第4期。

[2] 蔡学俭：《我和〈出版科学〉——纪念〈出版科学〉创刊二十五周年》，《出版科学》2018年第6期。

[3] 余也鲁：《杂志编辑学》，香港海天书楼1980年版，第51页。

主编的风格就是刊物的风格，主编的特色就是刊物的特色。

"纸上得来终觉浅，绝知此事要躬行"，正因为蔡学俭的办刊实践是生动的、务实的、脚踏实地的，所以他的期刊编辑学理论也是鲜活灵动、丰富多彩的——期刊编辑质量观，期刊定位、特色观，期刊读者观、作者观等，不仅宣示了蔡学俭期刊编辑学思想的鲜明实践性，而且也使他的编辑学学术思想得到了充分展现。

结　语

"生也有涯学无涯，不堪迟暮日已斜……幸得好风凭借力，愿将知遇报晚霞"，这是蔡学俭《九十初度》一书封底上的诗，也是这位 90 多岁老人心灵的表白。这么一位有着高度编辑文化自觉和奋斗精神的老人，深耕图书、期刊近 70 年，在此基础上形成了他的编辑学思想体系。编辑质量观、编辑规范思想、期刊编辑思想以及编辑主体修养论是他编辑学研究的重要组成部分，也是他编辑文化自觉的思想标识。一个编辑主体，如果没有强烈的追求质量的精品意识和传世意识，就谈不上编辑文化自觉。相反，编辑文化自觉一旦形成，它又会成为编辑主体外在行为的内在精神力量源泉，这就是蔡学俭的编辑学研究中深切执着的职业情怀、一丝不苟的编辑作风和严谨务实的编辑精神之所在。换句话说，对编辑出版事业的热爱，是蔡学俭倾情编辑工作的情感起点；对编辑出版工作价值和功能的深刻认识，是他奉献编辑出版工作的价值原点；对编辑出版工作内在规律的深入体悟，是他编辑文化理性的根本支点。他的编辑出版学思想，是建立在他对编辑出版工作深厚的情感认同、深刻的价值认同和深入的规律认同基础之上的。

第二章 业界大师型编辑学家

由来具叙　允集大成

——编辑学理论体系最早建构者阙道隆的编辑学思想

阙道隆是当代著名的编辑家和编辑学家。他不仅有着丰富的编辑实践经历，曾编辑了《红岩》《青年文摘》《青年文学》等一大批脍炙人口、影响深远的精品杰作，在出版业界声名远扬，而且在编辑学研究上卓有建树，尤其是他倡导并撰写的《编辑理论纲要》，首次形成了一个较为完整和系统的编辑学理论框架，在编辑学研究史上具有标志性意义。他曾任中国版协第二届理事，中国编辑学会第一、二、三届副会长。

阙道隆（1928.3—2009.6），湖南省桃源县人。1947年9月至1949年7月，他在武汉大学法律系学习，并参加地下党。1955年10月，调到中国青年出版社工作，从此开始了一生的编辑生涯，历任编辑组长，编辑室副主任、主任，副总编辑、总编辑，编审。在长达40年的编辑工作中，阙道隆勤勉敬业、尽职尽责，他先后参与主持或编辑、策划审读的重要书刊有《红岩》、《李自成》（第一卷）、《风雷》、《朝阳花》、《焦裕禄在兰考》、《王若飞在狱中》、《诗词例话》、《历代文选》和《青年共产主义者丛刊》、《青年文摘》、《青年文学》等，其中很多都是经久不衰的经典之作，教育了一代又一代的读者。改革开放以后，阙道隆全面主持中国青年出版社的编辑工作，规划和推出了一系列重要出版工程，《通俗哲学》《祖国丛书》《社科新论丛书》《青年文库》等成为中国青年出版社20世纪80年代的代表性品牌图书，社会效益良好，经济效益可观。这些图书多次获奖，并得到中宣部表彰。在他支持下创办的《青年文摘》，成为我国发行量最大的青年刊物，对广大青年的成长产生了重要积极影响。从 20 世纪 80 年代中期开始，阙道隆利用业余时间，潜心于编辑学的研究，他作为文化部出版局筹建中国出版发行科学研究所的首批研究员，发表了一大批编辑学研究文章，主编或撰写了诸多编辑学学术著作，形成了较为完整的编辑学理论研究体系。由他主编的《实用编辑学》，被认为是我国第一部书籍编辑学专著，1989 年获首届出版理论研究优秀图书奖。他和徐柏容、林穗芳合著的《书籍编辑学概论》，是我国较早的探讨书籍编辑学的理论性和实践性兼具的著作，是国家教委"八五"规划教材、新闻出版总署专业系列教材重点项目成果，也是高校编辑学专业的主要教材，受到高校和学界普遍认可。他潜心研究编辑学理论的力作《编辑学理论纲要》（以下简称《纲要》），被公认为中国编辑学开始走向成熟的一种标志。他还担任过《编辑实用百科全书》的副主编、《出版词典》的编委。其中《出版词典》作为中国出版研究所第一个重大科研项目，阙道隆独立撰写了编辑分支的一千多个条目约 30 万字的内容。除此之外，他还担任《中国编辑》编委，主编《中国编辑研究》年刊，从 1996 年年刊创刊到 2005 年，"10 本年刊共选取论文 650 篇……不能说十年中所有优秀作品都已包罗其中。但至少可以这样说，年刊的入选作品，都是十年来编辑学研究的宝贵成果。"[①] 应该说，无论是作为编辑家，还是作为编辑学家，阙道隆都对我国编辑出版事业和编辑学理论研究作出了特殊贡献。

一、编辑学基本理论问题的集中探讨

阙道隆作为我国最早投入编辑学研究的几位学者之一，长期的编

[①] 《中国编辑研究》编辑部：《2005 年年刊编后记及年刊创刊十周年致读者》，见《中国编辑研究（2005）》，人民出版社 2005 年版，第 588 页。

辑实践经验加上对编辑学学科、学术的敏锐感知、深入思考，使他的编辑学研究内容丰富，研究对象广泛。尤其在编辑学理论研究方面，不仅有引领一个时代的相对系统完整的学科体系构建，而且大凡关涉编辑学理论架构的基础性元件、核心要素等基本理论问题，他都有涉猎、有新见。

（一）探究编辑活动的起源和本质特征

关于编辑活动的起源和本质特征，在20世纪80年代编辑学研究初期既是热点问题，也是焦点问题。阙道隆认为，编辑活动的产生，需要具备一定的社会条件。这个社会条件，一是文字，二是文化传播社会化，三是媒介。[①] 在他看来，有了文字，信息才能通过统一、公认的符号予以记载和流传，编辑活动才有了可加工的素材；有了传播的社会化，文字资料才能不被王室贵族垄断，才能进入流通渠道，传之愈远，受者愈广；有了媒介，文字符号才能承载其上，编辑活动也才可以运作其上。

至于编辑活动开始的时间，阙道隆先后给出过两个答案：第一个答案是西周后期。他在1991年发表的《编辑活动的性质和社会功能》一文中，剖析了西周后期的书籍形态和功用后指出，公元前8世纪时，竹帛已开始作为记载文字符号的物质载体而存在，周宣王时期（公元前827年—公元前782年）更是出现了有儿童启蒙作用的简册，如《史籀篇》。在阙道隆看来，这一时期的简册、帛书已经具备了书籍的所有属性：其一，有统一规范的文字符号；其二，有竹简、木牍、缣帛作为承载媒介；其三，有传播文化的社会化功能（如作为启蒙读物的《史籀篇》）。凡此三点，合乎他对书籍进行认定的三个前提，根据"书籍的出现，是编辑活动产生的条件，也是编辑活动产生的标志"，阙道隆认为西周后期是编辑活动的初现阶段。第二个答案是春秋时期。他在1996

---

① 阙道隆：《编辑学理论纲要（上）》，《出版科学》2001年第3期。

年发表的《编辑活动的起源和本质特征》一文中,对先秦古籍的成书过程进行了分析。他将先秦古籍分为三类:在已有资料基础上编纂而成的,如《诗》《书》;个人或群体著作之书,如《老子》《荀子》为个人所著,《论语》《孟子》为群体合著;编著合一之作,如《周易》,既辑录有前人的成果,也有作者一己的著述。关于作者著述与编著合一的定性问题,一直是学界争论的一个焦点。对这个问题的各持己见造成各家对编辑活动的认定众说不一,对编辑概念的定义不尽相同,甚至对编辑理论体系的构建也是各有千秋。但阙道隆对这种分歧似乎不以为意,他认为无论是著述之作还是编著之书,都需要经过编辑加工,才能保存流传于世。他说:"无论是选编的作品还是著作的作品,都需要经过编辑活动才能流传保存下来,否则就会散失湮没。这种编辑活动,就是为了传播人类创造的文化成果,对文献资料或他人的作品所进行的选择和整理加工工作。"[①] 显然,阙道隆是从"同为书籍"的角度而非"成书的过程"来关注著述与编著的。在他看来,"书籍和编辑活动是同时产生、同步发展的。先秦时期出现公开流传的书籍的时候,编辑活动也就产生了,产生的时期不会晚于春秋时代"[②]。由于《编辑活动的起源和本质特征》发文时间晚于《编辑活动的性质和社会功能》,所以可以认为"不会晚于春秋时代"的看法是阙道隆对编辑活动起源时间的最终认定。

阙道隆还认为,无论是以编为主,还是编著合一,古代图书的生产活动中都离不开编辑这一环节。他强调,不管是古代编辑活动还是现代编辑活动,从本质上来讲都是文化活动,传播、积累文化是它的天职。在他看来,编辑活动和著作活动的根本区别在于,编辑活动是以选择和加工为根本任务的文化活动。换言之,选择和加工是编辑作为文化活动的根本特征。他说:"编辑活动是一种以选择和加工为特征的文化

---

① 阙道隆:《编辑活动的起源和本质特征》,《出版科学》1996 第 3 期。
② 阙道隆:《编辑活动的起源和本质特征》,《出版科学》1996 第 3 期。

活动，因而和著作活动有区别。它不是直接创造文化成果，而是按照一定的标准和体例，选择已有的文献资料和他人的作品，进行加工整理，以供复制和向社会传播。传播积累文化是它的基本任务，选择和加工是它的本质特征。"[1]阙道隆对编辑活动选择加工本质特征的界定，在编辑学研究的早期影响很大，尤其是在20世纪八九十年代的编辑学基本理论论争中，以阙道隆为代表的"选择优化派"与"媒介文化缔构派""信息智化派""中介服务派"等成为我国编辑学理论研究中重要的流派。[2]

（二）揭示编辑活动的性质和功能

阙道隆认为，编辑学的研究离不开对编辑活动性质和功能的揭示，而探讨编辑活动的性质和功能又离不开对编辑活动起源和概念的把握。在《编辑活动的性质和社会功能》一文中，阙道隆在阐述编辑活动起源和概念的基础上指出，作为一种社会文化活动的编辑活动，具有中介性、创造性和思想倾向性三大性质。

编辑活动的中介性体现在两个方面：一是编辑活动是连接精神生产和物质生产的中间环节，二是编辑活动是连接读者和作者的中间环节。就书籍生产来说，它一头连接着作者的著作活动，一头连接着印刷厂的生产活动，作者的著作原稿需要经过编辑这个环节，才能印刷、复制，使精神产品物化在一定的物质载体上。就传播环节来说，读者的需要并不能直接反馈给作者，作者的作品也不能一次性、大量向社会传播，这就需要编辑人员通过一系列的编辑活动将读者意见传递给作者，将作者的作品经过编辑、审查、复制之后传播给广大读者，编辑人员要充当作者和读者的桥梁和纽带。也就是说，书籍等文化产品作为一种特殊的产品，具有物质与精神双重属性，它的生产过程既包括精神生产过程又包

---

[1] 阙道隆：《编辑活动的起源和本质特征》，《出版科学》1996第3期。
[2] 姬建敏：《中国编辑学研究60年（1949—2009）》，社会科学文献出版社2015年版，第230—240页。

括物质生产过程，而编辑活动正是联系这两者的中介。原稿的创作是作者精神生产的过程，是作者精神劳动的结晶，但是原稿在获得复制、印刷、制作成具有物质形态载体的文化产品之前，必须要经过编辑人员的选择、加工等活动。他说：编辑活动"是一种以规划、选择、加工为特征的社会文化活动，是文化创造、文化传播、文化积累过程中不可缺少的环节"①，这里指的就是编辑活动的中介地位和中介作用。

阙道隆认为，编辑活动的创造性与编辑活动的加工性相联系，它不仅表现为对整个社会文化的创造上，也表现为对每一种具体作品的加工、创作上。他说："编辑活动的创造性表现在整个社会文化的创造过程中，也表现在每一种具体作品的创作过程中。"②他这样理解编辑活动的创造性：经过历史积淀，流传到现代的经典文化，经过重新编辑，赋予其时代特点，从而使其具有新的价值；本民族新创的优秀文化成果和经过筛选的外来文化经过编辑加工，纳入现有的文化体系后，会使社会文化获得新的发展。每一种具体文化作品的创造，更离不开编辑人员创造性的发挥。编辑人员在设计选题，选择、审读和处理稿件等基本工作时，仍然要以创造性的思维统摄工作，为社会提供内容和形式都具有独创性的精神产品。

阙道隆认为，编辑活动在一定的社会环境中会受到所处社会的方针、政策和一定的社会意识形态的制约，因此它具有一定的思想倾向性。比如，孔子的"述而不作"，不是对原有作品原封不动的照抄，而是有他自己的编辑思想，他根据自己的内在选择标准对《诗经》进行取舍、修改，"一言以蔽之，思无邪"。在阙道隆看来，人类创造的物质文化、精神文化是社会进步的结晶，这些成果都要通过编辑出版，选用恰当的载体记载下来，才能方便、快捷、永久地传播四方或流传给后世。

---

① 阙道隆：《编辑工作如何定位》，《编辑学刊》1993 年第 3 期。
② 阙道隆：《编辑活动的性质和社会功能》，《出版发行研究》1991 年第 1 期。

编辑活动担负着传播、积累文化的任务。编辑活动和其他文化活动的区别就在于编辑活动可以积累社会文化。他说:"编辑活动的思想倾向性是客观存在的现象。每个出版机构都有自己的编辑宗旨,都按照一定的编辑方针取舍稿件。编辑活动的思想倾向性反映编辑部和编辑个人的思想观点。孔子修《春秋》,历代王朝编丛书、类书,都寓有宣传政治主张和教化的目的。"[①]他还指出,出版社的编辑方针也代表一定的思想倾向,虽然有的出版社否认自己有一定的编辑方针,但是经过其选择、加工的出版物的内容和形式还是会显示出它所遵循的原则、抱持的理念。

另外,阙道隆还认为,编辑活动具有商业性、社会性。商业性就是编辑活动的经济性。在他看来,编辑活动的商业性是市场经济条件下的产物。除此之外,阙道隆还对编辑活动的社会功能进行了深入探讨。他认为,编辑活动的社会功能有两个认识维度:一是从出版物的生产和传播过程本身来说,编辑活动具有设计、组织、优化和协调等功能;二是从精神产品传播后的社会影响角度来看,编辑活动具有创造出版文化的重要功能。他说:"就出版行业来说,编辑活动最直接的影响便是出版文化的形成。我把出版文化理解为通过书籍等出版物记载的知识体系。这是一个自成系统的文化世界,具有稳定性的特点;不仅能传播文化,还能积累文化、发展文化。这是出版文化特有的优越性。"[②]可见,阙道隆对编辑活动性质和功能的审视和认知,已经具有文化学、社会学的理据和思维。

(三) 确立广义和狭义的编辑概念

但凡编辑学研究都绕不开编辑概念这个门槛。概念是理论建构的源头,整个理论体系涉及的思想观点、范畴界定、价值认知都会浓缩性

[①] 阙道隆:《编辑活动的性质和社会功能》,《出版发行研究》1991年第1期。
[②] 阙道隆:《编辑活动的性质和社会功能》,《出版发行研究》1991年第1期。

地体现在这个基础性概念之中,即编辑概念的确立是编辑学研究的起始点和出发点。学界尽管都知道编辑概念的重要性,也知道编辑概念的对象理所当然是"编辑",但在 20 世纪八九十年代,由于研究者的理论背景、视角方法不同,对编辑概念的认知也就不同。面对当时五花八门的编辑概念,阙道隆"首先择要介绍了几种有代表性的观点,然后用广义编辑概念和狭义编辑概念加以整合"①,明确了自己的编辑概念。

在《编辑学理论纲要(上)》一文中,他先是梳理各种编辑概念,然后在分析编辑活动的个性、共性、本质特征的基础上指出,作为成书方式的古代编辑活动与近现代、当代的专业编辑活动在工作内容和外在形式上存在着极大差异,同时,二者间又"有共同的本质,都是对已有作品的选择加工;同时两者有一脉相承的联系,后者是从前者发展的"。基于此,他巧妙地将编辑概念界定为广义与狭义两个层面。"广义的编辑指以传播信息、知识为目的,设计、组织、选择、加工整理作品和资料的再创造性智力活动。利用媒介传播信息、知识,是编辑活动的目的;再创造性智力活动是编辑活动的性质;设计、组织、选择、加工整理作品和资料是编辑活动的内容和特征。""狭义的编辑指媒介组织中的一种专业工作,其任务和内容是,按照一定的方针、计划、策划、组织作品和资料,经过选择、加工,形成可供复制、传播的定稿或文本文件;是一种再创造性智力活动和联系作者与读者(受众)、文化生产与文化消费的中介和枢纽。"②两个层面相结合,比较全面深入地描述了编辑活动的内涵,客观明晰地界定了编辑活动的外延,其优点在于不仅最大限度地包容了各家之说,而且从不同角度开展的各种研究都可以对其灵活地加以应用,最为关键的是回避了当时学界关于编辑概念"泛化""狭化"的争论,它本身不会因为"泛化"或"狭化"造成理论逻

---

① 阙道隆:《编辑学理论纲要(后记)》,《出版科学》2001 年第 4 期。
② 阙道隆:《编辑学理论纲要(上)》,《出版科学》2001 年第 3 期。

辑关系的混乱。①

实事求是地说,阙道隆这一编辑概念的形成,是一个循序渐进的过程。这个过程,从具体到抽象、从局部到全面、从表象到实质,历经20世纪80年代中后期的"摹形"阶段、20世纪90年代前后的"释性"阶段、20世纪90年代后期开始的"诠理"阶段,对编辑活动的历时性考察和全方位审视,逐渐辩证深化,认识趋于深入。如果说在"摹形"阶段,阙道隆对编辑概念的阐释是一种就事论事、摹形成像的界定的话,那么在"释性"阶段则从形而下上升到了形而上层面,"诠理"阶段与之前相比又有所不同。

第一个阶段:"摹形"阶段。20世纪80年代初涉编辑学理论研究之际,阙道隆更多是在对编辑活动状况进行描述,如在《实用编辑学》和《谈谈编辑劳动和编辑家》等论著中,他将"编辑"的概念集中于"编辑劳动"或"编辑工作",认为"编辑"是对"思维成果进行选择、整理和加工,并以文字图画等形式公布于众,流传后代",并"按照一定的方针计划,对原稿及资料进行选择、设计、加工,使之适合传播目的与复制要求的一种精神劳动"②。虽不能说不准确,但失之片面和浅近。

第二阶段:"释性"阶段。20世纪90年代前后,阙道隆的眼光从具体而微的编辑活动中抽离出来,开始从更宏观的视角关注这一活动的性质与功用。在《论编辑工作的性质》一文中,他将编辑活动的性质归纳为四个方面:编辑活动的地位是人类文化的组成部分,编辑活动的特点是设计、选择、加工,编辑工作的作用是联系作者与读者,编辑工作的价值在于其为社会性的文化工程。正是由于开始从性质上审视编辑活动,阙道隆对编辑活动的界定从形而下上升到了形而上层面,这种进

---

① 参见姬建敏:《中国编辑学研究60年(1949—2009)》,社会科学文献出版社2015年版,第229页。
② 阙道隆:《谈谈编辑劳动和编辑家》,《出版与发行》1985年第2期。

步体现在两种观念上：其一，编辑活动不是一时一地的活动，应该以历史的、发展的眼光来辩证地予以审视；其二，编辑活动不仅仅是单纯的"规划、选择、加工"过程，更重要的是要体现出中介性、创造性和思想倾向性。

第三阶段："诠理"阶段。从20世纪90年代后期开始，阙道隆对编辑概念的界定明显与10年前不同，除了描述本身更切近编辑活动的本质，凸显属性外，概念的外延也更大更广了，将广播、电视等媒介领域的编辑活动也纳入了考量范围；同时，概念本身的层次也更丰富更立体，有了对古今编辑活动的区别对待，也有了编辑概念的广义与狭义之分。

（四）阐明编辑活动的基本规律

如果说概念与范畴是编辑学理论体系得以建立的基石，那么编辑规律就是理论大厦的梁栋，起着支撑、贯联和架构的作用。阙道隆对编辑规律的总结、提炼和升华同样是一个持续的过程。2001年发表的《纲要》、2002年发表的《试论编辑基本规律》集中反映了他对编辑规律的思考，尤其是后者总结了自己对编辑规律的认识探索过程，并阐明了对编辑规律内涵的整体认识。

1. 深入挖掘编辑规律的层次、范围、系统、关系

编辑规律的研究是编辑理论的核心命题之一。阙道隆对此高度重视，在撰写《纲要》时，他在总结学界相关规律的基础上，大胆提出了编辑活动的三条普遍规律。即尊重作者个性与编者选择把关相统一规律，传播已有文化成果与文化创新重构相统一规律，保证文化产品质量与掌握最佳传播时机相统一规律。在此之后，他又从规律的概念本身入手，深化了自己对规律的认识。他认为，规律本身有层次之分和范围之别，只有弄清了规律本身的层次和范围，才能更深入准确地认识编辑活动规律本身。他说："编辑规律有三个层次，即基本规律、普遍规律和

特殊规律（或称具体规律）。"① 这三个层次，是三个不同的概念，对编辑活动的运行起着不同的作用。基本规律是根本，普遍规律是表现，特殊规律是分支。他说："特殊规律是某一媒介或某一工作环节的编辑规律，如图书编辑规律、辞书编辑规律、审稿加工规律等。普遍规律是编辑活动某些方面、某些层次的规律，如《纲要》中提出的三条编辑规律。基本规律则是决定编辑活动发展的一切主要方面和主要过程的规律，是最高层次的编辑规律。"② 从数量上看，特殊规律最多，普遍规律其次，基本规律只能有一条。就其相互关系而言，特殊规律和普遍规律在"缩小的范围"内，可能会成为基本规律，但基本规律的概念却是确定的，是编辑活动的最高层次规律。他指出："编辑活动的基本规律和普遍规律、特殊规律不是绝对对立的，它们是共性与个性、整体与局部的关系。基本规律寓于普遍规律和特殊规律之中，普遍规律、特殊规律反映基本规律的要求，不能违反它的要求。"③ 也就是说，特殊规律、普遍规律的性质具有相对性，随着其适用对象、活动的范围而变化，但基本规律却是绝对的，具有最大程度的规定性。同时，特殊规律、普遍规律在较小的范围和较低的层次上体现着基本规律，基本规律寓于特殊规律与普遍规律之中，即三者间具有辩证的统一关系。

应该说，在编辑规律研究的过程中，阙道隆较早地深入到规律概念本身的内部，并由此出发提出基本规律、普遍规律和特殊规律这一层次和内涵的区别，这为后来编辑规律探讨的深入开展提供了重要的认识前提。其后，有关学者对编辑规律内部和外部的划分，以及普遍和特殊的界定，都与阙道隆这一认识密不可分。

2. 详尽阐述编辑活动基本规律的内涵

阙道隆对编辑学的研究是从具有强烈实用化色彩的编辑业务规律

---

① 阙道隆：《试论编辑基本规律》，《中国编辑研究》2004 年第 1 期。
② 阙道隆：《试论编辑基本规律》，《中国编辑研究》2004 年第 1 期。
③ 阙道隆：《试论编辑基本规律》，《中国编辑研究》2004 年第 1 期。

探索开始的，故而其早期的许多研究成果都可以视为对编辑规律中特殊规律的总结，如对图书编辑过程中选题、审稿等活动的集中研究，都是对某一特定领域或环节编辑活动的深入认识。至于基本规律，阙道隆在2001年发表的《纲要》中将其表述为三点："尊重作者创作个性与编者选择把关相统一规律；传播已有文化成果与文化创新重构相统一规律；保证文化产品质量与掌握最佳传播时机相统一规律。"(同年，他又将基本规律增加了一条，即"编辑活动的内容、要求与传播媒介的特点、功能相统一的规律"[1])《纲要》发表后，许多业内同行指出文中构建的编辑学理论体系缺少基本规律的问题，在2001年11月的全国编辑学理论研讨会上，编辑基本规律也被作为一个重要议题予以讨论。为此，阙道隆于2002年专门撰写《试论编辑基本规律》一文，在这篇文章中，他指出："在文化创造和传播过程中编辑与社会相互作用规律，是编辑活动的基本规律。社会环境对编辑活动具有制约作用，社会经济、政治、文化、科技的发展水平和发展要求，以及作者的创作状况和读者需要，制约编辑活动的发展水平和发展方向。编辑活动对社会环境也具有能动作用，它通过对文化产品的策划组织和选择优化，建构社会文化体系，并对作者、读者和整个社会产生影响。"[2]由此可见，阙道隆是从编辑活动与社会活动的双向互动交互作用来认识编辑活动基本规律的。从这个角度出发，他具体入微地分析了编辑与政治、经济、文化和科技等社会活动的交互作用关系。

(1) 编辑活动与社会经济的交互作用。一是社会经济决定编辑活动。从哲学层面的方法论而言，阙道隆的编辑学研究是建立在马克思主义辩证唯物主义和历史唯物主义基础上的，所以就编辑活动与社会经济发展的关系来说，他遵循的是经济基础决定上层建筑的大前提。在他看

---

[1] 孝明：《探讨编辑规律推动编辑学学科建设：编辑学规律研讨会侧记》，《中国出版》2001年第12期。

[2] 阙道隆：《试论编辑基本规律》，《中国编辑研究》2004年第1期。

来，编辑活动作为社会文化工程的组成部分，自然也受制于社会经济。对于经济之作用于编辑活动，阙道隆从经济制度的决定作用、经济水平的决定作用、经济体制的决定作用三个维度进行了详尽的阐释。二是编辑活动促进经济发展。阙道隆认为，编辑活动之反作用于社会经济发展，既体现在物质的层面，也体现在精神层面，既有微观上的作用，也有宏观上的功效。为此，他首先从编辑活动于物质层面直接反哺于经济社会进行论述，并要言不繁地列举了编辑活动反作用于社会经济的其他一些渠道来阐明编辑活动在微观层面上对社会经济发生的反作用。其次，针对编辑活动中经济效益与社会效益哪个更重要的问题，阙道隆在1986年出版的《实用编辑学》一书中表达得明确而坚定："谈到出版物的两重性的时候，要认识到出版物的根本属性是精神产品，不能将出版物的精神产品属性和商品属性平等看待，更不能将出版物的商品属性凌驾于精神产品属性之上。"也就是说，阙道隆坚决主张要以社会效益作为编辑活动的第一目标、最高追求。但作为在编辑一线工作多年的业界人士，他对编辑活动主体之于市场经济的密切关系有着深切的体认。所以，阙道隆在明确社会效益必须挺在第一位的同时，始终高度强调编辑活动中的市场意识。在他看来，在市场经济催动下，编辑活动相关技术手段的突飞猛进，出版机构迸发的勃勃生机，以及编辑活动资源的世界性流动，都要求在注重社会效益的同时，注重经济效益，要有市场意识。

（2）编辑活动与社会政治的交互作用。一是政治环境制约编辑活动。阙道隆认为，编辑活动是社会文化体系的有机组成部分，政治对意识形态和社会主流文化施加的影响自然而然地会作用于编辑活动之上。一方面，编辑出版行业制定的行业规范、职业道德等作为对硬性政策法规的变相解读，会以软性引导的形式对编辑活动进行约束；另一方面，政治对编辑活动的作用并不仅仅是制约，它也会以社会变革、主流舆论等形式为编辑出版行业的发展带来动力。在他看来，稳定的社会环境、宽松的文化政策有助于编辑活动的良性发展,反之,社会的动荡、文化上的禁锢都会给编辑活动带来负面影响。二是编辑活动维护政治统治。阙道隆认为,编辑活动通过自身的两项重大政治功能对政治发生反作用,其一是维护现有社会的政治制度、保证当前统治阶级政治权力的合法性;其二是推动社会民主法制建设的进程、对国家权力机关进行舆论监督。在他看来,政治信息在统治阶级和人民群众之间双向传递过程中,需要发挥编辑活动汇总、筛选、整理和传播的作用。

(3) 编辑活动与社会文化的交互作用。一是文化滋养编辑活动。阙道隆认为,编辑活动存在其中的社会文化环境是一个统一的文化综合体,只有在能够提供养分的文化环境当中,编辑活动才有生存的可能。至于什么样的文化环境才能够提供编辑活动赖以生存的养分,阙道隆提出至少应该满足这些条件:物质增长与精神发展相协调、社会有一种崇尚文化的价值取向;社会中人们对物质财富的追求和对精神财富的需求达到均衡,在社会总投资中,整个社会对文化的投资要占到一定的比重;开明的文化政策能够在精神生产领域得到实行,社会能够为精神生产者发挥个性和创造才能提供充分的空间。二是编辑活动反哺文化。阙道隆认为,编辑活动对文化的影响表现在三个方面。首先,编辑活动在传承文化方面具有不可替代的作用,是文化创造、文化传播、文化积累不可缺少的环节。他说:"出版物是文化的重要载体,出版文化(通过出版物传播的文化)是社会文化的重要组成部分。中国的传统文化主要是通过出版物——书籍传播的。历代的统治者和学者文人都重视书籍的编纂、整理和典藏工作,留下了丰富的文化典籍。中国的文化传统正是依靠这些文化典籍得以绵连不绝,传延至今。"[1] 其次,编辑活动具有设计文化生产、建设、整合与重构社会文化体系的作用。在阙道隆看来,中国古代社会主流文化的构建,就是通过对儒家文化的整理,编辑"六

---

[1] 阙道隆:《重视出版文化建设》,《出版广角》2000年第2期。

经",将殷周时期的文化成果组合成为一个有机整体。现代各个出版机构制定的长远规划和总体设计方案,也是对社会文化生产的整体设计,发挥了建构现代出版文化和现代文化体系的巨大作用。再次,编辑活动对文化发展具有导向作用。阙道隆指出,不同编辑人员的教育背景、知识结构和工作对象不同,在长期的工作中形成了迥异的编辑风格,如果他们倾向于选择某种文化,这种文化在主观上就具备了向外传播的条件,也因此获得了发展的机会,没有被选择的文化或许就会因为失去发展机会而被淘汰。总之,编辑活动创造、构建的文化,对整个社会文化和社会生活都有深刻的影响。

(4)编辑活动与科学技术的交互作用。编辑规律的内涵中还包括编辑活动与科学技术以及作者、读者的互动关系。在这方面,阙道隆虽探究不多,但在《纲要》一文中,他将编辑活动与科技的关系纳入了编辑社会学的研究范畴,认为编辑活动与科技之间存在着相互促进的关系。他论述说,科技的发展,不断引起编辑技术、信息载体的具体形式和文化传播方式的变化,这些变化促使编辑活动发生变革。反过来,编辑活动通过媒体,向社会推广普及科学知识,提高了劳动者的科学知识水平;促进了科技成果的交流,促使科技成果转化为社会生产力,进而推动了经济的快速增长;编辑活动还为科技研究提供了必要的信息和资料,对科技的普及、推广和发展产生重要影响。

可见,阙道隆虽然在对编辑基本规律展开深入论述之前,就开宗明义地将基本规律表述为"在文化创造和传播过程中编辑与社会相互作用规律",但至于"编辑"与"社会"这两个要素以及"相互作用"的互动关系,则是阙道隆论述编辑基本规律内涵的关键。在他看来,经济、政治、文化、科技以及作者、读者,这些元素制约着编辑活动的发展水平和发展方向,反过来,编辑活动反作用于这些元素,相互制约,彼此推动,共同实现编辑活动的发展和社会文明的进步。正是他对编辑活动与政治、经济、文化和科技等社会活动的关系的深入论述,最后才得出结论——编辑的基本规律就是编辑与社会的互动规律。他说:"研究编辑基本规律,需要从不甚深刻的本质关系进入到深刻的本质关系,从特殊的、局部的本质关系进入到普遍的、全面的本质关系。这种本质关系就是编辑与社会的关系。它们的相互作用,构成编辑基本规律的内涵,决定编辑活动的发展趋势。"[1]

二、编辑学理论体系的系统建构

自20世纪80年代以来,投身编辑学研究的学者不胜枚举,成家成派者亦大有人在,但在推动编辑学研究从局部向整体、从表象向实质、从分散向统一迈进,并取得公认的实质性成果的,阙道隆是最有代表性的一位。他是最早尝试构建编辑学基本理论框架,形成普通编辑学思想的研究者之一,并以一部《纲要》奠定了其个人在这一领域的大家地位。

《纲要》作为我国编辑学界在21世纪的起点上第一次对我国编辑学研究进行的全面回顾和总结,是编辑学研究发展到一定阶段,对基础性理论体系的构建产生历史性需要的一个必然回应。建构一个基础性的编辑学理论体系的呼声最早是由高校教学科研人员群体集中发出的,中国编辑学会应时而动,顺势提出了更为具体的撰写"编辑学理论框架"的任务。编辑学会会长刘杲指出,"这个理论框架应当是迄今为止编辑学研究成果的一种提纲挈领的归纳","它要争取比较多的人认可","这里讲的认可,不是指对理论框架具体内容的完全同意,而是对理论框架的参考价值的基本肯定"。[2] 可见,这是一个全面反映编辑学研究20多年成绩的重任。这一重任落在了阙道隆身上。作为我国编辑学研究领域的前辈和泰斗级人物,他从事编辑实践数十年,开展编辑学研究20多

---

[1] 阙道隆:《试论编辑基本规律》,《中国编辑研究》2004年第1期。
[2] 刘杲:《我们的追求:编辑学》,《出版科学》1999年第1期。

年，无论是实践经验，还是学理知识，都丰富深厚，又治学严谨，思想敏锐，能够时刻保持对业界、学界动态的清醒感知，特别是他对建构普通编辑学的思考由来已久，具有高度的理论自觉。1998年，他发表《建立和完善编辑学的学科体系》一文，在第四部分提出了包括编辑学总论、编辑活动、编辑活动与社会、编辑活动主体、编辑活动对象、编辑过程、编辑方针和原则、编辑风格、编辑活动与出版业、编辑活动与市场经济、编辑活动与现代科技的12个理论研究课题。1999年，他发表《编辑学理论纲要构想》一文，从编辑学概述、编辑、编辑主体、编辑对象、编辑过程、编辑与社会、编辑与传媒、编辑模式、编辑原则、编辑规范和编辑风格11个方面，对编辑学研究20多年来的研究成果进行了较为全面的总结，形成了编辑学研究的简要理论框架。《〈编辑学理论纲要〉构想》发表后，中国编辑学会围绕这个理论框架先后召开了两次会议进行讨论，针对这个框架构想提出了许多意见。阙道隆认真分析并广泛采纳了这些意见，在结合编辑学理论研究发展的基础上，对《〈编辑学理论纲要〉构想》进行了加工整合、丰富升华、补充完善，"撰稿工作从2000年7月开始，到2001年3月完成初稿，前后花了七八个月时间，多数章节都曾几易其稿"[①]，最后形成了《编辑学理论纲要》，并在2001年《出版科学》第3期、第4期上分上下两部予以公开发表。

　　《纲要》全文约5万字，分导言和正文13章，13章内容依次为编辑概念、编辑活动、编辑过程、编辑工作者、编辑与作者、读者（受众）、编辑与传播媒介、编辑与社会、编辑规律、编辑价值、编辑模式、编辑规范、编辑风格。阙道隆正是从这13个方面入手，对20年来我国编辑学理论研究的方方面面进行了全面总结和深入论述。它作为阙道隆众多研究中的集大成者，规模虽然不是最大，创见性成分不是最多，但在编辑学研究历程中起到了适时的归纳概括和提炼整合作用，上

---

① 阙道隆：《编辑学理论纲要（下）》，《出版科学》2001年第4期。

承往学，下启后进，具有里程碑式的重要地位。

（一）首次形成了一个较为完整和系统的编辑学理论框架

《纲要》的最大价值，就是通过对编辑学 20 多年发展历程的梳理，形成了一个较为完整的编辑学理论框架。这个理论框架，既从宏观的角度全面总结了编辑学研究的基本问题，又从微观角度抽象出了编辑学研究的基本范畴。众所周知，概念范畴是构成编辑学理论的基石。理论的大厦，往往是由一系列紧密相关的范畴体系构成的。阙道隆在《纲要》这篇文章中对我国编辑学理论的范畴体系进行了全面的梳理和总结。这个范畴体系，就是阙道隆总结的《纲要》13 个方面主题。通过这个主题，研究者可以清晰地看出以"编辑"为基本范畴的具有紧密内在联系和逻辑结构的编辑学理论体系。对于这个理论体系的构建，阙道隆在谈到《纲要》的撰写基本思路时曾这样说："本文建构编辑理论框架的具体思路是：建立编辑学概念系统；分析各种基本概念的相互关系，提出编辑活动的原理原则，揭示编辑活动的发展规律；按照基本概念及原理原则的逻辑关系，将以上内容组织成具有内在联系的理论体系。"[1] 遵循这样的思路，阙道隆首先是对最基本的概念和范畴在概括归纳的基础上加以提炼和统一，最终形成内涵明确、外延清晰的概念和范畴体系；接着对这些命题式的概念、范畴进行展开式论述，进一步发掘其内在的本质和规律，进而发现并连接起各个基础概念之间的内在逻辑关系，建构成一个有机的圆融的理论体系，使之具备一门完整学科基础理论体系起码应该具备的各种要件，即阙道隆所描述的三个方向：清理整合出能够最大限度被接受的编辑概念，使之成为新的研究的起点和基础；系统化呈分散状态的理论研究成果，结构成基础性的编辑学理论框架；提出并理论化地阐释编辑价值的概念，倡导并建立一种科学的编辑理念和编辑

---

[1] 阙道隆：《编辑学理论纲要（上）》，《出版科学》2001 年第 3 期。

价值观。《纲要》通篇遵循罗列既有研究成果、理性评价界说、提出个人化的精炼观点的原则，既是20年编辑学研究精华性成果的述评总结，也是20年编辑学研究的一个集大成式的升华，更是我国编辑学研究的一个理论体系。正是在这个意义上，一些学者认为，《纲要》本身就"堪称一座理论大厦"，是"中国编辑学开始走向成熟的一个标志"。①

（二）首次对一些重要理论论争进行了梳理、总结、评说

编辑学研究在中国虽然开始得较晚，但编辑学理论建构过程中的论争相比于其他学科并不逊色。比如，高潮发生在20世纪90年代的围绕编辑学概念、理论框架、基本规律等基本理论问题的论争，"争论的时间之长，参与的人数之多，争论的程度之激烈，碰撞的场面之火爆，是新中国70年编辑学研究历史上史无前例的，也是其他学科研究中所少见的"②。《纲要》作为普适性和整合性比较强的集大成之作，研究方法的科学性是它的一大特点。阙道隆作为论争的参与者、见证者、亲历者，在总结编辑学已有研究成果的过程中，特别强调对前人成果、今人成就的全面总结和条分缕析。比如，针对编辑概念这个问题，阙道隆详尽地收集了当时学界中30多种有代表性的编辑概念认识，并在此基础上列举了8种最有代表性的观点，总结它们的共性和个性，再由此提出自己对这一问题的认识。再如，对编辑规律的研究，阙道隆不厌其烦地总结编辑规律的研究情况，他将徐柏容、胡光清、向新阳、逸士等有代表性的观点悉数列出，然后分析它们的优点和问题，提出自己的认识。正如他在《纲要》"后记"中所说："将分散的理论研究成果系统化，形成编辑学的理论框架"，"吸收相关学科的理论知识是必要的，但要把这

---

① 程绍沛：《倾心执着编书　潜心研究立学：怀念编辑出版家阙道隆》，《中国编辑》2009年第5期。
② 姬建敏：《开拓、创新、发展：新中国编辑学研究70年》，《出版发行研究》2020年第1期。

些理论知识和编辑实践结合起来，经过消化吸收后融入到编辑学的理论框架中"①。这样一种认识方法，使得《纲要》呈现出一种特有的开放性和集成性，既没有回避主要问题的争论，把主要争论一一列出，又在此基础上进行评说，显现出一种特有的集成性和总结性的认识特征。尊重前人，又不拘泥于前人，有继承，又有创新，难能可贵。

（三）开创性地提出了一些新观点和新思想

《纲要》的另一大特点，就是具有创新性。既开创性地拓展了编辑学研究的新领域，又创新性地提出了一些对编辑问题的新认识。比如，阙道隆提出的编辑价值、编辑模式、编辑规范和编辑风格等几个概念范畴，都极具开创意义。这些范畴，在以前的编辑学研究中虽然被一些论者提出和论及，但都没有上升到编辑学研究基本问题的高度予以认识，也没有给予系统化地论述和分析。以编辑模式、编辑价值为例，这两个独创概念既有丰富的内涵，也彰显了阙道隆编辑学理论研究中的历史唯物主义视角和社会价值取向。

1. 编辑模式

阙道隆认为，编辑模式是编辑学研究的一个重大命题，是认识编辑活动形态和样式的重要途径。他说："编辑模式是编辑活动的标准形式或样式，具有普遍性、代表性，可供人们学习和效仿。"② 在他看来，模式是建构理论前的"预演"，以这种简洁凝练的"前理论"展现编辑活动的结构和要点，掌握其中的联系和规律，从而作出判断。"这种判断如果符合实际，能用大量的材料加以证实，便可以上升为理论。"③ 他认为，研究编辑模式可以选择不同的角度，角度不同，形成的模式类型也就不尽相同，倘若结合社会制度对编辑模式加以分类，则可以分

---

① 阙道隆：《编辑学理论纲要（下）》，《出版科学》2001年第4期。
② 阙道隆：《编辑学理论纲要（下）》，《出版科学》2001年第4期。
③ 阙道隆：《编辑学理论纲要（下）》，《出版科学》2001年第4期。

为古代封建主义编辑模式、现代资本主义编辑模式和当代中国社会主义编辑模式。从根本上说，这是一种偏重从社会学角度加以审视，以编辑活动外部规律特点为标准，辩证的历史的划分方法，这种划分标准强调的是编辑活动的外部社会语境，带有一定的意识形态色彩。值得肯定的是，阙道隆不仅界定了编辑模式的概念，还对中西编辑模式的不同进行了深入详尽的分析，尤其是对社会主义市场经济体制和计划经济体制下编辑模式的异同进行详细的论述。这些论述，既延展了编辑学研究的视域，又带有鲜明的实践品格，体现了阙道隆编辑学研究理论和实践相结合的特点。这也是他撰写《纲要》的一个基本追求。他在《纲要》序言中说道："编辑学属于应用科学，编辑学研究要坚持理论联系实际的原则。研究的成果要能说明现实的编辑实践，又能指导未来的编辑实践；不能脱离社会和时代的要求，向壁虚构空洞的体系和模式。"①

2.编辑价值

如果说编辑模式是对编辑活动的社会学阐释，那么编辑价值就是编辑活动的伦理学演绎。阙道隆从两个维度来剖析编辑价值。首先是编辑活动的价值。阙道隆认为，编辑活动的价值"在于它能满足读者（受众）和社会的需要"②。这种满足通常是通过选择、传播和积累文化成果，建构社会文化体系，传播社会的主导价值观三种主要形式来体现的。在阙道隆看来，编辑活动本身就是对已有的社会文化素材进行有序化、精炼化和优化升华，扮演着社会文化传播的"过滤网"和"守门人"角色；整个人类文化的传承，信息的有效运用都仰仗于编辑活动这重要的一环。编辑活动不仅扮演文化大厦建筑师的角色，经营结构，统筹资源，"使多元文化得到整合，构建成一个国家、一个民族、一个时代的

---

① 阙道隆：《编辑学理论纲要（上）》，《出版科学》2001年第3期。
② 阙道隆：《编辑学理论纲要（下）》，《出版科学》2001年第4期。

文化大厦"①，而且还要去恶扬善，倡导真善美，汰除假恶丑，弘扬主流价值观，以维护人类社会的和谐稳定。其次是编辑主体的价值观。阙道隆认为，编辑活动说到底是主体作用于客体、客体反作用于主体的一个逻辑辩证过程，这里面发挥能动作用的是作为主体的编辑，这是一个根本的、关键的要素。可以说，包括编辑的价值在内的一切效能的产生都是这一主体积极作用的结果。也正因如此，编辑主体的价值观显得尤为重要。它是"一个深层次的信念系统"，由编辑主体的历史方位感、社会规范意识和本位价值意识构成。可见，阙道隆对编辑价值的论述，具有鲜明的意识形态色彩。在《编辑学理论纲要》的"后记"中，他曾明确提及编辑价值的重要性——"编辑活动的基本社会功能是传承文化，文化价值是它的本位价值"，当各种价值发生矛盾冲突时，应该将坚持本位价值作为首选。这是阙道隆的创新，也是他坚持的原则。

另外，《纲要》中的编辑规范问题，首次被作为一个编辑理论基本范畴予以系统论述，其中闪烁着理论创新的思想火花和清晰简明的认识逻辑。阙道隆对编辑规范下了这样一个定义："编辑规范是人们在编辑活动中共同遵守的各种标准，分道德规范、工作规范、语言文字规范和技术规范等。"②这个定义既简明扼要又严谨准确，几乎成为编辑学界认识编辑规范的一个共识。可以说，《纲要》的意义并不仅仅在于它是一个集大成式的理论总结，还在于它"归纳出一定的概念系列，界说了编辑学的基本范畴，努力构成完整的理论体系，奠定了普通编辑学的基础"③。它的发表"反映了我国编辑学研究二十年来的长足进步，并在研究的核心领域填补了空缺，因而具有里程碑的意义"④。

---

① 阙道隆：《编辑学理论纲要（下）》，《出版科学》2001年第4期。
② 阙道隆：《编辑学理论纲要（下）》，《出版科学》2001年第4期。
③ 王振铎、朱燕萍：《普通编辑学理论体系的雏形》，《出版科学》2002年第2期。
④ 林穗芳：《对我国编辑学理论研究深化的重大贡献：喜读阙道隆〈编辑学理论纲要〉》，《出版科学》2001年第4期。

三、编辑学学科思想的鲜明呈现

建立普通编辑学的呼吁早在20世纪90年代初就已在学界形成共识，其时，以刘杲为首的中国编辑学会高瞻远瞩，大声疾呼，发挥了统筹引领作用。1996年，学会正式提出编写"编辑学理论框架"任务，为建立普通编辑学奠定理论基础。各方研究者针对这一议题，通过理论研讨会、专门座谈会等形式集思广益，提出了很多建设性意见。阙道隆作为有着高度理论自觉与文化自觉的大家，对于构建普通编辑学理论体系认知鲜明，尤其是在编辑学研究中，他始终将编辑学理论研究和编辑学科建设统一起来看待，学科观念明确。

（一）强调编辑学学科建设

在《建立和完善编辑学的学科体系》一文中，阙道隆提出，编辑学研究不能为理论而理论，理论研究要服务于学科建设。在谈到学科建设的重要性时，他说："没有学科体系的构想，研究工作也会陷入盲目零散的状态。"[①] 他认为，学科建设和理论研究不是相互割裂的，而是相辅相成的。"基础理论研究与学科体系设计是相互促进的关系。以体系设计指导、推动理论研究，以理论研究的成果修改、完善体系设计，两者互为补充，相辅相成。"[②] 与此同时，阙道隆认为，加强编辑学学科体系建设，是出版事业和编辑学专业教育发展的必然要求。他说："出版业作为一种文化产业的兴起，呼唤着比较成熟的编辑学学科体系的诞生。高校编辑专业的诞生和发展，则使建立编辑学学科体系的任务更加具有紧迫性。"[③] 我国编辑学研究经历了十几年的积累，具备了建立学科体系的现实基础。这个基础就是学界出版了一大批编辑学研究专著，这

[①] 阙道隆：《建立和完善编辑学的学科体系》，《编辑学刊》1998年第1期。
[②] 阙道隆：《建立和完善编辑学的学科体系》，《编辑学刊》1998年第1期。
[③] 阙道隆：《建立和完善编辑学的学科体系》，《编辑学刊》1998年第1期。

些专著涵盖了编辑学理论研究的方方面面。那么，在此基础上，编辑学学科体系该如何建设，普通编辑学学科构成又包含什么内容呢？阙道隆指出，像其他人文社会学科一样，编辑学应该涵盖史、术和论三个方面的内容。这三个方面的内容，也可称作"三大模块"。他说："编辑学学科体系是编辑学特有的知识体系，是由不同部分、不同层次的知识构成的。编辑学学科体系包括哪些内容呢？我赞成有些研究者的意见，它是由编辑史、编辑业务知识和编辑理论知识构成的。"[1]"编辑史研究编辑活动的发展过程及其规律，反映不同历史时期的编辑思想、编辑理论和编辑实践活动。编辑业务是编辑实践中的应用知识，包括编辑过程中各环节的工作原理、方法和其他有关的知识技能。编辑理论是在编辑史和编辑业务研究的基础上进行抽象、概括所得出的基本范畴、基本原理和基本规律。"[2]编辑学学科体系的建设应该围绕这三个方面展开，高校的编辑学专业课程也应该围绕这三个方面进行建设。实事求是地说，阙道隆这一提法谈不上新颖，也并非首创，但它是创建普通编辑学的逻辑前提，对于纠正此前学界普遍存在的史、术、论不分，各种研究课题混同杂糅的状况非常必要。

（二）厘定编辑学与其他学科关系

在编辑学学科建设研究中，阙道隆极其重视编辑学与其他学科的关系。他认为，厘清编辑学与相邻学科的关系，是科学界定编辑学研究的必然要求，是深入研究编辑学理论的客观要求。在《编辑学学科建设中的三个问题》一文中，阙道隆提出了两个问题：一是编辑学与出版学的关系；二是编辑学、出版学与新闻学的关系。在谈到第一个问题时，他明确表示不同意编辑学和出版学相互隶属的观点。他指出，"编辑学

---

[1] 阙道隆：《建立和完善编辑学的学科体系》，《编辑学刊》1998年第1期。
[2] 阙道隆：《编辑学理论纲要（上）》，《出版科学》2001年第3期。

和出版学是互相交叉又各自独立的学科，出版编辑学既是出版学的分支学科又是编辑学的分支学科。"① 在他看来，编辑学和出版学之所以互不隶属，是因为编辑和出版两个概念的内涵和外延各不相同。他说："编辑学以编辑活动为研究对象，出版学以出版活动为研究对象。"② 这就决定了编辑活动和出版活动既有联系又有区别，也决定了编辑学和出版学相互交叉而又相互独立。在谈到编辑学与出版学和新闻学的关系时，阙道隆指出，这三门学科也相互交叉又相互独立。他说："编辑学和新闻学的研究对象、研究任务既有交叉又有区别。"编辑学是出版学、新闻学的灵魂，编辑活动是新闻传播、出版传播工作的中心工作。不仅如此，"从研究现状和发展趋势看，编辑学的研究领域已从新闻出版扩展到广播影视等众多的领域，编辑学正在发展成为一门反映多种传播媒介编辑活动共性的独立学科。"③ 在他看来，作为一门独立学科，编辑学不仅和出版学、新闻学没有隶属关系，而且和大众传播学也没有隶属关系。

应该说，对于编辑学与出版学及其他学科的关系，以刘杲、阙道隆为首的新中国第一代编辑学家早有定论，学界业界基本认同他们的观点。

（三）尝试普通编辑学理论构建

构建普通编辑学学科体系，建立普通编辑学，对以阙道隆为代表的老一代编辑学家来说，并不是新课题。从20世纪八九十年代开始，他们就孜孜以求，为实现这个目标潜心探索，从未间断。2007年《中国编辑》组织了《构建普通编辑学：任重而道远》专题笔谈，阙道隆作为被约稿的4个专家之一，对普通编辑学的相关问题内涵、与分支编辑

---

① 阙道隆：《编辑学学科建设的三个问题》，《中国编辑》2006年第5期。
② 阙道隆：《编辑学学科建设的三个问题》，《中国编辑》2006年第5期。
③ 阙道隆：《编辑学理论纲要（上）》，《出版科学》2001年第3期。

学的关系、应用价值、发展前景、理论构建模式等提出了自己独特的看法。他认为，普通编辑学是分支编辑学的理论概括。普通编辑学与分支编辑学的关系是共性与个性（即一般与个别）的关系。普遍、深入地开展分支编辑学研究，有助于推动普通编辑学的发展和完善。他同意刘杲会长"普通编辑学的成熟可能在 21 世纪中叶"的看法，他说："普通编辑学的完善和成熟，需要一个较长的探索过程，不可能一蹴而就。我们既要坚定信心，坚持以建立普通编辑学为最终目标，又要看到实现最终目标的艰巨性、长期性。"[①] 为此，他指出，在学科体系还不成熟的现阶段，普通编辑学理论模式建构必然存在多种模式，要让各种观点自由发表和争鸣，争取在交流中趋向统一。

实际上，阙道隆在进行编辑学研究时，不论是提出编辑学史、术、论"三大模块"说，还是对编辑学与出版学、新闻学、大众传播学关系的阐述；不管是编辑概念的界定、编辑规律的揭示，还是编辑活动中各要素、环节之间关系的剖析等，都有着成系统的理论认知背景和构建普通编辑学理论体系的愿景。比如，在 1998 年发表的《建立和完善编辑学的学科体系》一文中，他总结了编辑学理论研究的"12 个议题"——"编辑学总论、编辑活动、编辑活动与社会、编辑活动主体、编辑活动对象、编辑过程、编辑方针和原则、编辑风格、编辑活动与传播媒介、编辑活动与出版业、编辑活动与市场经济、编辑活动与现代科技"，并认为，倘若对这些议题进行研究，"就可以逐步形成一种或几种比较公认的编辑理论框架和理论模式。到那时，编辑学就会真正成为一门被学术界公认的成熟的学科"[②]。1999 年他发表《〈编辑学理论纲要〉构想》时，又把这 12 个议题作了调整，将"编辑活动"置换成了"编辑"，去掉了作为"编辑活动"研究内容的"编辑活动的发展规律"，新增了"编辑

---

① 邵益文、阙道隆、王振铎、吴飞：《构建普通编辑学：任重而道远》，《中国编辑》2007 年第 5 期。

② 阙道隆：《建立和完善编辑学的学科体系》，《编辑学刊》1998 年第 1 期。

活动的社会功能";"编辑方针和原则"简化成了"编辑原则";"编辑活动与出版业、编辑活动与市场经济、编辑活动与现代科技"被合并为"编辑与社会";新增了"编辑模式"和"编辑规范"议题。2001年《编辑学理论纲要》问世时,他又调整了上述议题,把作为"编辑"议题下研究内容的"编辑概念"和"编辑活动"独立成章;"编辑对象"换成了"编者、作者和读者";"编辑原则"换成了"编辑价值";新增了"编辑规律"议题;12个议题变成了13个议题。从阙道隆对这种议题内容的不断调整、变化、补充、修改看,他对普通编辑学的建构始终是自觉的、有目的的,由系统到框架、由框架到局部、由局部到细微,框架既成,再以实际的具体研究来校正、完善,予以微调。诚如他自己所言,是"以体系设计指导、推动理论研究,以理论研究的成果修改、完善体系设计"[①],学科体系建设思想鲜明而突出。

四、编辑工作实践的理性升华

从1954年进入中国青年出版社负责编写中学政治教材,到后来因连续编辑出版《红岩》《李自成》《朝阳花》《风雷》等名著而声誉日隆,及至成功策划出台了《青年文学》《历代文选》"青年文库""祖国丛书"等许多重要选题,阙道隆的编辑学研究之路可以说是一个"编而优则研"的过程。与行政管理部门、高校研究群体研究风格截然不同的是,他对编辑学的认知,对编辑理论的总结、提炼和升华,都是遵循着从实践中来、到实践中去的路径。实践既是他学术理论的起点,也是他理论研究的旨归。这种实践与理论的高度融合是阙道隆编辑学研究最鲜明的特色,体现在其思想理念和研究过程的方方面面。

[①] 阙道隆:《建立和完善编辑学的学科体系》,《编辑学刊》1998年第1期。

（一）突出编辑学研究中的实践环节

编辑学是一门实践性很强的学科，对编辑实践研究的重视是编辑学研究的一大特色。除了在编辑学理论研究上的建树外，在阙道隆的众多研究成果中，还有很大一部分是探讨编辑工作的，尤其是在他初涉编辑学研究的 20 世纪 80 年代。如著作中的《实用编辑学》、《书籍编辑学概论》（与徐柏容和林穗芳合著），虽然有理论上的概括和升华，但存在大量的业务性描述，从选题到审稿，从编辑加工到发稿、校对，及至样书检查、装帧设计，巨细靡遗。前者被认为是一部极具实用性和针对性的编辑工作"教科书"；后者对实用性的强调也鲜明突出，可以说是中国编辑学研究 60 年（1949—2009）来编辑实践的代表性论著，完全不同于学界很多研究成果仍是从理论到理论。

至于阙道隆发表的论文，也大多是对编辑实践工作的具体总结，《谈审稿》《选题丛谈》《论总编辑的选题决策》《关于出好青年读物的几个问题》《出好普及读物》《出版经营六法》《审稿五题》《论编辑构思》《图书编辑工作的基本原则》等，仅看题目，实践性特色浓郁。如《谈审稿》一文，阙道隆详细论述了审稿的任务、标准和环节等一系列问题，将编辑审稿这一问题讲得十分透彻。《选题丛谈》《论总编辑的选题决策》等文章，集中讨论了选题的内涵，选题工作的意义、原则和要求，选题的设计与征集，选题的论证与决策，再版书的选题工作，以及选题策划工作的意义、方针、方法和需要处理的关系。阙道隆认为，如果将编辑工作划分为"编辑活动前、编辑活动中、出版发行后"三个阶段的话，选题就是"编辑活动前"的设计规划阶段。宏观意义上的选题要综合自身资源，着眼长远规划，形成特色风格；微观意义上的选题则是瞄准市场热点、紧盯读者需求、抢抓行业空档，占取先机，出奇制胜。选题在微观层面可决定一部书的成败，中观层面可影响出版社的兴衰，宏观层面则关系着社会主义精神文明建设；它既关系出版的方向，也关系着出版事业的发展状况和整个社会的精神风貌。阙道隆曾一度强调要将选题当作一个专门的、突出的课题来研究，这种务实、实用的立场在整个编辑学界都是比较突出的。

另外，伴随着编辑实践的发展，阙道隆对编辑具体工作的思考和研究也与时俱进。在《出版经营六法》一文中，阙道隆结合自身出版经历，总结出了"品格为灵魂，策划为先导，质量为基础，风格为标志，销售为关键，效益为目的"的经营六法，既系统完整，又具体可行，对人们认识出版经营工作具有重要启发价值。在《也谈编辑方法》一文中，他对古今编辑实践中的编辑方法进行了全面分析，总结了四种基本方法，即收集整理法、组合集成法、策划组织法和整合重构法。在《图书编辑的基本原则》一文中，他以图书编辑工作为例，提出了图书编辑必须遵循的四个基本原则，即适应服务、选择优化、稳定性和整体性原则，其中不乏独到的见解。在《书籍质量为何不断发生问题？》一文中，他提出编辑质量是评判编辑工作成绩的主要标准。针对出版实践中图书质量问题重重的现象，阙道隆深入地剖析了造成这一现象的原因。他认为，忽视编辑工作、忽视审稿加工、忽视出版特点和忽视文化积累这四个"忽视"是造成图书质量滑坡的重要原因。在《关于出版体制的几点想法》一文中，他对出版体制改革进行了深入思考，提出出版体制改革必须处理好计划管理和市场调节、管住管好和放开搞活、行政手段和法律手段、出版要求和出版投入这几对关系。只有这样，出版体制改革才能符合中国实际。可见，编辑出版实践始终是阙道隆编辑学研究关注的一个重点，从选题，到审稿，到编辑方法，再到出版体制改革等方方面面，他的编辑实践研究具有相当的认识广度和深度，实用性与理论性并重，专业性与学术性结合，值得称道。

（二）注重理论联系实际的价值取向

中国人讲究学以致用、知行统一。阙道隆丰富多彩的编辑实践经历，使他的编辑学研究在重视形而上的理论问题基础上，对形而下的编辑实践问题格外关注，尤其是他的编辑实践研究价值取向偏于实用，并且这种实用，并不是无意为之，而是一种主动追求。在 1986 年出版的《实用编辑学》前言中，阙道隆将编辑学定义为"一门实用性很强的学科"，旨在"解决编辑实践中提出的问题"。在他看来，"如果脱离编辑工作的实际进行学院式的研究，编辑学就丧失了生长的土壤和活力"。显然，阙道隆不仅提倡理论研究要针对实际问题，服务于现实业务，而且旗帜鲜明地反对"学院式的研究"，认为其脱离实际，行之不远。在他的代表作《编辑学理论纲要》中，他更是开宗明义地指出："编辑学直接面向编辑实践，有具体的应用目的。它要为编辑活动提供原理、原则和方法技能，为编辑教育提供专业教材。因此，编辑学属于应用科学，不属于基础科学。"[①] 这里且不说阙道隆对学院派研究看法的对错，只说他编辑学研究价值取向的鲜明实践色彩，颇得学界同人的认可。华然在评价《实用编辑学》一书时曾说过，"它的理论意义和实用价值将会随着时间的推移显示出来"[②]。丛林主编的《中国编辑学述评（1983—2003)》在评价《书籍编辑学概论》时，也认为其"主要方法是从编辑实践经验中提升基本理论"。王振铎亦一针见血地指出："用实践的历史方法把具体经验上升到普遍理论，较之用科学的逻辑方法，将集纳起来的资料分类辨析，抽象出一般原理，再引申出规律，更容易构成理论体系。"[③] 也就是说，务实、实用、理论联系实际是阙道隆编辑学研究的价值选择。

---

① 阙道隆：《编辑学理论纲要上》，《出版科学》2001 年第 3 期。
② 华然：《简评〈实用编辑学〉》，《编辑学刊》1987 年第 3 期。
③ 王振铎、朱燕萍：《普通编辑学理论体系的雏形》，《出版科学》2002 年第 2 期。

结　语

中国编辑学会第一任会长刘杲在阙道隆逝世后，曾写过这样一副挽联："壮年编书老年立学知行结合垂后世　诗论吐凤文论雕龙师友长逝恸余生"，来表达对阙老的深切怀念。从"壮年编书"到"老年立学"这样一个事业转换，对阙道隆来讲是有着深刻原因的。这个原因用刘杲先生的话说是阙道隆追求"知行合一"。1992年，阙道隆明确提出编辑不仅有学，而且学无止境。他说："80年代编辑有学无学的争论，现在已由事实作出了回答。编辑活动是人类文化活动不可缺少的组成部分。随着历史的发展，编辑活动日益专业化，活动的领域日益扩大，人们对编辑活动规律的认识也日益深化，并积累了丰富的历史经验和新鲜经验。在此基础上建立一门新的学科——编辑学，不仅是现实的需要，也是历史的必然。"[1]2001年，他又说："从研究现状和发展趋势看，编辑学的研究领域已从新闻出版扩展到广播影视等众多的领域，编辑学正在发展成为一门反映多种传播媒介编辑活动共性的独立学科。"[2]2007年，他再次说："我们既要坚定信心，坚持以建立普通编辑学为最终目标，又要看到实现最终目标的艰巨性、长期性。"[3] 如果说，高度的理论自信与学科自信是"知"的话，那么，他"勤、谨、和、缓"的治学方法则是"行"。他说："我们搞研究、做学问，离不开一个'勤'字。'勤'就是不偷懒，不怕苦，做事持之以恒；'谨'是严谨审慎，一丝不苟，谈意见、下结论，要有证据；'和'是心平气和，虚心体察，不感情用事，在学术研究上有平和公正的气度；'缓'是不轻易作结论，不轻易发表著作，在意见不成熟、证据不充分时，宁可

---

[1]　阙道隆：《编辑有学：首届编辑学获奖论文读后》，《中国出版》1992年第1期。
[2]　阙道隆：《编辑学理论纲要（上）》，《出版科学》2001年第3期。
[3]　邵益文、阙道隆、王振铎、吴飞：《构建普通编辑学：任重而道远》，《中国编辑》2007年第5期。

缓一缓，放一放。"[1] 正是因为阙道隆对编辑学研究价值有着深刻的体认，再加上执着、勤勉、孜孜不倦、奋力探索，他才能成绩卓著、建树多多，"从工作总结到理论探索；从重大理论课题的思考到学科体系的构想；从研究书刊编辑学到研究涵盖多种媒介的普通编辑学"[2]。从一定意义上说，阙道隆编辑学研究的过程，反映了 20 世纪 80 年代以来我国编辑学研究的进程；他的研究成就，代表了 20 世纪我国编辑学研究的成就。

---

[1] 程绍沛：《倾心执着编书　潜心研究立学：怀念编辑出版家阙道隆》，《中国编辑》2009 年第 5 期。

[2] 程绍沛：《倾心执着编书　潜心研究立学：怀念编辑出版家阙道隆》，《中国编辑》2009 年第 5 期。

史家有笔　拱璧盈尺

——中国古代编辑家思想史开创者戴文葆的编辑学思想

戴文葆是当代中国出版界德高望重的编辑家和编辑学家,首届韬奋出版奖获得者和中国编辑学会第一至第四届顾问,也是我国编辑学研究的先行者和20世纪八九十年代崛起的编辑学家群体里面重要的领军人物之一。

戴文葆1924年出生于江苏阜宁,自16岁在《淮滨商报》做编辑起,一生中的大部分时间都在从事编辑工作和学术研究。新中国成立前,曾担任《中国学生导报》总编辑、《世界晨报》编辑、《大公报》国际版主编;新中国成立后,历任《大公报》副编辑主任,"人民出版社、世界知识出版社、三联书店编辑部副主任,中华书局编辑,文物出版社、人民出版社、三联书店编审"①。"文革"前,负责审读和编辑了《谭嗣同全集》《朝鲜李朝实录中的中国史料》《严复集》《蒋介石言论集》,参加《世界知识年鉴》的设计与定稿,协助编辑《韬奋文集》等一大批高难度书稿,显示了卓越的编辑才能和非凡的编辑成就。"文革"期间被错划为"右派",回故乡接受劳动改造。劳动之余,用文言撰写了关于阜宁的地方史志《射水记闻》一书。改革开放后,重新回到编辑工作岗位,审读加工、编辑出版了《鉴真》《中国古长城遗迹调查》《袁世凯演义》以及《胡愈之文集》《胡愈之出版文集》《胡愈之译文集》《宋庆龄选集》《宋庆龄书信集》

---

① 《编辑风采》,《中国编辑》2008年第1期。

等一大批有分量、有影响的书稿。长期的编辑工作实践，不仅使戴文葆积累了丰富的编辑经验，取得了突出的编辑成就，而且也培养了他高度的编辑文化自觉和编辑理论自觉，使他对编辑学理论研究孜孜以求。特别是在 20 世纪七八十年代我国编辑学研究勃兴之时，戴文葆先后发表了《编辑工作的重要意义》《编辑学与编辑业务》《中国编辑史初探》《编辑学二三问题管窥》《编辑学研究问题答客问》等研究文章，积极致力于编辑学学科体系创建。他在《出版工作》上连载的系列研究文章《历代编辑列传》，比较系统地论述了从孔丘到章学诚共 37 位编辑家的编辑贡献，被称为我国第一部纪传体编辑史。[①] 不仅如此，戴文葆"作为《中国大百科全书》出版学科编辑委员会副主任、'编辑学'部分副主编，他还亲自撰写了'编辑'和'编辑学'长条目"[②]，这是我国编辑学研究早期对编辑、编辑学概念比较权威的界定。另外，戴文葆主编的《编辑工作基础教程》，也是 20 世纪 80 年代编辑学高等教育发轫期的教材之一。可以说，戴文葆不仅积极倡导编辑学理论研究，对编辑学有着深邃的认知，而且身体力行、踊跃投身编辑出版学教育教学中去，对我国编辑学研究和学科建设作出了卓越的贡献。尤其是在编辑史研究、编辑学基本理论研究、编辑主体研究与编辑出版学教育教学方面成就突出。

一、编辑史研究及编辑思想史建树

编辑学作为一门学科，应包括历史、理论、应用三个部分。"历史，即编辑史，是编辑活动和实践经验的记载和梳理，为编辑学理论提供客观依据。"[③] 戴文葆作为我国编辑史研究的先驱者，比较早地意识到编辑

---

① 刘洋：《戴文葆的编辑学研究及其思想论要》，《河南大学学报（社会科学版）》2015 年第 4 期。
② 《编辑风采》，《中国编辑》2008 年第 1 期。
③ 刘杲：《编辑学理论的探讨》，《出版笔记》，河北教育出版社 2006 年版，第 345 页。

史研究对于编辑学学科建构的意义，不仅在编辑学家群体中率先展开编辑史研究，而且其观点颇有洞见。

（一）编辑活动起源于殷商

自20世纪80年代以来，编辑活动的起源问题始终是编辑学理论建构中绕不过去的重要问题，也是众多学者探讨并分歧较大的话题根源。如何在编辑活动发生发展的历史中溯流探源，正确认识编辑活动的本质特征，成为问题的关键。戴文葆史学积淀深厚，"编书偏重史学，他想从中国历史文化的积淀中为人们提供更多的值得思考的东西"[①]，研究也具有广阔的历史视野。他认为，我国的古代史一般追溯到夏、商、周三朝，而编辑活动也从这个时代开始显露踪迹。夏朝已有原始文字，国家机构逐渐形成，商代则是政治制度形成的开端，开始出现掌握较高知识的人物：巫和史。他说："最初的编辑，或者比较确切地说，最初从事编辑工作的人，就是古代国家的巫师（卜筮官）、史官和乐师。"[②]在他看来，史官、巫师及乐师，由于本身记言记事、占卜决疑、掌管祀典礼仪等的需要，将甲骨、简策、乐曲等加以整理编连，辑订成册，以供其后查检参考，这就是中国编辑工作的开端。同时，他还指出，中国的编辑活动自此开始，随着社会的发展、进步，编辑工作越来越完善、成熟，编辑活动呈现出的文化价值和意义越来越突出。春秋战国时代，私人讲学兴起，游说之风大盛，诸子百家，撰述授徒，发表著作，写出论点；其门人弟子、亲属与仰慕者、研究者，记录、搜集、汇聚、编订听讲的笔记和论学的言谈。"这一切情况，都显示了中国古典编辑工作达到相当严谨与熟练的程度。"[③]两汉时期，编辑工作开始得到重视，司马迁和刘向、刘歆父子及其同事专家们细密繁重的编辑整理校雠工作，对于保存先秦

[①] 落瑛：《漂泊的舟》，华南图书文化中心1993年版，第23页。
[②] 戴文葆：《编辑工作基础教程》，东方出版社1990年版，第332—334页。
[③] 戴文葆：《编辑工作基础教程》，东方出版社1990年版，第334页。

古籍，发扬前哲思想，总结古代文化，推动学术发展，起到了积极的作用。魏晋南北朝分裂的战乱时代，编辑工作却得到延续，这一时期具有较高史料价值的著作有范晔的《后汉书》、陈寿的《三国志》及沈约的《宋书》等，注重具有资料汇编和百科全书性质的类书编辑。到了隋唐，政治再次出现大一统局面，编辑出版事业也得到了新的发展，《长洲玉镜》《编珠》《文苑英华》等都是那个时期编辑活动的硕果。宋代的司马光历时19年完成的《资治通鉴》，成为后来编年体史书的榜样。"明清两代，编辑工作又有很大的发展。特别在清代，由于考据学的盛行，对我国历史文献典籍的整理校勘编订工作，超过以前历代的成就。"① 这一时期的大编辑家当属纪昀和魏源。戴文葆认为，"中国文化的令人惊诧的持续性，是编辑工作重要性的最有力的证明"②。他说："人类文明主要积累和保存在世代相传的各种书籍中，自从天壤间有了书籍，不论是竹简、木牍帛书、青铜器铸件和石刻的铭文，就有编辑和编辑工作存在。后来有了纸、笔与印刷术的发明，编辑工作更有了空前的发展。"③

正是基于这样的观点，在20世纪80年代编辑学研究风起云涌、学界对编辑活动起源时间莫衷一是之时，针对刘光裕提出的"编辑是随着出版业的兴起而逐渐产生的"，"有出版才有编辑，真正的编辑应当产生于宋代。编辑产生的最重要的社会条件是物质生产部门是否为生产传播工具（最早是书籍）提供了先进技术和设备。这个社会条件在雕版印刷发达的宋代才逐渐成熟起来"④ 的观点，戴文葆不仅旗帜鲜明地指出编辑活动起源于殷商，而且从历代学术演进的大势及其在文化上的贡献，来观察中国编辑工作发展的历史过程，从而说明编辑工作对文化发展与提高的作用。有评论者认为，"正是因为他的文化史

---

① 戴文葆：《寻觅与审视》，中国华侨出版公司1990年版，第457页。
② 戴文葆：《编辑工作基础教程》，东方出版社1990年版，第330页。
③ 戴文葆：《寻觅与审视》，中国华侨出版公司1990年版，第640—641页。
④ 刘光裕：《论编辑的概念》，《编辑学刊》1987年第3期。

的视野，才使得戴文葆的编辑史观呈现出超越具体编辑形态的宏阔气度"[1]。因为有其宏阔气度，戴文葆不仅在当年编辑活动起源的论争中有一定的影响，而且其"编辑活动起源于殷商"的观点也在编辑史涵括上限即编辑活动起源时点研究中领风气之先。虽然关于编辑史的涵括上限，至今还没有形成定论，但是戴文葆的观点比其他学者的类似观点提出得要早。比如，姚福申的编辑活动上溯至上古典籍《盘庚》出现的殷商时代，最早见于1986年[2]；靳青万的"编辑史应该以文字的萌芽和形成阶段作为起始点"，见于1988年[3]；钱荣贵的"甲骨时代无疑是'文籍之编'的源头"，见于2009年[4]；而戴文葆"编辑活动起源于殷商"的观点见于1984年[5]。

（二）孔子是编辑家

20世纪八九十年代，关于孔子到底算不算是编辑家的争论非常激烈，"一种观点认为孔子在古代从事了大量的编辑活动，是编辑工作名副其实的开先河者，可称作中国历史上第一位大编辑家；另一种则否认孔子的活动属于真正意义上的编辑范畴，因此，即便孔子于文化传播上居功甚伟，也难有编辑家之名"[6]。在这场长达十多年的争论中，戴文葆不仅对编辑活动的历史做了详细的探索和研究，得出了编辑活动起源于殷商巫和史的观点，而且还把从事编辑活动的人（编辑）放置于

---

[1] 刘洋：《戴文葆的编辑学研究及其思想论要》，《河南大学学报（社会科学版）》2015年第4期。
[2] 姚福申：《有关中国编辑史若干问题初探》，《编辑学刊》1986年第1期。
[3] 靳青万：《论中国古代的两大发明与编辑活动之关系》，《许昌师专学报》1988年第4期。
[4] 钱荣贵：《甲骨时代的编辑审美观及其他》，《南通大学学报（社会科学版）》2009年第2期。
[5] 章宏伟：《戴文葆先生与编辑史研究》，《济南大学学报（社会科学版）》2013年第1期。
[6] 姬建敏：《中国编辑学研究60年（1949—2009）》，社会科学文献出版社2015年版，第290页。

中华学术文化发展的脉络中展开考察，并通过史料的搜集、辨伪、考证，得出"中国编辑史上留下姓名的第一位编辑，当推生于东周后半期的孔丘"①。在他看来，"在中国文化史上，孔子不仅是大教育家、大思想家，而且还应强调指出，他是编辑工作者的第一祖，在历史上具有重要的地位和深远的影响"。孔子不仅是"文献典籍编辑整理工作的筚路蓝缕的开创者"，"古典文献的整理者和解释者"，而且他还通过教学和编辑教本，开创了儒家学派。他说："孔子对古代典籍进行整理删订，编辑了《诗》《书》《礼》《乐》《易》《春秋》六种课本，即后世所称的'六经'"②，"记载他的言论行事的《论语》，是他的学生和再传弟子共同编成的"③。在他看来，古代文化的积累和传播，孔子及其弟子作出了重要的贡献。儒学经典经由编辑才组成一份珍贵的文化遗产，在汉民族和其他各民族间传播传承，产生重大影响，成为中国封建时代文化核心。戴文葆的这种观点在当时颇有市场，也很有代表性，与他观点一致的有王振铎等。

（三）开中国古代编辑家思想史研究先河

中国是个文明古国，悠久光辉的历史、纷繁灿烂的文化、浩如烟海的典籍，都离不开历朝历代编辑的积累、传播之功。戴文葆强调："编辑工作既传播文化，又保护文化、发展文化。在世界文化中，中国文化连续不断，源远流长，得力于编辑工作起源早，历代都出现佳什杰构。"④他指出，在历史发展的激流中，之所以出现了不少激动人心、发聋振聩的启蒙著作，就是那个时期编辑活动对人类的贡献。但对于这些对人类作出巨大贡献的古代编辑，在戴文葆之前关注的人并不多，这一

---

① 戴文葆：《编辑工作基础教程》，东方出版社1990年版，第337页。
② 戴文葆：《历代编辑列传（一）》，《出版工作》1986年第1期。
③ 戴文葆：《编辑工作基础教程》，东方出版社1990年版，第337页。
④ 戴文葆：《编辑工作基础教程》，东方出版社1990年版，第342页。

方面是因为古代编辑大多主要将精力集中于书籍编纂，很少将自己的见闻汇编成书，故历代学者对于古人的编辑思想虽然有一定的探讨，但东鳞西爪、片片点点，均未成章；另一方面是因为相比其他学科，编辑学是一门新学科，虽1949年诞生，但到20世纪80年代其研究才渐趋红火，即使如此"与编辑学理论研究一经掀起热潮便方兴未艾、经久不息的状况不同，编辑史的研究略显冷清和沉寂……目前能发现的、最早的、对外发表的编辑史研究成果是1984年前后面世的两篇论文"[1]。而真正开始有意识地提出、呼吁和从事编辑史研究并取得标志性成果的人物非戴文葆莫属。

戴文葆是第一位有目的、系统化对古代编辑家进行研究的学者。1984年9月，他受内蒙古社会科学院之邀，在呼和浩特举办的一次"编辑学与编辑业务"讲习班上，讲授"编辑学与编辑史探讨"。该讲授材料全文长16万字，开篇以"编辑史初探"为题略述中国编辑活动的发展历史，继而围绕孔子、萧统、赵崇祚、陈子龙、纪昀、魏源等历史上功绩卓著的大编辑家的编辑活动展开论述，介绍古代典籍编辑的源起、传承发展等环节，并有论有据地评价这些典籍的特点和影响。章宏伟称这部讲稿为"中国第一篇编辑史讲稿"[2]。1986年，戴文葆的编辑史研究成果《历代编辑列传》开始在《出版工作》(《中国出版》前身）上连载。当时《出版工作》加"编者按"强调："编辑出版工作是传播和积累思想和文化科学成果的重要手段。我国是世界上文明发达最早的国家之一，历代文献典籍浩如烟海，这与编辑工作的发展有密切关系。为了介绍历代一些著名的编辑家的生平事迹与他们编辑的主要作品，鉴往而知来，本刊特约戴文葆同志撰写此文，分期刊载。"[3] 这一研究专题主要是

---

[1] 姬建敏：《中国编辑史研究30年回顾》，《河南大学学报（社会科学版）》2014年第6期。
[2] 章宏伟：《戴文葆先生与编辑史研究》，《济南大学学报(社会科学版)》2013年第1期。
[3] 见《历代编辑列传（一）》发表时的"编者按"，《出版工作》1986年第1期。

围绕历史上在编辑实践中卓有成就者进行纪传式的探究，共遴选孔丘、吕不韦、刘安、刘向、刘歆、班昭、许慎、刘义庆、萧统、徐陵、颜之推、僧佑、欧阳询、房玄龄、刘知几、吴兢、杜佑、赵崇祚、李昉、欧阳修、司马光、李焘、朱熹、袁枢、元好问、欧阳玄、王祯、解缙、徐光启、冯梦龙、陈子龙、顾炎武、黄宗羲、方苞、姚鼐、纪昀、章学诚等 37 位历史人物，述其编辑实践，论其编辑思想，剖析其所编辑作品的时代特点和历史影响，归纳各自开创的编辑体例、编辑方法，梳理一脉相承的编辑理念和编辑传统，并以历史唯物主义的视角将编辑活动置于政治、经济、文化、科技的社会有机网络中加以考察，辩证审视，科学分析，以求得出编辑活动历史的、本质的、客观的规律。该成果约 40 万字，在《出版工作》上连载两年，至 1988 年方结束。

　　试想一下，1986 年孔子的编辑家身份尚争论不定，戴文葆既强调孔子是编辑家，又指出在孔丘之后，"前贤后进，比肩继踵而出"①。从孔丘、吕不韦、刘安到司马光、李焘、朱熹再到姚鼐、纪昀、章学诚，不仅以"古代编辑"统称，而且一一为其立传；不仅介绍编辑家的生平经历与时代背景，总论其在中国编辑史上的地位及文化贡献，而且介绍其所编辑的作品，并从编辑学的角度评价其体例编排之优劣、编辑成就之大小，尽可能公正地给予每一位编辑家以恰当的历史定位。何其有胆识、有魄力！特别是对于历史上许多编辑成就被长期忽略的编辑家，对于科技典籍编辑家，他重视有加。大家都知道北宋文坛领袖欧阳修的散文、诗、词成就，不知道他还编辑了《崇文总目》《新五代史》《新唐书》《时政记》等重要典籍；知道徐光启在数学、农学、天文学等方面的成就，不知道其编译《几何原本》、编撰《农政全书》、主编《崇祯历书》的编辑贡献，对此戴文葆专门作了介绍。此外，《历代编辑列传》系列文章还关注各时代的编辑体例及其嬗变，比较分析每个编辑作品在体例

---

① 　戴文葆：《编辑学研究问题答客问》，《中国编辑》2003 年第 3 期。

上的创新之处，并以此作为衡量编辑家贡献大小的重要依据，如将《吕氏春秋》与《淮南子》进行文章结构上的比对，认为《淮南子》体例不严，各家言论驳杂抵牾，在编辑体例上远不及《吕氏春秋》结构严谨等。①何其有实力、有功力！

通观戴文葆《历代编辑列传》系列论文，可以发现它有三个特点：一是注重编辑家人生经历的叙述，有效地将编辑家的经历与其编辑成就统一起来；二是比较重视对编辑家编辑思想的认识；三是开创了古代编辑学研究以人物尤其是编辑家为主体的学统，该系列文章成为中国古代编辑家研究的集大成之作。难怪章宏伟认为"《历代编辑列传》是第一部以人物为主线的中国古代编辑史"，"是我国最早也是最系统的研究中国古代编辑史的著作，具有开创性"②。戴文葆曾计划将《历代编辑列传》系列文章一直"写到鸦片战争"，"然后出一本集子，算是对中国编辑史与编辑学研究的一点贡献"③，但遗憾的是因种种原因未能如愿，《历代编辑列传》也终未能结集出版。但不管怎么说，正因为戴文葆的系列文章，中国古代编辑家彪炳千秋的光辉形象才得以第一次集体展现，他们的编辑思想和编辑贡献才得以进一步传播和张扬，古代编辑家群像方才能矗立在中国文化史、编辑史上。

二、编辑学基本理论研究及理论成就

戴文葆不仅对中国编辑史研究有筚路蓝缕之功，而且对编辑学基础理论的研究也有精辟的见解。20世纪80年代，针对长期以来"编辑无学"的状况，他在总结编辑工作实践与编辑史研究经验的基础上，从

---

① 黄俊剑：《编辑家戴文葆论略》，硕士学位论文，湖南师范大学，2013年。
② 章宏伟：《戴文葆先生与编辑史研究》，《济南大学学报（社会科学版）》2013年第1期。
③ 姜文丽：《执著追求的四十年：记首届韬奋出版奖获得者戴文葆》，《中国图书评论》1989年第2期。

厘定编辑学基本概念入手，通过对编辑学的研究对象、学科属性等问题的探讨，逐渐形成了相对完整的编辑学思想理论体系。

（一）厘定编辑学基本概念，为《中国大百科全书》撰写"编辑""编辑学"条目

在编辑学的范畴体系中，"编辑"无疑是其元范畴。只有对"编辑"概念作了科学界定，编辑主体、编辑客体以及编辑活动才可以由此衍生，纲举目张，铺展书写编辑学理论体系。1990年，戴文葆为《中国大百科全书·出版卷》撰写的"编辑"和"编辑学"条目，算得上是比较早地对编辑、编辑学概念进行的科学界定。1991年《编辑之友》第1期在发表戴文葆的《编辑与编辑学——为〈中国大百科全书·出版卷〉而作》时加"编者按"，强调两个条目"是对有关中国编辑历史沿革的概述和国内编辑学理论研究现状的总结，其中也融入了作者个人的思考和研究成果，但作为百科全书的词条，它将成为学界乃至人类共有的财富"，肯定之情溢于言表。

关于"编辑"，戴文葆是这样界定的："编辑，通指使用物质文明设施和手段，从事组织、采录、收集、整理、纂修、审定各式精神产品及其他文献资料等项工作，使之传播展示于社会公众者。"[①] 为了阐明这个概念，戴文葆首先从编辑一词的词义演变史入手，参考《说文解字》、颜师古《汉书注》《韩非子·说林下》《汉书·艺文志》中对"编""辑"二字的解释认为，编辑的古义，是顺其次第，编列简策而成书。"编辑"二字，即从收集编连简策而来，以后书写材料变化，沿用未改。由此出发，戴文葆追溯历史，从殷商、秦汉、唐宋到元明清，再到近代，由于文化活动和科学技术的发展变化，媒介介质不同，编辑工作呈现多种多

[①] 戴文葆：《编辑与编辑学：为〈中国大百科全书·出版卷〉而作》，《编辑之友》1991年第1期。

样的形态，编辑又可分为图书编辑、期刊编辑、报纸编辑、广播编辑、电视编辑及电子出版物编辑等。戴文葆界定的"编辑"概念内涵丰富，既包括各种形态各种出版物类型的编辑者——人，也包括编辑工作，如出版社的选题、组稿、审读、加工整理；既从中国古代编辑史、编辑活动出发，又依据现代编辑的特点进行分类，并顺便介绍了编辑职称。在当时的情况下，戴文葆对于"编辑"这一元范畴的理解引起了学界的强烈共鸣，该概念也成为编辑学研究的奠基性成果，后来学者多参考该词条对"编辑"进行定义。可以说，"编辑"概念的界定，是戴文葆对编辑学理论研究的一大贡献，对于学术交流与编辑学科体系的建立发展具有重要意义。

关于"编辑学"，戴文葆认为，编辑学是编辑基础理论研究、编辑活动规律及编辑实践管理的综合性学科，属于人文科学范畴。其含义是研究编辑工作规律的一门学问，是一门具有学术意义、原则性、理论性、思想性的学问，是和其他学科，如文学、历史等高的一门学问。他说："从实际工作出发去探讨，编辑学是研究编印书籍、期刊、报纸和图录、画册等出版物以及利用声音、图像等宣传手段的学问，特别着重于选题、组稿、写作、审核、加工整理及美术设计等环节。因而被认为是一门应用学科"，"从宏观看来，编辑学既具有深厚的理论性，又具有全面的应用性"。[①] 显然，在戴文葆看来，编辑学是一门专业学科，这门专业学科又具有综合性，它将因其实践活动的内容日益丰富而发展，从而又促进整个学术文化的发展。同时，戴文葆也清楚地知道，编辑学同文、史、哲、经、教、法等大学科相比，是一门从属于社会科学的小学科，编辑学是一门新兴学科。因为把编辑工作当作一门学问来研究，是近年提出来的，但是"编辑学虽是新兴学科，却是根柢久远，源远流长"[②]。可见，

[①] 戴文葆：《编辑与编辑学：为〈中国大百科全书·出版卷〉而作》，《编辑之友》1991年第1期。

[②] 戴文葆：《编辑学二三问题管窥》，《出版与发行》1987年第1期。

戴文葆对于编辑学概念的界定是多维的、立体的、全方位的，不管是综合性人文学科，还是应用学科；不管是小学科，还是新学科，历史视野的分析、实践维度的考量，体现了他对编辑学基础理论研究的深刻认知和理性思考。"编辑学"词条也多被后来研究者推崇、使用。

（二）强调编辑有学，认为"编辑不是简单的重复劳动"

在 20 世纪 80 年代，一方面是建立编辑学及其专业教育的呼声很高，另一方面是由于历史的原因和传统观念的影响，编辑无学论颇有市场。戴文葆作为我国编辑学学科史上早期的代表性人物，针对当时学界有关编辑有学无学的论争，旗帜鲜明地提出自己的观点，认为编辑不仅有学，而且编辑学研究大有内容、大有可为。

首先，编辑有学，编辑学早于目录学、校勘学。戴文葆在《编辑与编辑学——为〈中国大百科全书·出版卷〉而作》一文中说："中国是世界上文明发达最早的国家之一，历史文化典籍非常丰富。大致可以认为，在两周和春秋时代之间，已有正式书籍诞生……有书籍就有编辑，有编辑思想理论，有程度不同、形式不一的编辑事业。历代视其治乱盛衰，编辑工作有规模不等的开展，编辑理论也随之发展进步。编辑学的文献和素材，编辑工作的体制和实况，都是历史久远的存在。"[①] 他强调："按照书籍构成的形态和内容观察，编辑学的意义，必早于目录、版本、校勘、辑佚诸学而流布。若无编辑构想设计、整理加工编成图书，目录学、版本学、校勘学、辑佚学均无处附丽，无从着手。"[②] 也就是说，在戴文葆的认知里，有书籍就有编辑，有编辑才有思想理论和编辑事业。作为一门学科，编辑学早于目录学、校勘学。观点明确，言简意赅。

---

① 戴文葆：《编辑与编辑学：为〈中国大百科全书·出版卷〉而作》，《编辑之友》1991 年第 1 期。
② 戴文葆：《编辑与编辑学：为〈中国大百科全书·出版卷〉而作》，《编辑之友》1991 年第 1 期。

至于为什么会出现编辑无学的观点呢？戴文葆以自己为例，反思不重视编辑理论的两个原因：一是年轻时期受到"新闻无学论"的影响，延伸形成编辑无学论的倾向；二是只埋头于工作本身，忽视对编辑工作的理性思考。① 他认为，虽然编辑无学的存在有其现实原因，但"至20世纪80年代出版系统内青紫取得了共识，终于进入少数高等学校的课堂……成为在校园中姗姗走动的'显学'"②，编辑学作为一门新学科，不仅有自己的历史——"根柢远"，而且也同其他学科一样有自己的研究对象、研究范围、研究方法和学科体系。

　　其次，编辑劳动不是简单的重复劳动。戴文葆认为，编辑本来是很古老的职业，而今变成沉甸甸的行当，从古到今，不管是过去所讨论的编辑"六艺"，还是如今的策划、创构，绝非"剪刀糨糊"所能对付的简单的重复性劳动。他以选题为例，提出"选题策划是创造性思维活动"，"任何伟大的著作都贯彻着一种编辑思想，尤其是开创性思想。选题设计一旦缺乏创造性思维，就不能编撰出有分量的著作"。③ 他认定，编辑是人类文化的保存和记录者，也是整理和创造者。"任何学科的研讨、传播和文化的积累都离不开编辑工作。"④ 在他看来，"编辑是一种脑力劳动者，传播知识，弘扬真理，探索未来，积累文化，是他神圣的职责……他一生都为人作嫁衣裳，也许到卧床不起，还不能为自己缝制一件'寿衣'。编辑一生都在寻觅、追求、鉴别和盼望"⑤，"他们（编辑、记者）诚然简单，他们没有套上欺哄人的假面，没有口是心非的官腔，没有一支香烟、一杯清茶、一份《参考》的生活……他们干着重复劳动，他们重复反映时代的要求、人民的呼声，他们重复传播真理知识；适应

---

① 戴文葆：《编辑学二三问题管窥》，《出版与发行》1987年第1期。
② 戴文葆：《编辑学研究问题答客问》，《中国编辑》2003年第3期。
③ 戴文葆：《选题策划是创造性思维活动》，《编辑学刊》1998年第4期。
④ 戴文葆：《编辑与编辑学：为〈中国大百科全书·出版卷〉而作》，《编辑之友》1991年第1期。
⑤ 戴文葆：《"简单的重复劳动者"咏叹调》，《随笔》1986年第6期。

革命和建设的需要，总是重复地宣传正确的路线和建国的大纲。"戴文葆不仅从编辑工作（选题）的角度，而且还从历史进步文化发展的高度，肯定了编辑工作、编辑职责和编辑劳动的价值，尤其是所谓的"简单""重复"说，论述精彩，有洞见。不仅如此，他还说"建立编辑学的讨论热烈展开，各家论见多姿多彩，已足够说明编辑工作不能被认为是什么'简单的重复劳动'"。①

再次，编辑工作具有重要意义。戴文葆认为，人类众多的优秀文化典籍得以传播是与编辑的创造性劳动密不可分的。中国文化的持续发展，是编辑工作重要性的最有力的证明。他说："最古的文物，最初的书籍，所以能够集成和保存下来，正是靠着最初的编辑工作"，"现代出版物的种类和形式愈来愈丰富，编辑工作在学术文化的发展中所起的作用也愈来愈大"。②具体来说，戴文葆把编辑工作的作用概括为四个方面：文化积累、文化发展、文化启蒙和文化交流。他以中国编辑史为例深入分析，纵笔驰骋，得出"编辑工作既传播文化，又保存文化、发展文化。在世界文化中，中国文化连续不断，源远流长，得力于编辑工作起源早……编辑工作在发挥传播文化的功能时，便直接开拓了学术园地，引导了研究趋向，提倡了优良学风，培养了后进新秀，从而促成时代精神的高扬"③的结论。

（三）框定编辑学的研究对象和研究范围

戴文葆不仅认为编辑学"是和其他学科，如文学、历史等高的一门学问"④，而且还指出，编辑学同文、史、哲、经、法等学科一样，有自

---

① 戴文葆：《编辑学二三问题管窥》，《出版与发行》1987年第1期。
② 戴文葆：《编辑工作的重要意义》，《编辑之友》1990年第1期。
③ 戴文葆：《编辑工作的重要意义》，《编辑之友》1990年第1期。
④ 戴文葆：《编辑与编辑学：为〈中国大百科全书·出版卷〉而作》，《编辑之友》1991年第1期。

己的研究对象和研究范围。在他看来，既然编辑、编辑学的含义是多维的，那么编辑学研究的对象也应该是多向度的。首先，从出版物的学科属性来看，他认为"编辑学以自然科学和社会科学两大门类出版物（包括电子出版物）的编辑工作为研究对象"；其次，从出版物编辑工作本身来看，他指出"把出版物由书稿的规划、征求、选择、鉴定、校核、加工、整理，直至投入印刷生产之前的一系列工序中追加于作品本身的精神活动，作为编辑学的研究对象"；再次，从出版物这一社会精神产品的生产过程来看，他认为"研究原始形态的精神产品（原稿），如何通过编辑工作成为具有社会属性的精神产品（或商品），即是编辑学的研究对象"；最后，他作了一个总结："编辑学的研究对象，总的说来，就是作为社会文化现象的整个编辑活动，不仅指著作物转化为出版物的过程，而且包括著作物完成以前及出版物产生以后的全部编辑活动，不仅指对著作物的内容进行编辑加工的活动，而且包括对著作物的形式进行编辑加工的活动（如版式设计和封面设计等）。"[1] 应该说，在这里戴文葆对编辑学研究对象已经描述得很清楚了，但他不满足于这样的总结与阐述，又提出了编辑学研究对象的"主客体"说。

戴文葆认为："所谓编辑客体，应理解为编辑活动或编辑工作所直接施于的对象。笼统地说，编辑活动是以人类的文化知识成果的著作物、出版物，以及与此有关的著作物的生产者和出版物的消费利用者，即著作和读（听、视）者，都是编辑工作的对象，都是编辑客体。"[2] 显然，这里的编辑客体，既包括原稿和经过加工的物化的精神产品，也包括作者和读者，但最直接的对象是精神产品。这些精神产品从原稿到成品、商品，具有一定的属性和特质，戴文葆把这些属性和特质归结为社

---

[1] 戴文葆：《编辑与编辑学：为〈中国大百科全书·出版卷〉而作》，《编辑之友》1991年第1期。

[2] 戴文葆：《编辑与编辑学：为〈中国大百科全书·出版卷〉而作》，《编辑之友》1991年第1期。

会性、科学性、继承性、服务性、启迪性、开放性、可读性、艺术性八点，并层层递进，探讨了编辑客体及其特征。至于编辑主体，"就是编辑活动的实施者，或编辑活动的主动者，也就是编辑人员或编辑工作者，通称之为编辑"①。他强调编辑主体是编辑活动的关键人物，在整个编辑程序中具有重要的地位、发挥着重要的作用。他认为，编辑理论的研究不仅要厘清编辑客体的概念，还要弄清编辑主体元素的复杂交互关系。他说："作者、读者、编者三角结构，这是编辑学研究的横观。编者要发现和联系作者，要理解和服务于读者……阅读主体与阅读对象之间的关系，是相互依存的；而编辑是中介，是桥梁，编辑的介入构成有活力的三角。"②应该说，戴文葆是较早地将编辑主体元素的关系研究纳入编辑学研究视野的学者，而且，他明确地将三者的关系定位于"三角"关系，认为对这一关系的研究不仅是编辑社会学的课题，而且是编辑管理学的课题。他说："编辑学从理论和运用诸方面研究这个三角，使之活跃、紧密、沟通和相互促进。这中间，既有学（即'道'），也有术；道与术相得而益彰。领导者要把这个三角看作'金三角'，善于领导，抓紧领导。编辑学从中可以找出许多研究课题，扩大理论活动。"③笔者不知道编辑学研究对象的"主客体"说最早是不是戴文葆提出来的，但他关于主客体的界定与"三角"关系的论述，无疑对后来的研究者有所启迪。

编辑学的研究范围，是编辑学研究内容的框定，涉及编辑学理论体系的构建。在20世纪八九十年代，学界对此的探讨非常热烈，主要观点有：编辑学概论、部门编辑学、编辑史三部分说；编辑史研究、编辑基本理论研究、编辑队伍研究、编辑战略思想研究、出书质量研究

---

① 戴文葆：《编辑与编辑学：为〈中国大百科全书·出版卷〉而作》，《编辑之友》1991年第1期。
② 戴文葆：《编辑学二三问题管窥》，《出版与发行》1987年第1期。
③ 戴文葆：《编辑学二三问题管窥》，《出版与发行》1987年第1期。

五部分说；编辑理论、编辑经验、编辑人才学、编辑管理学、编辑社会学、编辑心理学、编辑过程七部分说。戴文葆作为编辑学研究的有心人、思想者，在《编辑学二三问题管窥》一文中博采众长，将编辑学的研究范围归纳为以下几个方面：(1) 编辑理论。这是编辑学研究的中心，"着重探讨编辑工作的性质、特点及其内部活动的普遍规律。研究对待各类原稿的特殊工作规律"。(2) 编辑工作发展史。这是编辑学研究的纵观，"整理总结前人所做工作，从中汲取经验教训，引出规律性的事例，为创建编辑学铺底，以供继承和借鉴"。(3) 编辑业务。这是编辑学研究的落实，"研究编辑实践的各个环节、全部过程；探讨各种专门业务的进行"。(4) 版本、校勘、目录、辑佚等学问的研讨。这是编辑学研究的延伸，也是提高编辑人员文化素质的手段之一。(5) 作者、读者、编者三角结构。这是编辑学研究的横观。(6) 宣传、评论与推广。这是编辑学研究的继续，也是编辑活动的延长与检验。[①] 同时，戴文葆也指出，编辑学的研究范围将伴随着改革的需要而日益明确，并不局限于上述领域之内。这一动态的、发展的观点，足见戴文葆思维的开放性、前瞻性。

另外，戴文葆对编辑学研究的意义、方法、规律等也有自己的看法。比如，编辑学与其他各学科一样，是因社会统治的需要而产生的，也即编辑学理论的研究具有政治性，其理论探讨不能够脱离社会政治和相应时代的风尚。比如，编辑学的发展也受学术文化发展的制约；编辑工作是有客观规律的。比如，编辑活动是一种脑力劳动，依靠人类思维活动，体现出分散劳动的特点。编辑学随着社会生活的变化发展和编辑技术的提高，应产生新的编辑学思维。比如，编辑活动既是一种精神生产活动，又是一种物质生产活动。编辑工作具有宣传教育的功能，同时也是传播发展的媒介；应充分考虑社会效益和经济效益的统一，如此等

---

① 戴文葆：《编辑学二三问题管窥》，《出版与发行》1987 年第 1 期。

等。可以说，戴文葆对于编辑学基础理论问题的探索，来自他对编辑学理论研究的自觉，来自他多年从事的编辑实践活动，来自他对编辑学的挚爱。"许多年来，我只是在编辑具体业务之间流转奔走，工作紧逼之时，无暇思索编辑学问题……几年之间，认识过程是渐进的，先以为编辑学似属应用科学范围内的学问，进而日益体会其深刻丰富的内容，认为应有其理论科学体系，将随着编辑实践的发展，工作经验的总结，而不断趋于完善。"① 直到晚年，戴文葆仍执着于编辑学的基本理论问题的研究与修正，以实际行动推动着编辑学基础研究进一步走向深入，编辑学学科建设进一步完善。

三、编辑主体、编辑出版教育研究及贡献

戴文葆不仅对编辑史和编辑学基础理论有深入的研究，而且对编辑主体研究也极为关切。他认为，"编辑主体是编辑活动的关键人物，在整个编辑程序中具有重要地位和作用。编辑主体的素质修养如何，工作实践如何，直接影响着编辑工作的进程和质量"，"编辑主体性的研讨，是发挥编辑的主体精神和解放编辑生产力的重要措施"。② 因此，对于编辑的职责和素质修养、编辑力的形成和发展、编辑队伍建设以及具体的编辑实践活动，戴文葆都有深入的思考和独到的见解。

（一）重视编辑素质，倡导编辑学者化

要探讨编辑素质，必先探讨编辑职责。戴文葆认为，编辑是脑力劳动者，传播知识，弘扬真理，探索未来，是其神圣的职责。"他并不是靠什么官衔和称号，而应该是靠他的精神劳动的成果与世人相见。

---

① 戴文葆：《编辑学二三问题管窥》，《出版与发行》1987年第1期。
② 戴文葆：《编辑与编辑学——为〈中国大百科全书·出版卷〉而作》，《编辑之友》1991年第1期。

作家要作，编辑要编，干部要干，当社会主义的官要干社会主义的人事。"①编辑就是个踏实肯干、诚心为他人作嫁衣裳的干实务的职业，这是戴文葆对编辑职责最朴素的认知。在他看来，要想做出拥有高质量的、能够适应党和人民事业需要的出版物，就要努力提高政治素养，充实专业知识。对于编辑来说，最基本的要求就是要认真学习编辑专业的基础知识，要有刻苦钻研业务的劲头，要熟练掌握编辑工作中的各种专业技能。"一切出版物的质量，首先和主要地决定于作者和编辑的政治、学术水平。离开了提高编辑的工作质量，就谈不上提高出版物的质量。"②为了更好地帮助青年编辑成长，戴文葆在《多读书 爱交游 勤动笔：同青年编辑谈编辑工作》这篇文章里，详细阐释了编辑的基本素质问题。他指出，多读书，一是要读政治理论书；二是要学习基本知识，进而学习专业知识。基本知识包括"汉语基础知识，文学和历史、地理基础知识"，此外要学一门外语，还要善于使用工具书。爱交游就是要多与周围的人接触，取长补短，以此来提高自己的学识和品德。在戴文葆这里，扩大人际交往能力是"进德修业"的需要，是编辑职业所必需的基本能力。勤动笔，就是要能够写出"文字通顺，论述恰当的文章来"。要做一名合格的编辑，就要能够对文稿进行加工整理，在改进文风、润色修辞的同时，不仅要保持作者原有的文风不变，而且还要有所升华。他说："在很好地完成本职工作之外，写出好散文，知识小品，写出学术论文，学术著作。认真做好出版工作，出版社不但能出好书，同时也能出人才！"③这个人才，就是"编辑学者化"。

其实早在1984年，戴文葆便提出了"编辑学者化"的命题。他在

---

① 戴文葆：《新颖的课题》，生活·读书·新知三联书店1986年版，第15—16页。
② 戴文葆：《多读书 爱交游 勤动笔：同青年编辑谈编辑工作》，《编创之友》1984年第2期。
③ 戴文葆：《多读书 爱交游 勤动笔：同青年编辑谈编辑工作》，《编创之友》1984年第2期。

内蒙古的"编辑学与编辑业务"讲习班上提出:"编辑本身学者化、作家化,编辑本人就是某一学科的学者,某一种类作品的作家。同时,学者、作家也有一定的时期到出版社来担任编辑,到杂志社和报社来担任记者和编辑。"①在他看来,在我国编辑工作开展的历史中,有一个显著的特点,就是国家重视保存和整理文化典籍与历史文献,负责官员领衔督理,专家学者主持其事。编辑大都是大学问家、大著作家,有道德的人,热爱学术文化并愿为之献身的有事业心的人。他反复强调"编辑必须奋力提高自身的素质,逐步成为具有高度理论和专业知识修养的人才"②。编辑的生涯,就是一个不断学习、不断思考、不断追求、寻觅又不断审视、不断觉得不足的长期过程。在他40年的从业经历中,"文革"前,"青灯黄卷,一编在手,宠辱皆忘"③;"文革"期间,在无数个"寂寞得与死接近"的夜晚,读书著述,抄录陆游、鲁迅等人的诗文,并将《史记》反复阅读了数十遍;日常工作时,"不断向书本和社会学习,反复思考……经常锻炼提高鉴别能力"④;年近七旬,"我怎样去找一个再出发的起点呢?"⑤戴文葆倡导、践行编辑学者化,并切实做到了学者化,在古典史学、文学、政治学、编辑学等学科有很高造诣。

(二) 关注编辑工作,倡导打造传世之作

"编辑工作是有关文化积累、文化发展、文化启蒙、文化交流的严肃工作"⑥,同时也是艰苦细致的创造性劳动。选题、审稿、联系作者、编辑、校对,戴文葆作为一个老编辑、名编辑,不仅谙熟每一个环节的编辑要点、编辑重点,而且对于编辑选题、审稿、加工等环节都有精到

---

① 戴文葆:《寻觅与审视》,中国华侨出版公司1990年版,第396页。
② 戴文葆:《寻觅与审视》,中国华侨出版公司1990年版,第392页。
③ 吴道弘:《在韬奋精神鼓舞下前进:记编辑家戴文葆》,《中国编辑》2008年第1期。
④ 《戴文葆同志的业务自传》,《出版工作》1983年第6期。
⑤ 戴文葆:《寻觅与审视》,中国华侨出版公司1990年版,第1—2页。
⑥ 戴文葆:《寻觅与审视》,中国华侨出版公司1990年版,第322页。

的见解。比如,对选题的认识。戴文葆认为,"编辑出版事业是思想工作、学术工作中一个最重要的环节,而选题最能表现书籍编辑出版事业的活力和创造性"①,选题最能体现编辑的思想。编辑的见识,编辑的匠心,编辑的职责,编辑的敏感,编辑与作者的关系及对读者的理解,都将表现在所制定的选题之中,它是组稿活动的依据,是做好编辑出版工作的关键性的第一步。针对如何确定选题,戴文葆根据自己历年编辑工作中的体察和领悟,以出版社为例提出:选题需要从全局出发,系统考虑各个问题。从选题的安排来看,选题计划需要考虑出版社中各种门类图书的数量及比例,同时突出重点;经常与已出版的同类书作比较,扬长避短,发挥特色;在保证质量的前提下提高数量。从选题的方法来看,第一,理解性质与任务,体现出选题的个性;第二,认清形势与需要,体现出编辑"科学文化事业尖兵"的角色;第三,掌握动态和情况,了解国内外的学术现状、存在问题、出版界的基本情况、销售市场的现状;第四,了解读者和作者,拉近选题与读者之间的距离;第五,考虑应有与可能;第六,重视效果与效益。②戴文葆对编辑选题工作,从概念到制定选题的原因、提出好选题的方法、选题需要注意的问题、如何制订选题计划等多个方面进行了分析和研究,理论和实践相结合,理性认知和具体操作相得益彰。

不只是选题,在戴文葆看来,编辑工作最重要的是要有一种打造传世之作的意识。真正有价值的作品,终究不会被历史所湮没,后世的读者终会给予其应有的评价与地位。有学者指出:"一个编辑出版家的存在价值根本在于编辑出版的作品。确立一个编辑出版家的成就高点当然首先应该锁定其编辑出版的代表作。"③戴文葆之所以能编辑

---

① 戴文葆:《编辑工作基础知识讲座:第一讲 选题》,《编辑之友》1987年第1期。
② 戴文葆:《编辑工作基础知识讲座:第一讲 选题》,《编辑之友》1987年第1期。
③ 李频:《戴文葆研究的价值认同与路径选择》,《盐城师范学院学报(人文社会科学版)》2012年第1期。

出一系列有影响、有水平、有难度、有分量的作品，不仅得益于他长期对于中国古代编辑家的研究，而且也得益于他对中国学术文化典籍的深刻感悟，更得益于他对编辑工作重要性的特殊认知。

（三）重视开办编辑学专业，倡导编辑学学科建设

戴文葆不仅是业界标杆、学界大师，而且也是我国编辑学专业教育的积极倡导者和参与者。1984 年，教育部批准北京大学、复旦大学和南开大学等试办编辑学专业之后，戴文葆用自己的实际行动积极投入编辑学教学工作，编写教材、登台授课，为编辑学专业建设作出了独特的贡献。

首先，他积极响应中央关于试办编辑学专业和开展编辑知识普及的号召，赞同胡乔木同志创办编辑学专业的意见，认为"他的见识远大"[①]，批评那些对编辑学专业这一新事物视而不见、习惯于自我封闭的现象，为编辑学专业的创办献计献策。其次，认真编写编辑学教材，为学科建设和专业发展提供理论支撑。1985 年，当北京大学、复旦大学、南开大学开始招收编辑学本科生时，面对教材、教师稀缺的状况，戴文葆作为有责任心和事业心的热心人，从 1986 年开始，历时三年半完成了《编辑工作基础教程》这本编辑学专业通用教材的编写工作。该教材作为富有理论与实践特色又具有较高权威性的编辑出版学专业教科书，在 20 世纪八九十年代被广泛使用，影响很大。再次，他不辞辛苦，任北京大学、南开大学编辑学专业兼职教授，自编"中国编辑出版史讲义"，开设"中国编辑出版史"课程，"全力以赴调动一生丰富的知识积累"[②]，手把手教给老师和学生，为编辑学专业开创了一个很高的起点，为培养高层次的编辑人才尽心尽力。

---

① 戴文葆、赵航：《选题策划是创造性思维活动》，《编辑学刊》1998 年第 4 期。
② 赵航：《啊，我的编辑老师们（续）》，《编辑之友》2003 年第 3 期。

结　语

戴文葆光辉曲折的编辑生涯和编辑学研究历程，不仅见证了我国编辑出版形态的历史性变迁，而且也见证了编辑学学科从无到有的建构历程，"他把一生所有的才智、心血、精力，无保留地献给了传播人类文明、传承文化的伟大的编辑事业，并始终以做一个编辑而自豪"[①]。他在编辑学研究上的成就，正如编辑学研究专家宋应离所言，"筚路蓝缕启山林　创榛辟莽开先路"[②]，是留给后人的宝贵财富；他一生对编辑工作的热情和勤勉认真的敬业精神，是当代编辑学习的榜样。

[①] 人民出版社编：《光辉曲折的编辑生涯：戴文葆先生90诞辰纪念文稿》，人民出版社2012年版，第18页。
[②] 宋应离：《筚路蓝缕启山林　创榛辟莽开先路：忆戴文葆先生对编辑出版专业建设的贡献》，《中国编辑》2008年第6期。

精华笔端　咫尺匠心

——"编辑学"英文名创造者林穗芳的编辑学思想

林穗芳的一生可谓与"编辑"二字紧密相关。首先，他是当之无愧的编辑家，从业近40年，成果丰赡，业绩斐然；其次，他是众所公认的编辑学家，理论迭出，著作等身。从某种意义上说，他是学界、业界不可多得的双栖型人才，是编辑实践、理论研究领域少有的知行合一派大家。身为编辑家，他1956年调入人民出版社工作，主要业务为外语编辑，其间曾任国际政治编辑室主任，获得编审职称，被授予第二届"韬奋出版奖""老出版工作者"等荣誉称号；1995年退休后，获评中国出版工作者协会的"新中国60年百名优秀出版人物"称号，并入选新闻出版系统百名优秀人物。身为编辑学家，自20世纪80年代以来共发表编辑学理论和实务方面的研究论文上百篇，出版著作多部，论文《图书编辑工作的本质、规律及其他》《电子编辑和电子出版物：概念、起源和早期发展》分别获得全国出版科学研究优秀论文奖、中国编辑学会科研成果一等奖，著作《列宁和编辑出版工作》获首届全国编辑出版理论优秀图书奖，参与撰写的《书籍编辑学概论》长期作为高校编辑出版学专业教材使用。

林穗芳（1922—2009）出生于广东信宜，他的一生可用"学""编""研"作关键词标示为显著的三个阶段。1951年以前是"学"的阶段。高中就读于广东广雅中学，1947年考入中山大学语言学系，师从赵元任、王力、岑麒祥、詹安泰、商承祚等一众大师，大学期间曾翻译美国小说《唐人街》，并在香港《华侨晚报》上连载。大学毕业前，北京新闻学校委托《南方日报》在广州地区代为招生，此时的林穗芳已表现出对新闻出版工作的热情，主动报考，在面试环节受到时任中共中央中南局宣传部副部长、《南方日报》主管负责人曾彦修的赏识，经对方劝荐，林穗芳于1950年8月至1951年3月参与到《南方日报》副刊的编辑工作中去，这奠定了他对编辑工作一生的不灭热忱和矢志追求。大学毕业后，林穗芳以军人身份参加抗美援朝，由于是语言学出身且专业素质优秀，在部队中从事的仍是与语言相关的工作，转业后继续从事语言和文化教育工作。1956年8月，林穗芳调入人民出版社做编辑，先后任外国历史编辑、国际政治编辑室主任、编辑部质量检查组组长，进入了他人生中以"编"为主题的阶段。20世纪80年代，编辑学研究热潮在国内兴起，林穗芳率先投入其中，开启"研"路，著书作文，发声立论，成为编辑学研究场域中一位旗帜性的领军人物，为其时编辑学研究的繁荣和发展作出了重要贡献。

如果从编辑学研究的角度来看，林穗芳的着力点主要集中在三个方面：围绕基础概念、基本范畴、史学问题展开的编辑学基本理论研究；围绕编辑流程、规律特点和技术操作展开的编辑实践研究；围绕行业规范、出版改革等现实问题展开的编辑规范、改革创新研究，其成就和贡献也在这三个方面集中呈现。

一、对编辑学基本概念和范畴的辨析

20世纪的最后20年，编辑学研究领域可谓风起云涌，名家辈出，一时间流派纷呈，百家争鸣，局面蔚为大观。其中一个显著的特征便是众多研究者试图以最快的速度建立起编辑学的基础理论体系，但编辑学作为新兴学科，前期研究的积淀有限，其交叉性、应用性的特征又使得其学科性质、学科范畴、研究范围等很难界定，造成不论哪一流派的理论架构都不能得到学界公认，使编辑学的研究陷入各抒己见、自说自话的状态。这种状态固然在一定程度上深化了对编辑学相关研究议题的认识，推动了学科的成型、发展，但从另一个方面也说明了编辑学研究的急躁冒进。在这种时代洪流中，林穗芳没有急于构建编辑学的宏观理论，也没有参与到各派的论争中去，而是以极其踏实严谨、缜密客观的风格小步前进，注重于对概念、范畴、范围等最基本理论"零件"的思考和界定。并且他的研究注重中外对比，讲求有史有据，强调逻辑上的一致和理论上的自足。客观上讲，他的研究具有中国传统学者的考据之风，实事求是，无征不信。林穗芳的这些"局部研究"引发了学界多次的讨论争鸣，并在交流碰撞中促成了一些基础性概念和议题的明晰，为编辑学理论的深入发展和编辑学学科的最终建立作出了实实在在的贡献。

（一）辨析编辑概念，区分著作型编辑与作为出版工作一部分的编辑

林穗芳最早将编辑定义为："收集和研究有关出版的信息，按照一定的方针制定并组织著译力量实现选题计划，审读、评价、选择、加工、整理稿件或其他材料，整理必要的辅文，同著译者和其他有关人员一起通力协作，从内容、形式和技术各方面使其适于出版，并在出版前后向读者宣传介绍。"[①] 显然，这个概念是他结合自身所从事的编辑工作总结出来的一个"过程论"概念，具有鲜明的图书编辑特征，这可能与那时他所接触、关注、研究的出版物集中于纸质图书有关。如果将其放在编辑学的背景下使用，就有些片面和狭隘了。林穗芳本人也认识到了这一点，随着视野的开阔和建构编辑学基础理论的自觉性越来越强，他后来将编辑的概念作了更高层次的抽象，即"依照一定的方针开发选

---

① 林穗芳：《关于图书编辑学的性质和研究对象》，《出版与发行》1987 年第 2 期。．

题，选择和加工稿件以供复制向公众传播"①。该定义的表述文字虽然减少了，但内涵的抽象性更高，外延也更大了。

1. 应结合时代与语境理解"编辑"的内涵

林穗芳在《"编辑"词义从古到今的演变》一文中详细考证了"编辑"的词源和演变历史，甚至还统计了"编辑"和相关词语在"二十五史点校本"中出现的频率。通过这种历时性的梳理，将"编辑"类相关语词划分为4类：带"著""作""撰""述"字，不带"编"字的；带"编"字，不带"校"字的；带"纂"字，不带"编"字的；带"校"字的。经过对上述词语的词义剖析，林穗芳得出结论，即它们表述的都是一种著作方式，即使是与现代"编辑"一词含义最为接近的相关词语也只是停留在"修撰、编写"这一层意思上，或作"编集、编纂"意使用，其对象均为史书、文集一类的作品，并不是发现、选题、集合、精化、规范的过程，而是对已有作品或成型材料的拼组借用，不具有原创性质，也属于著作方式之一种。故虽同为"编辑"，古语中的"编辑"却只是在特定语境下对著作活动的描述，与现代"编辑"一词不可同日而语。

2. 著作方式之一的"编辑"与作为出版工作一部分的"编辑"

基于上述考辨，林穗芳旗帜鲜明地指出必须要区别作为著作方式之一种的"编辑"和作为出版工作一部分的"编辑"。古语中的"编辑"从本质上讲是一种"著作"，与现代"编辑"形同而神异，所以既不能将古代的"著作"型"编辑"（或曰"编辑"型"著作"）列入编辑学"编辑"的外延，更不能说古代编辑的特征是"编著合一"。"编辑"必须与新闻出版活动结合起来才成其为编辑学意义上的"编辑"，这种现代的"编辑"是古代著作型编辑在长期的历史演化进程中结合新的产业活动发生嬗变后的新态，它既是对古代编辑的继承，又是对传统编辑的否定。从形式

---

① 林穗芳：《试论独立的编辑职业的形成》，《编辑学刊》1994年第6期。

上判断，它与出版是密不可分的，而"编辑学是建立在现代'编辑'概念基础上的新兴学科，无论对编辑进行共时研究还是历时研究，研究对象都应当保持一致"①。

（二）从现代编辑概念出发确定编辑学概念，创造"编辑学"英文名称

笼统地说，编辑学就是研究编辑活动的科学，明确了编辑的内涵和外延，编辑学的定义也自然而然地明晰了。林穗芳对"编辑学"概念的探索是从"图书编辑学"这个子概念开始的。在1986年11月的武汉出版科学研讨会上，林穗芳在所提交的论文《关于图书编辑学的性质和研究对象》中介绍了日本、朝鲜、苏联、南斯拉夫、德国（民主德国）、英、美等国词典中对"编辑"概念的10种界定，并在此基础上明确了编辑学（图书编辑学）的性质——"一门综合性、边缘性和应用性学科，主要从属于社会科学"。其中的"综合性"指的是编辑（图书编辑）活动覆盖了多种学科书籍的编辑，且包含专业编辑、文字编辑、技术编辑、美术编辑等多种性质的编辑环节；"边缘性"指的是编辑学研究对象与其他学科的相互交叉以及编辑学研究方法均借鉴自其他学科的特性；"应用性"指的是编辑学服务于图书生产和编辑人员培养。他指出，"编辑学顾名思义以编辑以及与编辑有关的一切为研究对象"，"科学地描写编辑过程，说明每个工作环节在这个过程中的地位及其相互关系，是编辑学的主要任务之一"。他认为，编辑学研究的重点或可放在"制定编辑对稿件和其他工作对象评价的原则、标准和方法等方面"。②

在学界，关于"编辑学"概念的来源，一度被认为是苏联《书刊编辑学教学大纲》的中译本（倍林斯基著，中国人民大学出版社1956年

---

① 林穗芳：《撰写和完善〈编辑学理论纲要〉需要探讨的一些问题》，《出版科学》1999年第1期。
② 林穗芳：《试论独立的编辑职业的形成》，《编辑学刊》1994年第6期。

出版）。精通俄文的林穗芳指出，《书刊编辑学教学大纲》俄文版中的"курсредактирования"一词意为"编辑课"，而非"编辑学"。在1986年的武汉出版科学研讨会上，他创造性地提出以"redactology"作为"编辑学"的国际用语。中国编辑学会成立之际以"China Redactological Society"作为自己的英文会名（《中国编辑学会章程》，1992年10月）。美国《克利夫兰旗帜日报》在1990年8月26日的报道中强调："最近几年中国编辑界开始研究编辑学，因而创造了'redactology'这个术语。"英国剑桥国际传记中心所编的《国际知识分子名人录》也在林穗芳条目中指出，《克利夫兰旗帜日报》在报道中使用的"redactology""在英语国家很可能是首次使用"。由此可见由林穗芳提出的编辑学英文名称受到了国内外的广泛接受。

（三）分析出版要素，厘定出版定义

尽管明确宣称作为著作方式之一种的编辑与作为出版工作一部分的编辑不可同日而语，但林穗芳对"出版"概念的界定却是标准一致，不分彼此的。首先，他将出版学定性为"研究读者（阅听人）、出版物、出版业及其相互关系以揭示出版的规律和社会作用的综合性社会科学"[1]，并结合古代出版和近代、现代出版的不同特征，抽象得出具有共性的本质，将出版描述为"选择文字、图像或音响等其他方面的作品或资料进行加工，用印刷、电子或其他复制技术制作成为书籍、报纸、杂志、图片、缩微制品、音像制品或机读件以供出售、传播"[2]。为进一步厘清出版定义，他着重强调了几方面的问题。

1. 出版必须具备"编辑、复制、发行"三要素

学界有一种观点认为出版是与印刷相伴相生、相辅相成的。相较

---

[1] 林穗芳：《明确"出版"概念，加强出版学研究》，《出版发行研究》1990年第6期。
[2] 林穗芳：《明确"出版"概念，加强出版学研究》，《出版发行研究》1990年第6期。

于对"编辑"概念外延界定的严苛不同,林穗芳对出版活动的外延划定比较宽泛,手抄形式的复制发售也被他框定在出版范畴之内。正因如此,他不主张将印刷和出版挂钩,而是将"编辑、复制、发行"作为出版的三个要件,其中的"编辑"强调的是作品的非原创,"复制"则指出出版的量化特征,"发行"具有产业化意味,突出出版的市场化和商业性。

2. 书籍不同于出版物

这种提法与林穗芳将"编辑、复制、发行"作为出版三要素的观念是有机联系的。由于书籍古已有之,但古代既未经复制,也未进入商业流通渠道的书籍只是个人的原创精神作品,肯定不能定性为出版物。书籍一进入复制发行环节,就具有了商品属性,此时才可称其为出版物。某种意义上说,这是对图书与出版关系从另外一个角度上的着重强调,是从图书视角对出版概念的定义。此外,对于书籍不能全面指代出版物的提法本不存在太多疑义,但或许是林穗芳对编辑学理论的起步研究都是围绕着图书编辑和出版活动展开的,所以他特别指出图书在出版物系列中的独特性,即它是精神产品与物质产品的统一体,本质上属于精神产品,不能简单视作具有商品性质的一般出版物。

3. 书刊出版不属于大众传播领域

虽然林穗芳对编辑和出版的定义都经历了一个从狭义到广义、从具体到抽象的过程,其探究的视域也从图书编辑出版领域扩展到了类型多样、受众广泛的现代化传媒,但他在从传媒视域界定编辑与出版概念的同时,坚持认为书刊出版并不属于大众传播范围。有学者将出版的本质规定为"公之于众",即一切旨在公之于众的大众传播形式均属出版活动范畴。林穗芳立场坚定地指出,公之于众是出版活动的必要条件而非充要条件,许多作品进入了流通渠道,为人所知,但没有"编辑、复制、发行"环节,并不属于出版。从这个角度看,出版与传播是有交叉却不重叠的领域,书刊出版不属于大众传播。

二、对编辑学基本理论问题的廓清厘定

编辑学基本理论研究是编辑学研究的重心和核心。20世纪80年代编辑学兴起以来,对于编辑学基本理论研究中的编辑活动的起点、编辑规律、编辑概念、编辑学学科性质等问题,各位学者、各种流派之间意见不一,各种观点相搭相争的热闹场面,可以说达到了一门新兴学科在创立之初所能达到的顶点。面对公说公有理、婆说婆有理的喧嚣和论争,林穗芳博古论今,理智地辨别分析,廓清厘定,展示了大家风范和学者底蕴。

(一)编辑活动的起点

从林穗芳区分著作编辑和出版编辑两种概念的言论可以看出,他始终认为与编辑学语境下的"编辑"对应的编辑工作、编辑职业与作为近现代产业形态的出版密不可分。在《试论独立的编辑职业的形成》一文中,他详细比较研究了中外出版史的发展进程后明确指出:"近代编辑工作作为一种独立的社会职业始于16—17世纪的欧洲报刊。"[①]事实上,欧洲报刊的大范围兴起普及与成熟出版业的发展完型是同步的,二者是互为表里的统一体。在林穗芳的编辑学理论体系中,与西方近代报刊同步成熟的出版业与古代出版业实为性质有别的两个概念,一如著作编辑与出版编辑的不同。他"以复制书籍抄本出售的书肆、书坊的出现作为古代出版业萌芽的标志",中外一例,但在萌芽状态的出版活动中,尚不存在以职业形式存在的编辑工作。尽管以书肆、书坊形式制作、复制图书的活动早在公元前5世纪的雅典就已出现(我国此类形态的出版活动始于西汉末期),堪称出版业的原始形态,但林穗芳却认为专职的图书编辑要比报刊编辑晚大约200年,在最早出现的出版形态中没有产

---

① 林穗芳:《试论独立的编辑职业的形成》,《编辑学刊》1994年第6期。

生相应的、职业形态的编辑工作，反倒是报刊出版领域的编辑活动后来者居上，这种以颠倒的时序认定独立编辑活动起点的立场，表明林穗芳是将独立的编辑工作和编辑职业与出版的产业化相提并论的，诚如其所言："编辑工作形成一种独立的社会职业同近代资本主义生产关系的确立有联系。"① 在这样的前提下，他将编辑工作进化为独立职业的标准，细化为几点：在出版机构等传播机构内部具有明确的专业分工，编辑工作有专人负责；比较多的传播机构中有长期聘用的编辑人员，他们具有一定的选题选稿权，编辑工作具有普遍性和连续性；编辑工作成为人们作为谋生手段的一种固定专业。

基于上述观点，林穗芳得出结论：作为编辑学研究对象的编辑是作为传媒工作组成部分的编辑，随着出版业的产生而产生。出版业的起点是抄本出版业（古代书肆、书坊制作、出售的书籍抄本），在西方，这一进程起于公元前5世纪的雅典；在中国，则始于西汉末期。至工业革命兴起，出版开始产业化，编辑活动逐步向职业化演进，在西方，这一时间段为16—17世纪，先报刊编辑后图书编辑，二者相距约200年；在中国，时间介于鸦片战争和五四运动之间，由于大众传播行业和图书出版行业的产业化模式同步引自国外，故独立的报刊编辑与图书编辑同时形成。

（二）编辑工作的中心环节

林穗芳是从编辑业界锻炼成长起来的编辑学者，他对编辑范畴、规律和本质的认识是对自身实践活动的归纳总结和概括提炼，是实事求是、知行合一的认识论逻辑，而非从理论到理论的推理演绎，这就使得他对编辑学界的一些议题始终保持思辨性的审视眼光和不人云亦云的清醒认识。

---

① 林穗芳：《试论独立的编辑职业的形成》，《编辑学刊》1994年第6期。

1. 编辑工作的中心环节是审稿

随着出版行业产业化水平的日益提高,与产业化息息相关的市场化操作渗透至出版界,并上溯至编辑环节,对"选题"环节的强调和重视上升到一个历史性的高度。成功的选题是出版物畅销的前提和重中之重,编辑的首要任务是策划好的选题,等等,这样的认识几乎成为业界、学界的共识。林穗芳并不完全反对上述提法,但他认为在编辑过程中,选题并不是唯一重要的环节,审稿同样重要,甚至更为重要。1986年,在武汉举办的出版科学研讨会上,林穗芳明确提出"审稿是编辑工作中心环节"的观点,此后,他一直坚持这样的认识。其观点的依据在于:审稿上承选题、组稿,下接整理加工,既是判定书稿质量,决定其是否进入后续编辑程序的过滤阀门,又是衡量书稿是否具备规范和加工基础,达到出版规范和畅销条件的鉴定关口,承上启下,攸关全局;对于具备亮点,却又存在硬伤的选题,只有审稿环节可以从全局上通盘审视,整体规划,从宏观上提出改造加工方案,从而"取其精华,汰其糟粕",扬长避短,画龙点睛,化腐朽为神奇,将选题环节无可奈何的缺陷、失误加以弥补和规避。

2. 编辑技能不等同于编辑工艺

对于将编辑流程中各个程序的环环相扣形容为"编辑工艺流程"的倾向,林穗芳也是不赞同的。他认为,编辑工作的实质是编辑对稿件等精神文化产物的评价[1],既然涉及评价,自然主要地是一种主观性认识活动,同时也是精神性的活动,所以从根本上讲,编辑活动属于科学和艺术范畴。而"工艺"则指的是流水化作业,强调的是技术,将其"扩大到创造精神产品的编辑工作显然不合适",因为编辑活动中固然有技术性成分,但根本依靠的不是技术手段,而是常识和文字修养,"如果要用编辑工艺这样的字样,恐怕只能限于与印刷有关的那一部分加工技

---

[1] 林穗芳:《图书编辑工作的本质、规律及其他》,《出版发行研究》1988年第1期。

术，批注字体、字号和版式等"。将编辑加工流程描述为编辑工艺流程，将研究编辑过程的学问称为编辑工艺学，"会使人误认为编辑学属于技术科学"①。

（三）编辑规律分为基本规律、普遍规律和特殊规律

学界围绕编辑规律展开的探讨，其热烈纷繁程度并不亚于对各基本概念的争鸣。林穗芳对编辑规律的总结自有其特点，即着重强调其社会性。1987年，中国出版发行科学研究所在乌鲁木齐组织召开"图书编辑学研讨会"，应邀出席的林穗芳在会上指出，我国图书编辑工作的基本规律是"以社会效益为最高准则，以准确而全面的评价为基础，组织、选择、加工稿件以供出版"。这可以看作其对编辑规律认识的雏形，虽然它针对的仅仅是图书编辑这一编辑活动的子领域，并且限定为"我国"的图书编辑，带有一些意识形态色彩，但其鲜明的社会性特征彰显无遗。2002年，在涉猎了其他领域的编辑活动，并研究了层出不穷的新媒体编辑活动后，林穗芳将原有的图书编辑规律抽象为"在为作品的内容向公众传播作准备的过程中作者和读者／用户之间的供需关系的矛盾在全面而准确评价的基础上依照质量第一和社会效益第一的原则加以调节和解决"②。相较于1987年他对图书编辑规律的认识，新规律的外延得以扩大，覆盖了包括图书在内的众多出版物，描述中还加入了"供需关系"这样的市场化词汇，但对社会效益的强调一以贯之。

上述规律只是林穗芳编辑规律体系中的"基本规律"，即在事物发展全过程中起主导作用的、最高层次的规律。除了基本规律，编辑规律还包括普遍规律和特殊规律，普遍规律可以看作多种出版物编辑活动的普适性规律，特殊规律则是某一类编辑活动的独特规律，它们之间可以

---

① 林穗芳：《关于图书编辑学的性质和研究对象》，《出版发行研究》1987年第2期。
② 林穗芳：《编辑基本规律新探》，《出版科学》2002年第2期。

认为是总体和个体、一般与特殊的关系。

三、对编辑规范、出版改革的强调与呼吁

作为长期工作在一线的业界人士，林穗芳在阐幽发微、立论成说的同时，对编辑工作规范性的强调贯穿始终，相关的经验性梳理和理论性认识构成了他编辑学思想中独特而重要的一部分；作为20世纪50年代就踏足编辑界的资深人士，林穗芳见证了国内编辑出版行业从弱到强，从封闭到开放，从传统到现代的整个进程，也见识了国外编辑出版界的先进程度，因此他很早就在自己的理论研究中引入了中外比较方法，并结合国内业界、学界现实提出了许多先进的改革设想。

（一）编辑规范

在林穗芳的编辑学专著和论文中，有很大一部分涉及编辑规范问题，专门论述编辑规范问题的论文就有20多篇，他还在业界、学界的很多会议上发言阐述编辑规范问题的重要性，指出一些共性的问题，提出解决的办法或建议。为使编辑工作流程科学严谨，确保编辑审稿加工的质量，他从几个方面提出建议。

1. 程序规范

首先，要严格遵守"三审制"。"三级审稿制度是社会主义国家的出版社依靠分级负责与集体智慧来保证出版物质量的一项基本工作制度，其本质特点在于个人对党、对人民、对社会主义事业负责与集体研究相结合。"[①] 其次，审稿要作为单独的编辑环节进行，不可与编辑加工混为一谈。因为审稿是从宏观、全局视角对作品的倾向、价值和内涵进行审视判断，"是一种从出版专业角度，对书稿进行科学分析判断的理

---

① 阙道隆等：《书籍编辑学概论》，辽海出版社1995年版，第302页。

性活动"，而加工则是对作品的局部和细节进行调整、修订和完善，两者的责任有别，功效也不同，合二为一或彼此取代都会弱化各自作用的发挥，影响作品整体质量的提升。再次，注重发稿阶段的复查。一般来说，在实际的编辑流程中，很多编辑部习惯于在审稿加工之后便进入发排阶段，既不由编辑对稿件进行"齐、清、定"的审查，也不由作者对稿件进行复核，致使一些问题直到校对清样的时候才被发现，造成工作上的被动。林穗芳强调，加工后、发稿前必须由编辑部进行复查，复查后退作者复核，复核后再由编辑复检，之后才能办理发稿手续，签字发排。

2. 技术规范

20世纪八九十年代，林穗芳以评委身份参与了多次全国和区域性的报刊编校质量评比活动，从中发现语言文字失范的现象非常普遍和严重，这引起了他的警觉和重视。为此专门写出了《首都二十家报纸编校质量评比活动综述》《三十家省报编校质量评比结果综述》《提高编校质量，消灭报纸差错——写在我国报纸编校质量三次抽查评比之后》《提高报纸编校质量须注意的一些问题——向〈深圳商报〉汇报检查结果的发言稿》《编辑加工作业题答卷评析》和《从全国报纸抽查评比结果看语言文字规范化问题》等一系列文章，对报刊中存在的语法不通、逻辑不顺、修辞不对、用字用词不准等问题进行集中罗列归纳，并探求原因、寻找依据、开列办法。自此而后，他对编辑工作中技术性规范的强调一直没有放下，以《要正确使用祖国语言文字》《〈国家通用语言文字法〉与编辑出版工作》《提高图书编校质量：问题和措施》等综合指导性文章和《书报刊名称要使用规范字》《不该误解"海外"的内涵》《"原""前"用法例析》等具体甄别类短文的形式普及汉字规范用法，指出常见的语法、逻辑、修辞类错误。

3. 辅文规范

林穗芳对书籍辅文规范性的强调是建立在国内图书编辑出版领域

对辅文认识不足、把关松散的基础之上的。针对这种状况，林穗芳首先明确了书籍辅文的性质和意义：书籍辅文既属于书籍的内容，也牵涉书籍的形式，"从书籍辅文的配备情况可以衡量一个国家、一个出版社、一个编辑的出版文化水平的高低"[1]。这是从宏观的文化层面而言的。就具体的影响来说，辅文的主要功能在于扩展信息和提供便捷，如参考书目的列出可以让读者对书中内容的背景知识有一个全局的观照，如果想进一步了解或深入研究，也知道如何寻踪索迹、探微索隐；就一些工具书而言，科学规范的索引可以大大加快检阅速度，增加不同内容间的贯通性，极大提高书籍的使用效率。其次，对辅文进行了明确的辨识和界定。"书籍的辅文指一本书中帮助读者理解和利用正文内容的材料，以及印在书上向读者（包括购买者、利用者、书店、图书馆、资料室、科研和情报单位等）提供的有关本书的各种信息。"[2] 从辅文所处位置划分，可以分为前言、后记、书眉、脚注、夹注、标题和旁题；从功能上分，可以分为识别性辅文、说明和参考性辅文、检索性辅文。识别性辅文主要是为了介绍书籍的基本信息，如书名、作者、出版社、出版时间、开本、字数、定价和主要内容等；说明和参考性辅文则更进一步、更深入地介绍成书背景、过程和一些附属性的内容，表现形式有序言、后记、凡例和附录、参考书目等；检索性辅文包括目录、索引等内容。

4. 标点符号和外文规范

诚如林穗芳所言，标点符号总共只有一二十个，较之汉字数量堪称九牛一毛，可实际情况却是书报刊中标点方面的错误比文字上的错误往往多上数倍。究其原因，并不是标点符号比汉字难掌握，而是从编辑到读者都没有把它当作一个正经的问题来对待，一言以蔽之——不重视。林穗芳不仅是众多编辑学者中对标点的研究着力最多、著述最丰、

---

[1] 林穗芳：《书籍辅文和出版文化》，《编辑学刊》1988年第4期。
[2] 林穗芳：《谈谈书籍辅文》，《编辑学刊》1988年第3期。

贡献最大的一个,而且通过有理有据的论述和主张,将标点的使用和研究在国内提高到一个历史性的高度。其所著的《标点符号学习与应用》一书详细介绍了标点的起源、概念、种类、使用范围和功能作用,并以比较方式回顾了中外标点发展史,提取罗列了现代汉语中标点系统的特点,被学界誉为"中外标点符号综合研究的开山之作"。林穗芳的标点学研究观点主要有三。首先,标点学是一门严正的学问。这门学问既不属于文字学,也不属于语法学,标点的作用在于辅助语言文字和标示语法关系,因而相对于文字和语法,它本身是独立的,故而"有必要把研究标点的学问——'标点学'看作语言学研究领域中自成一类的独立学科,与语音学、文字学、语法学、修辞学、文章学等并立。标点学作为国际用语似可命名为'punctuatology'(英语形式)"[①]。其次,标点有广义和狭义之分。狭义的标点即约定俗成的常用标点,广义的标点则包括发挥标点作用的技术手段,如分段、起区隔作用的空格等。国家颁布的《标点符号用法》中规定了16种标点,林穗芳则结合自己的看法将其扩大至24种,另外增加了篇章号、分段号、分隔号、代字号、虚缺号、示亡号、标示号和省字号。再次,标点的使用应坚持规范性与灵活性相结合的原则。不同的作者、不同的作品各有其独特的风格,这种风格在一定程度上是通过标点符号的运用来辅助实现的,如果非要标点千篇一律,不可逾矩分毫,很多独特的风格就会被限制掉;但个性不等于随心所欲,前提应该是在遵循基本规范的基础上自由发挥,以不造成歧义、不构成阅读障碍、不形成负面引导为底线。最佳的状态就是"从心所欲,不逾矩"。

林穗芳是语言学出身,加之长期从事外文编辑工作,所以对外文的规范问题尤为敏感。外文编辑在编辑队伍中数量有限,具有理论研究意愿和专长者更少,所以外文编辑中存在的失范问题也很严重,并长期

[①] 林穗芳:《标点符号学习与应用》,人民出版社2001年版,《前言》第5页。

得不到应有的重视，国家的相关标准既不健全，也明显滞后。林穗芳在这一领域的研究倡导意义非凡。他先后发表了《古希腊语和现代希腊语文字规范的一些基本知识——为一本校对培训教材而作》《拉丁语文字规范的一些基本知识——为一本校对培训教材而作》《英语文字规范的一些基本知识》和《俄文字母用拉丁字母转写办法》等文章，以实用性、针对性为目的，引介普及外文编辑中的技术性规范，一定程度上填补了我国相关外文标准的空白。

（二）编辑出版改革

1979 年，林穗芳作为中国出版代表团成员访问英国考察其出版业。其时，中国的出版业在技术上还停留在铅与火的层次，编辑活动也全是人工操作，不假借任何电子辅助设备，而同时代的英国已将计算机运用于编辑出版活动。技术上的代差、观念上的距离，给林穗芳带来了极大的震撼和启发。他开始将目光投向国外编辑出版行业，呼吁国内业界加快技术升级和观念革新，以时不我待的急迫姿态自我革命。他说："我们已经丢掉了一个多世纪的机械打字时代，科学的进步使汉字信息与西文信息同样可以数字化，建立初级的电子编辑出版系统的费用已经降到多数出版社能承受的地步，用'光和电'取代'铅与火'的现实可能性已展现在眼前，这个千载一遇的良机不能再失了。"[①] 除了研究英国出版业，他还关注苏联、美国的业界形势，先后发表了比较中英出版业的《比较·鉴别·探讨》，比较中苏出版业的《苏联出版改革的近况和改进我们出版工作的几点建议》，比较中美出版业的《中外编辑出版研究》，并写出了国内出版改革的建议性文案——《关于出版改革实际步骤》。

在这些研究成果中，关于出版改革的实际步骤，林穗芳着重提出了两方面建议：一是加强出版信息管理与服务工作，尽早完成制作在版

---

① 林穗芳：《关于加速我国图书出版业现代化问题（上）》，《中国出版》1993 年第 10 期。

书目这一基础性工作;二是建立和发展超级书店,从根本上解决图书的备货问题。关于出版改革的宏观构想,林穗芳则从另一个角度作了论述:首先,建立强大的推销(营销)部门,以弥补国内出版界重出书不重销售的弱点;其次,对于生产型或生产经营型的出版社,应改总编负责制为社长负责制;再次,借鉴国外出版社以盈补亏的运营策略,确保更多学术著作的出版。此外,他还主张学习国外编辑出版界的成功经验和有效做法,如按需出版;改变"初版""新书""新版""重版""重印"不加细分、笼统重复计算的做法,在图书出版统计中将初版(不包括修订再版)、重版(限于版次有变更者)和重印严格区分,使图书统计数据更精准,更有参考价值;等等。

四、对电子编辑出版的关切与投入

林穗芳在其研究生涯的晚期时刻关注瞬息万变的编辑出版业界,并以更宏观、现代的视角丰富、完善个人的编辑学理论体系,尤其着力于电子编辑出版领域的研究。同时,他以更自觉的社会责任感提出编纂历时性汉语新词典的设想,希图为国家的文化建设事业再添浓墨重彩的一笔,及至生命最后一刻,这都是他念兹在兹的愿望。

(一)编辑学与文本学

国内编辑学界在界定编辑学的学科属性时,大多将其与新闻学、传播学、信息学和出版学相提并论,以为这些学科间存在着深度融合关系,林穗芳也论证过这些相关学科间的交集,与众不同之处在于他曾独树一帜地提出过"文本学"概念,并试图从文本学的角度去理解和阐述编辑学。客观地讲,文本学是一个西方概念,它不同于国内专注于目录学、版本学、校雠学的古典文献学。从某种意义上讲,西方"编辑学"概念的产生、理论框架的形成与文本学关系密切,并因对文本编辑的理解与运用不同而分化为美英底本学派、德国历史考证学派、法国生成考证学派。英语中的"文本"(text)源自拉丁语中的 texture（织物）、texere（编织），是表现作品的符号系统，早期更多地指字符、口语和图片，待多媒体出版物出现后，也涵括了音乐、动画等更多信息形式。早在公元前 6 世纪，西方学界便有了针对文本的研究，"文本学"一词正式产生于 20 世纪 20 年代，由苏联科学院文学研究所的文本学家提出。林穗芳同意某些西方学者的看法，并认为，"文本学是一切与文本有联系的学科之元科学，处于人类文化的核心地位，在理论上为编辑学的产生奠定了基础"[①]。林穗芳认为对文本编辑的研究成熟之后，从文本学中分离出来，就是独立的编辑学。

（二）电子编辑出版研究

只有弄清林穗芳编辑学理论中对"文本学"的认识和定位，才能更好地理解他在晚期研究中着力强调的电子编辑出版问题。林穗芳从 20 世纪的最后几年开始关注网络和电子编辑出版，进入 21 世纪，他先后发表了《电子编辑和电子出版物：概念、起源和早期发展》《加强电子编辑理论和实践的研究，大力培养电子学术编辑人才》等论文。从这些论文中可以发现，他的研究路径正是从西方文本研究的计算机化开始的，即 20 世纪四五十年代将计算机技术运用于文本信息检索、索引编制之际。在此基础上，他将电子出版物编辑出版的起始时间界定为用计算机编辑出版科技文献索引和文摘电子版的 20 世纪五六十年代。在林穗芳的理念中，印刷型出版物编辑手段的电子化、传统出版物的电子化呈现以及编辑出版电子出版物是截然不同的几个范畴，前者是他在早期研究中已涉猎的内容，动力源于他随考察团到西方见识了先进编辑出版

---

① 林穗芳：《加强电子编辑理论和实践的研究，大力培养电子学术编辑人才》，《中国编辑研究》2007 年第 2 期。

技术和流程之后的新奇与紧迫感；对当时传统出版物电子化的状况，他是不满意的，以为只是一种"翻录"式的转化，大多为技术型企业操作完成，没有加入出版机构的编辑特性和创新元素；编辑出版电子出版物则是他最为看重的方向，也是他所谓的"电子编辑"的真正所指。

在西方，电子编辑（electronic editing）早在20世纪60年代初就出现了，传统观点认为它是以电影、电视、音像资料为主要对象的。林穗芳将电子编辑描述为"依靠计算机和网络技术从事的编辑活动"，"基本任务是依照一定的方针和标准开发选题，组织、选择、加工稿件，使其成为可向读者/使用者提供的纯文本或多媒体的电子文本，按照他们所需要的形态加以复制传输"。[①] 他注意到，"编辑学研究的重点逐渐转向电子学术编辑，为促进编辑工作现代化、为更好地传存和弘扬本国及人类的优秀文化遗产服务，这是国际编辑学研究最近二十年的一种发展趋势"[②]。为此，他提出要从三个方向上努力，形成比、学、赶、超的良好态势。其一是纵向梳理电子文本编辑的发展史，一方面是吸收先进科研成果，另一方面是以史为鉴，免走弯路；其二是进行电子学术编辑的个案研究；其三是大力培养电子学术编辑人才，开发传统资源，推动创新发展。

（三）关于编纂历时性汉语新词典的设想

词典主要包括断代性词典和历时性词典。断代性词典立足于某个时代，汇集归纳、梳理阐释这一时期存在的词语，务求词语的收纳之全、阐释之详、书证之丰，这一类词典在所有词典中占据主体；历时性词典则以时间为轴线，回溯集纳所有字词不同时段的音、形、义，通过

---

① 林穗芳：《电子编辑和电子出版物：概念、起源和早期发展（上）》，《出版科学》2005年第3期。
② 林穗芳：《加强电子编辑理论和实践的研究，大力培养电子学术编辑人才》，《中国编辑》2007年第2期。

时序性的音、形、义"切片"贯连形成字词的演变轨迹，展示字词的"前世今生"。虽然同为词典，历时性词典的信息量更大、适用范围更广，在某种程度上具有文化流变记录载体的功用，但毫无疑问其编纂难度也是最大的，难以尽善尽美。在世界范围内出现较早、较有代表性的历时性词典是《牛津英语大词典》，我国的《汉语大词典》也属此类。

林穗芳通过对《牛津英语大词典》和《汉语大词典》的对比研究，发现后者的问题还很多，有必要加以大幅改进，或者重新制作一部历时性汉语新词典以代之。对于这部新词典，他从五个方面提出了设想架构。第一，立目词的范围。以在形、音、义上有书证者为界，以"源流并重"为原则，既不偏重于古典词，也不忽略新生词，适当选收常用的字母词，如"DNA""B超"等。第二，字形的收录。字头用楷体，依次列出甲骨文、金文、战国古文（秦国大篆、六国文）、小篆、隶书、草书、行书、俗体字，适当标注字形说明。第三，注音范围。提供上古音、中古音、近古音和现代音。现代音，除普通话注音外，还应加注主要方言音，以及通用汉字中的朝、越、日语发音。普通话用汉语拼音标注，余者以国际音标标注。第四，注明词源。无论是本土词还是外来词，主条目之下必标注词源，外来词加注外文。第五，释义的要求。遵循义项务求完备的原则，以书证之先后顺序分词性，列义项。

实际上，国内从20世纪80年代就出现了一股编纂辞书的热潮，从那时起，各种类型、不同规模的辞书争相出版，林林总总，五花八门，总数逾万种，但重复建设、定位雷同的现象十分普遍，数量虽多，却少有精品，甚至不乏粗制滥造之属。林穗芳认为，这样一部历时性词典的编纂面世可以有效解决国内辞书编纂领域的乱象，以一部精品之作示范导航，"将为编纂各种类型高质量的汉语词典奠定更坚实的科学基础"。并且作为"中华文化建设的一项基本工程，它将成为维系民族团结和国家统一的强大精神纽带，也将是人类有史以来最宏伟的文化建设工程之一,在世界辞书编纂史占有不可替代的地位"[1]。

结　语

无论是以编辑实践中成绩的多少来衡量,还是以对编辑学界的理论贡献来判断,林穗芳都堪称大家。在理论研究方面,他有自己独特的风格。首先,他注重编辑学基本概念、范畴的辨析与研究。在编辑学研究蓬勃发展的几十年时间里,对基本概念的界定可谓百家争鸣,新论迭出,但林穗芳的观点总能激起学界最大的反响并经受住时间的考验,获得相对广泛的认可和接受。诚如王华良所言——"林穗芳先生对基本概念的系列性研究,为讨论提供了丰富的材料,对讨论的深入起了很好的促进作用……为进一步的研究奠定了很好的基础。"[2] 其次,他在研究方法上注重中西比较法,强调以现实为遵循,以史料为依据。他以个人的实践经验论证审稿作为编辑活动中心环节的合理性;以史为据,判断编辑活动的历史起点;中西对比,为出版的发展改革建言献策。凡事讲究书证实据,强调理论内部逻辑的前后一致、圆融贯通,既显示了其深厚的理论修养,也为学界的研究带来了一股踏实为学的健康风气。再次,他强调理论的实践应用性和实践的理论性升华,格物致知,学以致用。这一特点与林穗芳业界、学界的"双栖"身份密不可分,一方面,丰富的实践操作经验为他的理论探索提供了强有力的支撑;另一方面,理论上的深究细察为其优化实践思路、提升实践技能增强了自觉性。比如,他对中外编辑和出版实际情况的比较研究使他开始注重国内编辑出版领域的技术改造和观念改革,而其围绕工作流程、技术操作等展开的编辑规范探讨使一些具体而微的问题上升到了理论层面,扩展了编辑学理论

---

[1]　林穗芳:《关于编纂历时性汉语新词典的设想——基于中外一些语文词典的比较借鉴(下)》,《出版科学》2004年第3期。
[2]　王华良:《我国编辑学研究的现状和前瞻》,《编辑学刊》1998年第1期。

研究的边界，丰富了编辑学的理论体系。最后，他创造的"编辑学"英译名称"redactology"在英语国家被使用、被接受，提升了具有中国特色、中国底蕴的编辑学在国内外的知名度和影响力。总之，在当代编辑学家编辑学理论研究方面，林穗芳最为人称道的是他对编辑、出版、编辑学概念的辨析与厘定，"编辑学是建立在现代'编辑'概念基础上的新兴学科"的观点，在编辑学研究中非常有影响。

第三章 学界研究型编辑学家

删繁就简　领异标新

——"文化缔构派"创始人王振铎的编辑学思想

从1949年4月李次民先生出版的《编辑学》算起，编辑学在中国诞生已有半个多世纪。作为一门独立的学科，编辑学从无到有，从小到大，经历了一个不平凡的发展历程。在编辑学学科成长发展的过程中，有一大批筚路蓝缕、以启山林的学者，为这门学科的创建、发展和完善作出了极大贡献。其中，河南大学教授王振铎以编辑理论研究的独特建树而广受赞誉。尤其是他的"文化缔构编辑"观、编辑活动"三原理"、编辑活动"六元"论、"主媒间性"特征等理论，在编辑学研究的园地里产生过不可忽视的重要影响。

王振铎（1936—2022.4），河南洛阳偃师人。1959年毕业于河南大学中国语言文学系，后留校任教。1960年开始从事文艺学的教学和研究，先后开设过文学概论、艺术概论、美学、评论写作、马列文论和中国文论等多门课程。在《红旗》《文学评论》《文艺报》《文艺理论批评》等报刊发表多篇论文。20世纪80年代，他调任《河南大学学报》编辑部，曾任《河南大学学报》编辑部主任、主编，河南大学郑州分校校长，中国编辑学会副会长等职。先后出版了《编辑学通论》（合著）、《编辑学原理论》（合著）、《汉英新闻编辑出版词汇》、《全息透视〈大河报〉》、《编辑学理与媒体创新》、《文学与编辑》等著作。其中，《编辑学原理论》一书曾多次修订再版，被誉为编辑学理论研究的一部代表性论著。在编辑学理论研究上，他从早年提出"文化缔构编辑"观到编辑活动"三原理",从编辑活动"六元"论到编辑活动的"媒介间性"特征和"主体间性"特征,每一个独特的创新和洞见,都在编辑学界引起不小的反响;他的编辑活动起源论、孔子的编辑家身份论、编辑学的学科体系建设与高层次人才培育思想,也都产生了重要影响。[1] 更难能可贵的是,他的编辑学研究,形成了一个以编辑创造媒介为核心的相对独立完整的普通编辑学理论体系。下面主要从学理层面来审视和总结王振铎的编辑学研究和贡献。

一、提出编辑本质是创造媒介的观点

一个学科理论的建构总是围绕一些基本概念范畴展开的。"编辑"概念是编辑学研究最重要的一个概念范畴,它既是编辑学研究的逻辑起点,也是编辑学理论建构的基石。在编辑学创立初期,老一代编辑学人围绕"编辑"概念进行了深入探讨,形成了各具特色的"编辑"概念。比如,王华良从出版中间环节的角度出发,给编辑下了这样一个定义:"编辑,是适应精神文化领域里生产和消费的社会化需要而逐步形成的一种社会分工。编辑活动是属于出版(传播)活动一部分的,以协调、沟通传者(作者)和受众(读者)的供求关系为基本目的,以发现、选择、组织、优化精神文化产品以供复制、发行的文化专业活动。"[2] 林穗芳从编辑工作的内容构成出发,下了这样一个定义:"依照一定的方针开发选题,选择和加工稿件以供复制向公众传播。"[3] 与以上编辑概念不同,王振铎的编辑概念是从文化视角出发,最后落脚到媒介,前后经历了一个不断深入和完善的过程。

---

[1] 最明显的例子是 20 世纪八九十年代在编辑学理论论争中,有相当一批文章对王振铎的文化缔构编辑观、孔子的编辑家身份论进行过或褒或疑的论述。
[2] 林穗芳等:《众说纷纭话"编辑"》,《中国编辑》2002 年第 1 期。
[3] 林穗芳等:《众说纷纭话"编辑"》,《中国编辑》2002 年第 1 期。

1988年，在《文化缔构编辑观》一文中，王振铎提出了文化缔构是编辑活动的本质属性的观点。他说："作为一种社会活动，编辑把人类个体的、分散的、独特的精神创造物，如原始文献、档案资料、著作手稿等符号系统，按照一定的社会规范和价值标准，有目的地加以审理组织、分类编排，缔结构造成为整体的、社会通行的文化知识建筑物。"[①]在他看来，编辑活动只有放入文化学的视野里审视才能抓住其本质属性。他指出："我们从人类文化建设的实践角度来考察编辑学，很容易从宏观方面认识它的文化缔构的特征。编辑学研究的重点，正是人类运用文字图像等符号系统进行文化缔构和文化传播的基本规律。"[②]他强调，从文化学的视角来认识编辑活动，不仅更容易抓住编辑活动的宏观特征，而且能更准确地认识编辑活动的作用和价值。在《编辑学通论》一书中，他说："考虑到在出版业之前和出版业之外还大量地存在着编辑活动，也考虑到单纯地为出版而从事的编辑活动的商品生产的局限性，我们强调编辑活动在缔构社会文化方面的整体价值。"[③]由此可见，王振铎提出的文化缔构编辑观，最初是从编辑活动的社会功能和社会价值的角度来认识编辑活动本质的。这样一个认识视角，一开始就赋予了它以大编辑的认识视野，使得论者跳出出版来认识编辑活动。但是，由于文化概念本身的宽泛性，文化缔构编辑观甫一刊出，就引发了学界的诸多疑问。一些学者认为，这一观点在编辑工作对象界定上存在着概念"泛化"的问题。比如，1989年，王华良在《试论界定"编辑"概念的方法论问题》一文中提出，编辑概念的界定要注意方法论问题，要努力从编辑活动和著作活动的区别和联系中探寻编辑活动特有的属性。他认为，现实中的编辑理论研究存在着概念界定泛化的问题。他以文化缔构编辑观为例，指出"作者把编

---

① 王振铎：《文化缔构编辑观》，《河南大学学报（社会科学版）》1988年第3期。
② 王振铎：《编辑学刍议》，《出版发行研究》1988年第4期。
③ 王振铎、司锡明：《编辑学通论》，河南大学出版社1989年版，第16页。

辑活动这个概念泛化为人类的文化缔构活动"①，最终导致的结果可能是"整个研究的对象和目标就发生了明显的转换和错位"②。王华良的这一疑问，实际上是对文化缔构编辑观编辑活动缔构特性的疑问。换言之，编辑的文化缔构和作者的文化创构有什么区别，编辑活动文化缔构的结果是什么？针对王华良的疑问，在《编辑学学科建设与编辑概念的发展》一文中，王振铎给予了积极的回应。他说："我们强调编辑的组织缔构作用，并不容易同文化创造（著作活动）、文化接受（阅读活动）相混淆。因为'缔构'最突出、最显豁的意思是缔结构成为整体。我们如果把著作—编辑—阅读这一精神文化活动的全过程比作整个机器生产过程的话，著作如同对各个部件的生产（从无到有的创造），编辑犹如对各个部件的检验和组装（把已有的东西挑选，组装成新的、可用的整体），阅读则像对机器的使用（享用现在的整个产品并提出反馈需求）。"③在王振铎看来，文化缔构编辑观不仅没有混淆编辑活动和著述活动的区别，恰恰相反，文化缔构这一编辑本质特征的提出，更加鲜明地指出了编辑活动和著述活动共同作为文化创造活动的不同特性——作者的著述活动更多的是一种零部件的单个产品的创构，而编辑活动则是在作者创构基础上的单个产品的缔构集成。

1998年，在《编辑学原理论》一书中，王振铎总结了此前对文化缔构编辑观的论述，并在此基础上明确地提出了"编辑"的概念，即"审选设计精神产品，编构传播媒体的文化缔造活动"④。在这里，他已经意识到编辑文化缔构的范围和属性问题，即媒介文化是编辑活动的根本对象。在这个概念中，他还进一步阐释了媒介文化与人类整个精神文化结构的关系，他说："编辑是通过稿本、定本和文本，与作者、读者互相

---

① 王华良：《试论界定"编辑"概念的方法论问题》，《编辑学刊》1990年第4期。
② 王华良：《试论界定"编辑"概念的方法论问题》，《编辑学刊》1990年第4期。
③ 王振铎：《编辑学学科建设与编辑概念的发展》，《编辑学刊》1991年第2期。
④ 王振铎、赵运通：《编辑学原理论》，中国书籍出版社2004年版，第74页。

交流的创造性社会文化活动,其结果是造成人类精神文化结构。"①2009年,王振铎又进一步完善了他的文化缔构编辑观,将其发展为编辑活动的本质是创造媒介这一观点。在《编辑创造媒体论》一文中,他明确地提出编辑创造媒介论。他说:"编辑工作是对人类精神文明成果进行鉴审、遴选、整合,并作整体性提高,而后创造成新的媒介,传播文化于社会。"②对此,他进一步解释道,编辑缔构文化活动的过程从本质来讲就是创造媒介的过程。他说:"对于编辑来说,任何既有的作品都是他创造媒介的零部件。新生代编辑把一切既有的文化产品都视为重新创造而需要开发的各种资源,通过全新的媒介技术,构成更新的媒介整体。"③正是在这个意义上,王振铎认为,创造媒介是编辑活动的本质,创新媒介是编辑的历史使命。不难看出,从文化缔构编辑观,到媒介文化缔构,再到创造媒介编辑论,王振铎的编辑本质论经历了一个不断修正和完善的过程。在创造媒介编辑本质论确立之后,原本宽泛的文化缔构被较为明确的媒介文化所限定,原本模糊的文化缔构目标被确定为媒介,由此实现了他的编辑概念认识的一个质的飞跃。

二、探索编辑创造媒介的基本规律

在编辑学研究中,编辑规律的认识和探究是一个核心命题,也是编辑学理论体系逻辑建构的主要内容。编辑学研究的根本目的就是探究编辑活动的基本规律,从而更好地指导现实实践中的编辑活动,增强编辑人员从事编辑工作的理论自觉性。在文化缔构编辑观提出之后,王振铎又提出了符号建模编辑论和讯息传播编辑论。在《编辑学原理论》一书中,他将这三个论述整合为三条原理,作为编辑活动的基本规律。他

---

① 王振铎、赵运通:《编辑学原理论》,中国书籍出版社2004年版,第74页。
② 王振铎:《编辑学理与媒体创新》,河南大学出版社2010年版,第256页。
③ 王振铎:《编辑学理与媒体创新》,河南大学出版社2010年版,第257页。

说:"编辑学的基础理论应包括三个基本原理:文化缔构原理、符号建模原理和讯息传播原理。一切编辑活动大体上都是以这三条原理为基础的。这三条原理可以说概括了编辑活动的普遍规律。"①编辑学三原理的提出,是王振铎在编辑概念基础上对编辑学研究的进一步拓展和深化,标志着他向编辑学理论体系逻辑建构的努力和进步。在这三条原理中,文化缔构编辑原理是对编辑本质的认识,被称为"第一原理"或"最基本原理",规定着另外两条原理的存在和运行。对此,王振铎这样说:"文化缔构编辑观,不同于那种就事论事把目光盯住于具体编辑经验的观点,主要从宏观上考察研究编辑活动,抓住了编辑活动的缔构特性,即组织整合构成的特性,确定了编辑活动的本质意义。"②在对文化缔构这一最基本原理的论述中,王振铎主要论述了两个问题:一是文化缔构的基本原则;二是文化缔构的基本类型。他认为,编辑活动在文化缔构过程中主要遵循四条原则:积淀性原则、选择性原则、系统性原则和传导性(或教育性)原则。这四个原则,是他对编辑活动整体文化缔构功能性质的一种认识,实际上赋予了编辑活动的文化缔构方式以四种不同的认识视角,即分别从文化传承、文化扬弃、文化空间和文化传受的视角来认识编辑活动的文化缔构功能属性。在此基础上,他还总结了编辑文化缔构的三种基本类型:创构类型、组构类型和集成类型。创构类型文化更注重文化产品的首创性或独创性,组构类型文化更强调对现有文化产品的组合构造,集成类型文化更注重囊括所有的集合整编。很显然,他对文化缔构类型的划分更多的是从传统图书出版的角度来进行的。这就造成划分过于简单化,同时无意地忽略了其他媒介形态的文化缔构特征。事实上,这三种类型的划分从概念上也与编辑文化缔构本质特征认识存在着逻辑矛盾。因为"缔构"一词已经明确了编辑产品的创

---

① 王振铎、赵运通:《编辑学原理论》,中国书籍出版社2004年版,第18页。
② 王振铎、赵运通:《编辑学原理论》,中国书籍出版社2004年版,第19页。

造类型，即是在作者既有产品基础上整体组装构造。从组构类型本身来讲，好的组构实际本身就可能是一种创构，而再好的编辑创构也是对作者现有作品的组合加工。

符号建模编辑原理的思想资源主要来自符号学，是从符号学视角对编辑活动基本规律探索的一个大胆尝试。正如王振铎所说："编辑活动，从符号学的视角来看，主要是应用种种符号来建造各种文体模式与媒体模式，即创造媒介载体的活动。"[①] 在符号学的视野下，编辑缔构文化的过程就是运用各种符号来创造媒介的过程。而这种创造媒介的过程又包括两个步骤：一是建构各种文体模式，二是建构各种媒体模式。王振铎认为，所谓文体模式就是构成媒体内容的各种具有规范性和契约式的作品体裁模本或样式；而媒体模式则是在文体模式的基础上综合创构的各种媒介类型。从本质上来说，符号建模原理是从编辑学的角度探讨符号与媒介的关系，指出了编辑活动从某种意义上来说就是一种符号媒介化的过程。在符号媒介化过程中，编辑活动起着不可或缺的重要规范和创构作用，是符号形成媒介的一个重要的力量源泉。这样一种认识视角，无疑拓展了编辑活动认识的理论视野，将丰富多彩、形态多样的编辑活动的对象确定到人们可以共同认知把握的符号概念上来。更重要的是，在分析符号媒介化过程中，王振铎认识到贯通各种形态编辑活动的一个共同的概念就是由符号经过编辑缔构而成的媒介，而这正是其文化缔构编辑观发展到编辑创造媒介论的一个至关重要的思想来源。

讯息传播原理是从信息论和控制论的角度对编辑基本规律的一种把握。王振铎认为，从信息论和控制论的角度来看，编辑过程就是一个运用媒介更好地进行信息传播的过程。他说："编辑活动遵循着讯息传播原理运行，便形成这样一条规律，即采集有关讯息，选其所需要者，加以智化整理并且编为特定的符号模式，构成完整的传播媒体，借以实

[①] 王振铎、赵运通：《编辑学原理论》，中国书籍出版社2004年版，第21页。

现最佳的传播效果。"① 在对这一原理论述的过程中，王振铎创造性地提出了两个问题。一是编辑工作在信息传播的系统控制中发挥着无可替代的重要作用。他认为，这一点主要表现在编辑活动实现了信息传播从无序到有序、从不确定到确定、从不规范到规范等转变上。二是编辑活动与信息传播的三个"度"有着密不可分的关系。那就是编辑活动直接影响到媒介信息传播的速度、广度和深度问题。从本质上来说，讯息传播原理实际上是在探讨编辑活动的价值实现问题，或者说是编辑活动的目的问题。如果将王振铎的编辑活动三原理综合考察，可以看出，文化缔构编辑原理是在探讨编辑活动的本质，符号建模原理是在分析编辑活动的过程，讯息传播原理是在认识编辑活动的目的，由此形成了一个层次分明的规律体系。

如同对编辑概念的认识一样，王振铎的编辑活动规律研究也经历了一个不断修正、完善的过程。尽管编辑学三原理分别从编辑活动本质、过程和目的三个层面，从文化学、符号学和信息论三个视角对编辑活动的基本规律进行了深入探索，但是，这种探索更多地基于编辑活动的内部运行机制，而无意地忽略了编辑活动与外部社会活动的作用关系。2005年，在《编辑活动的规律和特点》一文中，王振铎进一步修正和完善了他对编辑活动基本规律的认识。从辩证唯物主义出发，他指出规律是一种不以人的意志为转移的事物运动过程中本质的必然的联系，这种联系有主次之别、内外之分。因此，编辑活动的基本规律也有内外之分、主次之别。他认为，编辑活动作为整个社会的一个小系统，不可避免地要受到其外在社会环境的影响。他指出，编辑活动的外部规律就体现在编辑活动与外在社会的政治、经济、文化、科技等活动之间的联系和矛盾中，外在社会活动制约着编辑活动的整体运行，同时，编辑活动又反作用于其他社会活动。他说："编辑活动的外部规律是编辑

---

① 王振铎、赵运通：《编辑学原理论》，中国书籍出版社2004年版，第21页。

活动跟其他社会活动之间的相关性规律，也就是编辑和其他事物之间相关联的本质关系。"① 在此基础上，他还指出了编辑活动外部规律和内部规律之间的关系。他强调："外部矛盾是其存在条件，内部矛盾是其存在的根据。编辑活动的外部规律是其普遍性的表现，内部规律是其特殊性的表现。两者相辅相成，构成编辑活动基本规律或整体规律。"② 这样，王振铎的编辑活动规律研究就形成了一个内外结合、主次分明的有机体系。在这个体系中，以"三原理"为核心的内部规律是其研究的着力点，显示了他对编辑活动内部特殊矛盾的对立统一关系的一种深刻认识和把握。当然，相对于内部规律的研究，外部规律的研究显得稍微薄弱。比如，他虽然指出了编辑活动与政治活动、经济活动和科技活动的相互作用问题，但是没有深入揭示这种双向作用的机制，以及这种作用对编辑内部规律的影响。

在王振铎的编辑规律研究中，还有一个不可忽视的独特创论，那就是编辑活动"六元"论。"六元"论是从矛盾论视角对编辑创构媒介过程的一个微观透视。王振铎认为，从矛盾论视角出发，编辑活动又是一个由编辑活动主客体元素交互作用的矛盾运动过程。编者、读者和作者构成了编辑活动的主体元素，文本、稿本和定本构成了客体元素。为了更清晰地分析"六元"的交互作用，他借鉴几何学中的黄金分割原理，创造性地绘制了一个"六元"交互作用的"场景"模式图。他认为，编辑"六元"交互作用的过程，实际上就是编辑协同作者和读者共同缔构媒介的一个过程。他说："以'六元'构成的编辑活动，实际上是作者、编者和读者以'文本［稿本（+）定本（+）传媒］为中心，共同参与文化创造的'活动场'。"③ 透过这个"六元"交互作用的"场景"图，可以看出，媒介在三个主体元素的缔构过程中，经历了一个从文本到稿本

---

① 王振铎、胡义兰：《编辑活动的规律和特点》，《出版科学》2005 年第 5 期。
② 王振铎、胡义兰：《编辑活动的规律和特点》，《出版科学》2005 年第 5 期。
③ 王振铎、赵运通：《编辑学原理论》，中国书籍出版社 1997 年版，第 65 页。

再到定本这样一个交复往返的螺旋式上升的转换生成过程。王振铎编辑活动"六元"论的提出，对于编辑活动基本规律的研究有着相当重要的意义：一是它将马克思主义矛盾论中的主客体概念引入编辑学研究，更加深入地展现了编辑活动的内部形态构成；二是"六元"交互作用的场景模式图，第一次尝试以数理形式来认识编辑活动内部规律的微观运行机制，为媒介文化缔构发生机制的认识提供了一个更加细微和直观的视角。因此，如果说"三原理"是王振铎对编辑活动内部规律的一种宏观层面的认识的话，那么"六元"论就是对"三原理"运行机制的一种微观呈现，它构成了王振铎编辑活动内部规律认识的一种有效补充和深入拓展。

编辑活动"六元"论是如何形成的，即王振铎是受到什么启发而在编辑学研究中创构了这样一个带有浓郁数理色彩的场景模型图呢？实际上，这种通过场景模型的图解方式来认识事物运动过程的思维，在他早年的文学研究中就有不少痕迹。在之前的《文学导论》一书中，他就用图解的方法创构过一个"文学构成的场景模式图"。在这个场景模式图中，他大胆地借鉴了美国著名文艺理论家阿姆斯特丹《镜与灯》一书中将文学创作的过程视为现实—作家—作品—读者—现实这样一个循环递进作用的过程的观点。[①] 所不同的是，他吸收了阿姆斯特丹的这一文学"四元"构成要素论，但将"四元"循环递进的作用关系，提升到一个交互作用关系的认识层面。在此基础上，他创新性地提出了文学创作的"四元场景图"。很显然，编辑活动"六元"论正是他对文学活动"四元"论的一种再造和借鉴。有点遗憾的是，在绘制"六元"作用关系图的过程中，似乎存在着一个不容忽视的概念疏漏。按照王振铎的观点，文本是既有的文化结构，稿本是作者的产物，定本是编辑作用的产物。在"六元"活动场中，虽有读者活动一元，却没有与之对应的客体元素指

---

① 王振铎等：《文学导论》，文心出版社1998年版，第6页。

称。实际上，读者活动的对象既是编者的"定本"，又不是"定本"，它是在接受媒介过程中按照自己的人生经历、阅读体验而形成的一个"读本"。这个"读本"，既不是文本，也不是稿本，它是属于读者接受的一个"读本"。这个"读本"对作者的创作、编者的编辑工作，都发挥着不可忽视的作用。如果不承认读者"读本"的存在，在编辑活动"六元"中就存在一个读者主体作用对象缺失的问题，同时，也难以回答或说明读者在编辑创造媒介过程中的作用问题。

三、寻绎编辑活动原理的哲学依据

在编辑学理论体系建构的过程中，王振铎还开创性地对编辑活动原理的哲学依据进行探寻，即如何从更高的抽象层面来认识编辑活动的基本原理。为此，他提出了"主体间性"和"媒体间性"两个概念。其中，"主体间性"是西方现代哲学的一个专业术语，意指主客体各种元素关系的平等视野和交互作用关系，它是对传统哲学中将主客体关系对立观念的一种反驳，认为主体元素之间，甚至主客元素之间不是一种对立的关系，而是一种交互作用的关系。到了德国哲学家哈贝马斯那里，"主体间性"成为他的交往行为理论的一种重要思想资源。哈贝马斯认为，主体之间的平等交流对话，才是人类一种理想的交往模式，是人类社会走向和谐大同的必由之路。王振铎将"主体间性"理论运用到编辑规律的研究中，提出编辑活动也具有"主体间性"特征，并认为"发现了编辑活动的'主体间性'特征，找到了编辑科学的学理"是中国编辑学研究的一大发现。他说："编辑主体在其从事的创构文化媒介活动中，都充溢着、发散着一种被称为'主体间性'或'交互协同性'的差异互补或矛盾统一的文化共处相生哲理。"[①] 他认为，在共同

[①] 王振铎：《编辑学理与媒体创新》，河南大学出版社 2010 年版，第 8 页。

缔构媒介的过程中，编者、作者和读者"三元"之间不是一种各自为政的互不相通关系，而是一种协同创造的交互作用关系，这种交互作用关系用抽象的哲学术语来指称就是"主体间性"。对于编辑活动"主体间性"特征的内涵，他深入地分析道："编辑主体创造媒介的过程，从来不是孤立的，而是与作者主体、阅读主体交互创造于一个共通的时空场境之中。"[①]

与编辑活动的"主体间性"概念相比，"媒体间性"概念更有创造性，是王振铎对编辑活动原理哲学观照的一个创造性认识。如果说，"主体间性"是对编辑"六元"主体构成元素关系的抽象概括，那么，"媒体间性"特征则是从整体视野对编辑"六元"客体构成元素关系的抽象概括。在谈到什么是"媒体间性"这一问题时，王振铎这样说："在不断解构老媒介、缔构新媒介的交互过程中，新媒介总是神不知鬼不觉地悄悄吸收着并消化着老媒介'味道鲜美的肉'，形成日日新又日新的文化内容。在'逝者如斯'的人文传播历史中，图书、报纸、期刊诸版本中，广播节目、电影银幕、电视、网络频道与手机荧屏等各种媒介载体，无不突出显示着应该称之为'媒体间性'的多重交互性特征。"[②] 从本质上来说，王振铎所谓的编辑活动的"媒体间性"关系，就是指不同的编辑客体——媒介——在共时和历时的编辑实践中存在着交互作用的关系。这种作用关系表现在三个方面，一是共存互补性，二是交互作用性，三是转换生成性。共存互补性是指，无论是共时的编辑实践，还是历时的编辑实践，由编辑主体元素所创构的编辑客体——媒介——都不是相互排斥的，而是共容互存的。从历时的角度来看，一种媒介的出现，并不是以另一种媒介的必然消亡为前提的。相反，新媒介的出现总是离不开旧媒介的影响和推动。交互作用性是指，编辑活动所缔构的媒介，不仅

---

① 王振铎：《编辑学理与媒体创新》，河南大学出版社2010年版，第8页。
② 王振铎：《编辑学理与媒介创新》，河南大学出版社2010年版，第12页。

具有静态意义的共存互补性，而且具有动态意义的交互作用性。它们之间不仅互补，而且互动；不仅共存，而且共生。转换生成性是编辑活动"媒体间性"特征的最高层次，意谓不同媒介在编辑主体元素的主导作用下可以相互转换形态，实现同一主题或相近主题内容的不同媒介形态表达。当下流行的"全媒体"出版，由编辑主导将同一主题内容的图书以传统书籍、网络、电子书和手机等不同媒体形态同步出版发行，实际上正是媒介间转换生成性的表现形式。"媒体间性"概念，是王振铎在提出编辑活动"主体间性"概念，即主体交互作用关系后的又一重要创见。

在谈到为什么要创造这两个概念时，王振铎说到了两个原因。一是中国编辑学研究与西方传播学研究进行学术研究接轨的需要。在他看来，在西方传播学研究和哲学社会科学研究中存在着"主体间性"和"文本间性"的概念，谈的正是编辑活动规律的主客体元素关系问题。当然，为什么要进行这种接轨，深层原因则在于他对编辑学与传播学两个学科关系的认识。二是"从更高的科学理论视角考察和认识目前世界面临文化媒介产业的理念创新与技术创新的现代化进程"的需要。这种更高的科学理论视角就是哲学视角，即更高的抽象层面来认识编辑活动的基本原理。编辑活动基本原理的哲学观照，的确是编辑学下一步研究的一个重要方向。因为只有从哲学层面来认识编辑活动基本原理，编辑学理论的逻辑建构才能有更深广的理论厚度和思想视界。当然，需要指出的是，"主体间性"和"媒体间性"还不足以涵盖编辑活动主客体构成元素的交互作用关系。在编辑活动的主体元素和客体对象媒介之间，也有着交互作用的关系。编辑活动的主体既创造了媒介，同时又不可避免地受到媒介的反作用。从这个角度来说，是不是还应该创造一个"主媒间性"概念来抽象编辑活动的主客体作用关系呢？

四、确立编辑学学科体系的基本构成

关于编辑学的学科意识和学科思想，王振铎既是一个理想主义者，也是一个现实主义者。说他是理想主义者，是因为他自始至终都坚持认为编辑学是一门中国人独立创造的人文社会科学；说他是现实主义者，是因为他的学科意识和学科思想是随着媒介媒体的变化、编辑出版实践的发展、编辑出版学教育改革的形势而发展变化的。从20世纪80年代的编辑学到20世纪90年代末至新世纪第一个10年的编辑出版学，再到近几年的传播媒介学，他的学科理念是发展的、连贯的、循序渐进的；他的学科体系构成包括编辑学的编辑史、术、论，编辑出版学的编辑与出版，以及传播媒介学的"冷""热"媒介互联、互通、融合、创构、创造。即以编辑学基本概念为逻辑起点，以古代中国编辑实践为历史起点，以建立普通编辑学理论体系为宗旨的第一阶段；进而升级为将编辑的文化内容与出版的工商产业融为一体的编辑出版学环链的第二阶段；再晋升为融媒境界或数字化云媒境界的传媒学科第三阶段。编辑学—编辑出版学—传播媒介学，虽内涵、外延越来越丰富，名称概念越来越抽象，但学科逻辑清晰，学科思想相互承继，具有系统、连续、一体化发展的整体性、完备性。

在涉足编辑学研究之初，王振铎就有着鲜明的学科意识，认为编辑学是一门独立的专业学科。针对当时社会盛行的"编辑无学"观念，他从历史和现实两个层面给予了批驳。他认为，编辑活动作为人类一项基本的社会实践活动，在中国有着源远流长的文化传统，中国历史上关于编辑工作的学问，从仓颉造文字符号到孔子编辑六经成书，举不胜举。但是，在他看来，"编辑的学问并不等于编辑学"。编辑学更多的是一种学科概念，是"与其他学科并存的一门新的学科"。这门学科在中国不仅有着丰厚的历史文化传统，而且有着"鲜明的时代特点和科学特点"，是一门方兴未艾的新兴学科。在谈到编辑学学科性质时，他认为

编辑学是一门综合性的人文社会学科。他说："编辑学是一门社会文化缔构工程科学，它兼有社会学、文化学、工程学的一些特性"①，"编辑学贯穿于古今中外一切传播媒体，是一门创造性、综合性极强的基本学科"②。

　　作为一门独立学科，编辑学由哪些学科内容构成呢？王振铎认为，编辑学学科体系不仅包括编辑学基本理论、编辑历史和编辑业务研究，还包括各种不同媒体的部门编辑学或分支编辑学。在他看来，分支编辑学虽然术业不同，门类繁杂，但是它们在整个编辑学学科体系中也有着重要地位。他说："如果说整个编辑学的学科体系是一棵树，编辑学的基本理论是它的树根和主干，各种部门编辑学及其编辑活动的历史，则如它的枝叶、根干，枝叶互相依存才是一个有生命力的体系。"③ 在分析编辑学学科体系的过程中，有一个无法回避的问题，就是编辑学与出版学、传播学以及相邻学科的关系。王振铎不认同编辑学从属于出版学的观点。他认为，编辑学和出版学是相互联系却内容不同的两门独立学科。编辑学的研究对象是普遍存在于古今中外各种媒介活动中的编辑实践，而出版学是研究书刊印刷、出版管理和发行经营的。研究对象的不同，决定了编辑学和出版学是两门内容不同的学科。在王振铎看来，编辑学和出版学虽然各自独立，但是又在研究内容上紧密相连，是一种"共生与耦合"关系。他说："编辑学主要以研究如何创新媒介的文化内容为核心价值；出版学主要以研究如何复制种种媒介的载体形态，提高传媒功效为其核心价值"，"……文化内容离不开载体形态，载体形态也离不开文化内容"。④ 这种"共生与耦合"的关系，主要表现在"编辑的审选编校等业务流程与出版的排、印、装、发等工作环节又彼此联系、

---

① 　王振铎、司锡明：《编辑学通论》，河南大学出版社 1989 年版，第 21 页。
② 　王振铎：《编辑学理与媒体创新》，河南大学出版社 2010 年版，第 183 页。
③ 　王振铎：《编辑学理与媒体创新》，河南大学出版社 2010 年版，第 422 页。
④ 　王振铎：《编辑学理与媒体创新》，河南大学出版社 2010 年版，第 427 页。

相互生发、互动推进"① 上。也就是说，编辑精心创造的文化母本，需要大量而快速地复制"文本"，向广大地区的众多人们传播；出版精心制作的文本媒介也需要味道鲜美且营养丰富的精神内容，才能满足大众（读者、观者、听者）阅读和视听的文化需要。正是从这个意义层面出发，他提出编辑学和出版学是一个学科链——"编辑与出版，'内圣外王'一条链"②，可以合并为"编辑出版学"。2009 年，在《编辑学学科体系已臻成熟——编辑出版学研究 60 年》一文中，他从学科建设高度对编辑学研究 60 年的历史进行了回顾。他指出，经过 30 年的发展，编辑学概念已构成范畴体系，编辑学的学科链条已臻于形成，编辑学学科发展已"三十而立"。在此基础上，他明确建议国家在修订"新闻传播学"这个学科专业目录时，应该将编辑出版学单列设置，作为一个一级学科来建设和发展。他说："抓住编辑学与出版学这个学科链，既有利于分别研究编辑学和出版学的学科体系，也有利于综合建设编辑出版学这个在专业教育、培养人才方面十分重要的一级学科。"③

应该说，王振铎的这些学科思想，与其长期从事编辑出版学教育实践密不可分。在进入编辑学研究之始的 20 世纪 80 年代初，王振铎在河南大学学报编辑部先是办省内、国内的编辑培训班，然后开始招收编辑学硕士研究生，从那时到他 80 岁左右一直奋斗在编辑出版学专业第一线。与此同时，他还注意到要将编辑实践、编辑学研究和编辑学教育贯通起来，大力提倡产、学、研一体化发展，尤其是要有独立自主的学科意识。他说："编辑出版学是一门内容丰富，既有系统理论学说、媒介传播技术，又有广泛产业实践；既创构先进文化思想，又推动信息整流；既有综合性、横断性又有交叉性、渗透性的学科体系。"④ 他认为，

---

① 王振铎：《编辑学理与媒体创新》，河南大学出版社 2010 年版，第 423 页。
② 王振铎：《编辑学理与媒体创新》，河南大学出版社 2010 年版，第 428 页。
③ 王振铎：《编辑学理与媒体创新》，河南大学出版社 2010 年版，第 428 页。
④ 王振铎：《编辑学理与媒体创新》，河南大学出版社 2010 年版，第 405 页。

编辑出版学的学科体系应建立在对编辑出版工作全部要素、全部过程进行全方位整体研究的基础之上。编辑出版学的学科体系框架，可以按专业基础理论、相关专业机构内各部门业务基本知识、活动要素知识、宏观环境知识、技术方法知识五大模块来构建。他特别强调，学科建设在贯通编辑实践、编辑学研究和编辑出版学教育中的不可替代的引领作用。

不仅如此，在王振铎看来，中国的编辑学、日本的出版学、美国的传播学，作为三个科学术语，基本上属于同一个大的学科范畴。早在2010年出版的《编辑学理与媒体创新》一书里，他就深入探讨了编辑学、出版学与传播学三位一体的学科建设问题。他说："目前，在中国，编辑学的研究、出版学的研究与传播学的研究，基本上是从三个不同的视角或不同的向度、不同的层面，以不同的方法和路径，研究大体同一个复杂的对象——媒介文化的编创构成与媒介载体的经营复制与多渠道、大批量、快速度的发行传播，包括面向市场的大众文化播放与面对小众的专门文化传播。其目的都是通过文化媒介掌控信息传播权……"[①]正是基于这样的学科理念，面对21世纪以来媒介技术强势发展的洪流，从传统纸质媒体编辑到电影电视广播编辑，从网络屏幕、移动视频编辑到各种各样的版文化、幕文化、影文化、视频文化、音频文化的高度融合，王振铎审时度势，提出作为传统编辑文化内容与出版产业融为一体的编辑出版学环链只是个过渡，串联编辑学、出版学、传播学为一体的传播媒介学，才是编辑学发展的第三个阶段、第三个境界。在发给笔者的微信文档中，王振铎是这样说的："当下，就是如何创新传媒境界，即通过网络交互、多媒体融合，形成全球区块链互联互通，造成整个世界性信息畅通无阻的高科技结构体系，为人类命运共同体的建设服务。这就是我们学科建设追求的全球化的第三境界"，"我们搞的编辑学——编

[①] 王振铎：《编辑学理与媒体创新》，河南大学出版社2010年版，第122页。

辑出版学—传播媒介学，与西方现代的新闻学—新闻传播学不同，富有中华民族特色和毛泽东思想、习近平思想特色，也包括传统文化与当代文化学科建设的新特色"，"这整个学科建设的道路，是不是40年来最有中国特色的新文科建设的实践呢？甚至不仅是新文科，还包括一切的其他新学科。"至于学科体系构成，他说："在高等教育教学中，学科建设的序列，常常是层级的。一级学科中，包含至少三到五个二级学科，二级学科中又包含至少两三个专业或技术性或资料性诸专业。专业之下，还可开设若干门课程。加上公共课，数据和算法，统计与制图极专极细的小学分课程，就可以成为一个大的学科体系和课程系统。"在他看来，学科序列问题，或学科结构的组合问题，必须尊重科学的特殊规律。他强调，虽然在我们进行到传播媒介学这个最高境界时，也吸收欧洲的法兰克福学派和加拿大多伦多学派不约而同对美国战争学派的理论讨伐，吸收两家的合理思想和进步理念，但它整体上是从我国历史实践和现代革命实践中产生和论证的新学科、新体系，是中国特色的"人体延伸"，特别是头脑和神经中枢延伸发展而形成的社会主义特色的媒介学说。由此可见，王振铎的学科建设思想是随着社会实践的发展而与时俱进的，不管是他最初强调的编辑学是一门独立学科，还是编辑出版学是"内圣外王"的学科体系，以及后来倡导的传播媒介学，都是一脉相承的。这既得益于王振铎深刻的学养、睿智的思想、创新的思维，也与时代环境、社会思潮、文化生态、媒介变革等因素紧密相关。因此，从某种程度上说，他的这一学科建设思想，既是40年来中国编辑出版学教育实践的产物，也是中国编辑出版学教育健康发展的重要成果。

五、探寻编辑活动起源与认定孔子编辑家身份

编辑学界围绕编辑起源和孔子是不是编辑家有几种不同的认识，当年的论争也非常激烈。王振铎作为论争的一方，明确提出了编辑活动

起源于殷商时期甲骨文和孔子是当之无愧编辑家的重要论断。

（一）关于编辑活动的起点

关于编辑活动的起点，当年有编辑起源于正式书籍诞生的观点，有编辑发始于出版业形成的观点。王振铎不同意上述观点。在《由甲骨版片探编辑出版之源》一文中，他说："在源远流长的中国文化史上，编辑活动与出版活动渊源相同而流变有别。作为审理缔构人类精神产品的编辑活动与作为储藏文化讯息制作传播媒体的出版活动，原本是精神内容与物质形式辩证统一的文化事业。二者的历史渊源大体是一致的。"① 他认为，编辑活动本质是审选编构，加工完善成"定本"，而出版活动本质则是储藏于物质，传播于世。在此基础上，他认为编辑活动起源于殷商时期的甲骨文献。他说："研究甲骨文版的撰写、编辑、刻制、储存与读验、传授等问题，事关中国编辑出版活动的起源和发展，对我国编辑学和出版学的学科建设大有裨益。这是关乎整个中国出版文化的历史观问题，绝非仅仅是个'书史'问题。"② 为了更好论证这个观点，他围绕甲骨文献的整理活动进行详尽分析，说明了甲骨文献整理过程中的编排观念。他说："甲骨文献是刻契在龟甲兽骨板上，表示一定内容意义的文字。每一版文字都构成一个特定的版面，每一个版面的布置都经过一次精心的编辑安排。"③ 他揭示了龟甲版面编排的"疏密有致"。他说："甲骨卜辞是十分注意版面编排的，尽量做到字体大小相配，行款错落有致，给人以活泼之感。应该说，这就是中国最古老的编辑术。"④ 他还说明了甲骨文献版与版"编连成册"的内在关系。他以龟甲卜辞为例，揭示了不同版面"编连成册"的具体过程。

---

① 王振铎、王刘纯：《由甲骨版片探编辑出版之源》，《编辑之友》2001年第3期。
② 王振铎、王刘纯：《由甲骨版片探编辑出版之源》，《编辑之友》2001年第3期。
③ 王振铎、王刘纯：《由甲骨版片探编辑出版之源》，《编辑之友》2001年第3期。
④ 王振铎、王刘纯：《由甲骨版片探编辑出版之源》，《编辑之友》2001年第3期。

他说："商代的甲骨卜辞，不管是龟腹甲、牛胛骨、龟背骨，都是把一篇一篇的文字符号编刻在一版一版的甲骨板上，并被编为典册或准备编为典册的。它们的编排方法，多是按内容分类，这与今日之以内容分类的编辑法，何其相似乃尔！所以说，今日之分类编辑法滥觞于殷商甲骨文版的编辑。"①正是在这一论证基础上，他得出编辑活动起源于殷商甲骨文献的重要论断。他说："甲骨文版按内容事类加以区分，并按时间顺序分编窨藏等等实例，也为后代编辑家们种种发凡起例的创造，开了先河。所有这些都是上古时期的编辑活动。尽管这些活动还比较简单，也相当简陋，但毕竟是文字记录下来的精神文化产品被物化为甲骨载体的活动。是否可以说我国的编辑出版活动，就是萌芽于用文字记载、刻版和传播精神文化的殷商时期呢？"②

不仅如此，王振铎还认为甲骨卜辞的编辑活动同时具有出版活动的性质。在《编辑出版史论中事实与逻辑的统一：从甲骨卜辞的复制问题谈起》一文中，他认为甲骨卜辞具有出版复制传播的性质。他说："甲骨卜辞是不是当时就被复制过，复制过多少版片呢？这需要历史提供事实证明。从技术方面推论，能刻制一个版，就能刻制第二个、第三个版。从文化需要方面判断，甲骨文中记载的卜者即卜问事体要求预示结果的人有很多。占卜活动又是群策群力协作从事的文化交流性质的活动。对甲骨版的需要量绝不是只有一版就可满足的。起码卜者、巫师、史官、国王、编制者都需要参阅、复牍、验证和收存。最后，要把编制完成、验牍无误的甲骨版，送到王室那里，一面据以'号令于众'，一面储存珍藏，以求'传于后世'。"③通过这一论证，他提出殷商甲骨卜辞的编辑活动和出版活动是有机统一的。他说："'甲骨文'岂不是在实

---

① 王振铎、王刘纯：《由甲骨版片探编辑出版之源》，《编辑之友》2001年第3期。
② 王振铎、王刘纯：《由甲骨版片探编辑出版之源》，《编辑之友》2001年第3期。
③ 王振铎、孟玉静：《编辑出版史论中事实与逻辑的统一：从甲骨卜辞版的复制问题谈起》，《陕西师范大学学报（哲学社会科学版）》2008年第3期。

质上完全具备了出版的三要素——编辑、复制与传播吗？编、印、发的混沌鸡蛋，已开始变成绒毛细骨、叽叽鸣叫的出版鸡雏了。"①借别出心裁的比喻，成就他编辑史研究的创见。

（二）关于孔子的编辑家身份

王振铎不仅对编辑出版史有精深研究，而且高度重视编辑出版主体研究，尤其对孔子的编辑思想情有独钟，较早地提出孔子是编辑家这一重要观点。在《中国文化传媒的宗师：论孔子对中国文化传播媒介的编辑创构》一文中，他通过对孔子编辑"六经"的深入考辨，认为孔子是当之无愧的编辑家。他说："在中国，第一个将人之初期先哲们创造的文化成果加以搜集整理，分门别类编辑成《书》《诗》《礼》《乐》《易》《春秋》等'六经'这种媒介结构整体的伟人正是孔子。从这个意义上讲，孔子无疑是中国人文历史上第一个最负盛名的编辑家、媒介人。"②在他看来，孔子不仅有着丰富的编辑实践活动，而且有着明确的编辑主体意识，"其编辑行为，充满了高度的自主性、自觉性和自为性。他主动访学'周室'（周王国的图书馆），'问道'老聃，游学列国，搜求文献，公然宣称'信而好古，述而不作'。他发现口头传播的效果不佳，'言之不文，行而不远'，便立志以文载道，远播文化，于是带头编构'六经'，授徒传世，奠定中国儒学文化传播的统绪，为后来经、史、子集式的中国书籍文化结构开了先河。"③在此基础上，他还具体入微地分析阐述了孔子的编辑思想。他认为，孔子编辑思想主要包括三个方面。一是"志道于文字载体，力求传播久远"的道学

---

① 王振铎、孟玉静：《编辑出版史论中事实与逻辑的统一：从甲骨卜辞版的复制问题谈起》，《陕西师范大学学报（哲学社会科学版）》2008年第3期。
② 王振铎：《中国文化传媒的宗师：论孔子对中国文化传播媒介的编辑创构》，《寻根》2005年第6期。
③ 王振铎：《中国文化传媒的宗师：论孔子对中国文化传播媒介的编辑创构》，《寻根》2005年第6期。

思想。王振铎认为,孔子编书用以载道是一个艰难的创举。他说:"孔子其时,要通过文字载体言志述道,很不容易。古文字刻写不一,符号不全,识字者少,编读之间的媒介规范不成熟。载体又笨重,难制作。很多士人学者视为畏途,不愿著书立说,后来失传,变为'绝学'。而孔子不怕困难,躬身为文,编书立说,以传媒行世,敢于以先进的媒介方式,以文立言,以文载道,这恰是儒家文化胜出百家的一个原因。"① 二是"系统编述古籍,建构六种文体"的编辑方法。他认为,孔子编辑活动一个重要主体观念就是文体建构。他说:"抛开不要编的东西,孔子对他要编的东西,还有个审慎的文化构思,那就是针对现有的文化典籍,审察明断,分类立体,发凡起例,缔造出新的图书结构,即以先王之道为经,以书、礼、诗、乐、易、春秋等'六艺'为支柱的图书文化结构。"② 三是"教育士人,匡正舆论"的编辑目的。通过与"三代"刻版文化比较,王振铎认为孔子编辑活动的目的已经发生很大变化。他说:"春秋战国时代的孔子大量编书立言,供人简版,主要目的是要教育士人,匡正舆论,治理社会秩序。因此,他的编辑理念,讲究'思无邪','有邪而正之'。把编书作版视为'尽戒之术',坚持'不语怪、力、乱、神',不传播有碍于治国安邦、稳定社会秩序的爆炸性信息,不讨论那些'巫蛊'民心的怪乱议题。他编书的'议程设置'十分严格。"③

难能可贵的是,王振铎不仅论述了孔子的编辑思想,还从编辑学的角度指出了孔子编辑实践的重要价值。他认为,作为编辑家的孔子有两个重要发现,一是发现了编辑主体。他说:"孔子发现了中国传统文

---

① 王振铎:《中国文化传媒的宗师:论孔子对中国文化传播媒介的编辑创构》,《寻根》2005年第6期。
② 王振铎:《中国文化传媒的宗师:论孔子对中国文化传播媒介的编辑创构》,《寻根》2005年第6期。
③ 王振铎:《中国文化传媒的宗师:论孔子对中国文化传播媒介的编辑创构》,《寻根》2005年第6期。

化活动中不同的主体，即作者、读者、编者三种主体，并自觉、自主、自为地参与到多极主体交流关系所形成的文化创构系统。"① 二是发现了媒介。他说："孔子不仅发现了文化的主体，而且发现了文化的传播载体，即媒介。当时的文化媒介，最主要的就是书籍。"② 正是在这两个意义上，王振铎将作为编辑家的孔子称为中国文化传媒的宗师。这个评价是他从编辑学意义上给予孔子的独特评价。

可以说，王振铎从编辑学意义上对孔子编辑思想的论述，对孔子编辑业绩的总结，尤其是通过孔子的编辑实践和编辑理论，提出的"孔子无疑是中国人文历史上第一个最负盛名的编辑家"的观点，无不显示出他寻幽探微、研究追索、辟出新路、开启山林的学术品格。至于学界有人对孔子编辑家身份的质疑，当属对编辑概念、编辑学研究出发点不同的学术论争。

六、建构编辑出版学人才培养模式

王振铎作为全国编辑出版学专业教育的重要发起者之一，从20世纪80年代编辑学在中国兴起之时，就积极投身到编辑学的研究与教育中去；从河南大学编辑出版专业教育最初的研究生培养到后来的本科生教育，他既是重要的创建者、推动者，也是重要的参与者、领跑者，"在编辑学的教研工作中，不倦地追求，一以贯之……成果丰硕；同时又桃李满天下"③。长期的编辑出版学教育教学一线实践，使他对编辑出版学教育教学、学科体系建设、人才培养模式等都有积极的探索和创新的看法。

---

① 王振铎：《中国文化传媒的宗师：论孔子对中国文化传播媒介的编辑创构》，《寻根》2005年第6期。
② 王振铎：《中国文化传媒的宗师：论孔子对中国文化传播媒介的编辑创构》，《寻根》2005年第6期。
③ 邵益文：《序二》，见王振铎：《编辑学理与媒体创新》，河南大学出版社2010年版，第2页。

王振铎认为，编辑学是其他专业、学科所不能代替的一门独立学科。20世纪90年代以来，特别是1994年到2004年，全国开设编辑出版学专业的高校逐年增加，"几大名牌高校和众多地方高校、综合性大学以及专门性大学都开设了编辑出版学专业，形成文、理、工、师四类各有特色的编辑出版专业教育均衡发展、互补互动的新局面"[1]。在他看来，中国的编辑出版学专业教育同国外相比，其规模数量现已不小，但教育的规格质量还不够高；尽管发展很快，2002年的时候"已经有33所高等院校开办了编辑出版学专业，8所大学和科研机构招收和培养硕士研究生"[2]，但处于三级学科地位，不利于这一新兴的、带有交叉性和横断性学科的发展。因此，他一方面强调编辑出版学科研、教学与编辑出版事业发展的相互促进关系，提出编辑出版学学科的发展要引领编辑出版教育的发展，要成为编辑出版学专业建设和人才培养的重要基础。在专业建设的过程中，编辑出版学学术研究、编辑出版教育和编辑出版事业三者是相互促进的。另一方面，他主张自主修订现有硕、博专业学科目录，增设编辑出版学专业。他说："一级学科下面并列的只有新闻学、传播学，使一级学科与二级学科之间的涵盖关系变得近乎同义重复。为什么不能在传播学之下，堂堂正正地列上新闻学、编辑学、出版学、广告学、广播学、电视学、发行学以至网络学等学科呢？"[3]在《以自主创新精神修订"博硕学科专业目录"》一文中，他再次强调学科专业目录要单独设置编辑出版学。他说："在我们目前能够体现高端教育的'博士、硕士学科专业目录'中编辑出版学反而没有相应的学术地位。名不正则言不顺，言不顺则事难成。"[4]在提出学科目录独立设置的

---

[1] 王振铎：《编辑学理与媒体创新》，河南大学出版社2010年版，第378页。
[2] 王振铎：《编辑学的学科建设与专业发展》，《出版发行研究》2002年第3期。
[3] 王振铎：《编辑学的学科建设与专业发展》，《出版发行研究》2002年第3期。
[4] 王振铎：《以自主创新精神修订"博硕学科专业目录"》，《河南大学学报（社会科学版）》2006年第3期。

同时，王振铎也清醒地认识到编辑出版学专业教育面临的问题。一是师资力量不足。他说："现在各个学校的编辑学专业教师队伍，也像大多编辑出版部门的实际编辑工作者一样，大都是从其他专业学科转业、转行做编辑工作或改教编辑学课程的，极少有编辑专业自己培养出来的科班出身的教师。这种'半路出家'的编辑学教师，有的脚踏两只船，既搞编辑学的教学和研究，又搞原来所学专业的教学和研究，工作量大，精力不能集中，思想上也未下定决心从事编辑学专业教育。"[1] 二是编辑学专业课设置不规范。他认为，编辑学专业课程设置较为随意，缺乏统一的指导纲领和意见。他说："没有全国统一的教学大纲或教学指导意见，对于培养目标、规格要求理解不一，所以各高校在专业教学中都处于一种'各自为战'的摸索状态。……教学计划和课程设置各个学校又标准不一，情况各异，如基础课与专业课的设置比例，必修课与选修课包含的内容及每门课应达到的标准与要求等等，可以说是各有千秋。双学位、研究生的教育培养情况更是八仙过海，各显神通。"[2] 因此，他认为，要推动编辑学专业教育的发展必须直面现实存在的问题，通过改革创新不断地解决问题。

围绕编辑出版学专业教育的发展，王振铎提出了五大建议。一是党和国家主管部门要加强对编辑出版学专业教育的学科结构、教育培训、队伍规划、机构与人员设置等重大问题的总体领导、统一协调和分工管理。二是专业教育要争取一定的政策支持和经济支持，相关部门要在学科建设、科研立项、学位点与奖励项目设置和教育投资上给予政策倾斜和经济支持。三是教学模式要改革创新，适应社会主义市场经济条件下新闻出版产业发展的需要。在这一点上，他特别强调要走产学研合作之路，提出"面向社会、面向未来，走学校与出版社、报刊社联合培养人

---

[1] 王振铎：《编辑学的学科建设与专业发展》，《出版发行研究》2002年第3期。
[2] 王振铎：《编辑学的学科建设与专业发展》，《出版发行研究》2002年第3期。

才的道路"。四是要加强高质量师资队伍建设。五是要加强编辑学专业教学管理，优化课程结构、教学大纲，创新教育教学方法。

在探索编辑出版教育的过程中，王振铎结合河南大学的实践，思考较多的另一问题是编辑人才素质问题。他较早地提出编辑人才培养的目标应该是复合型人才。他说："我国编辑出版业的发展，需要大量具有思想文化创新、媒介技术创新和管理经营创新的复合型人才，形成先进的创新生产力或核心竞争力。"[1] 他认为，尽管社会对编辑出版复合型人才要求很大，但复合型人才培养不是一朝一夕之功。他说："任何现有的教育培养模式似乎都很难直接训练出批量的复合型人才。教育的任务包括学历教育和在职资格培训教育，从来都只能'止于至善'，即止于走到最完善目标的道路上。"[2] 他认为，复合型人才的培养应该是编辑出版学教育界和编辑出版业界共同的责任。他说："编辑出版学属于通力协作之学，实质上就是中国特色的媒介传播学。它是一门综合性很强的学科，也是基础性与应用性兼备的专业。编辑出版业的长期持续发展要靠学科专业教育质量的提高；产业现实的生存竞争和发展强大则要靠管理水平的提高。两方面相结合，实行'双元式推进'，是目前所需人才的最佳培养方式。"[3]

结　语

在编辑学研究领域，王振铎著述丰富，研究广泛。其研究最突出的特色是创新、创造、新锐、独特，最突出的成就在编辑学理论

---

[1] 中国编辑学会：《编辑人才论：中国编辑学会第十一届学术年会论文集》，江西教育出版社2006年版，第46页。
[2] 中国编辑学会：《编辑人才论：中国编辑学会第十一届学术年会论文集》，江西教育出版社2006年版，第47页。
[3] 中国编辑学会：《编辑人才论：中国编辑学会第十一届学术年会论文集》，江西教育出版社2006年版，第48页。

建树上。比如，他提出的文化缔构编辑观，为什么是"缔构"，王振铎如是说："缔构"一词，"突出'缔结'和'构造'的意思，说明编辑的创造性，不在于编辑的原始创造，或原件性的创造，而在于综合组织、装配构成或整体结构的创造"。对此，刘杲先生评论说："这个解释持之有故，言之成理……人们对'缔构'一词难免有个逐渐熟悉的过程。不排除别人还会另有说法。重要的是，振铎同志着力研究的文化缔构编辑原理，把编辑活动在人类文化创造、文化积累、文化传播与文化交流过程中的能动作用，提到了相当的高度。"① 言外之意，王振铎的观点是新颖的、独特的、有创见的。宋应离先生也说："这一见解提出后，在全国编辑学界曾引发了持续几年的关于'编辑概念'的大讨论，对深入开展编辑学的学术研究起到了推动作用。"② 这何尝不是对王振铎"敢于冒风险，不同凡俗的'闯'劲"和"另辟蹊径，发前人所未发之论的精神"③的肯定、赞许。再如，王振铎提出的编辑学三原理，孔子是中国历史上第一个著名编辑家以及我国编辑出版活动起源于殷商等观点，也在编辑学研究历程中引起广泛的争论。以编辑学三原理为例，王振铎在《编辑学原理论》修订版自序里曾说，"三原理"问世后"对其肯定、补充、深化和拓展者有之，对其质疑、责难、论争和评判者有之"。这说明编辑学研究有活力、有生气，也说明王振铎的见解独特、不同寻常。邵益文先生就说："振铎先生在学术活动中敢于独创的精神，给我的印象是很深刻的。他的编辑学三原理，就是新的独创，尽管有借鉴的成分，但对编辑学来说，确实是独特的。""他的许多观点、见解，持之有故、言之成理，创一家之言。不愧为编辑学这个百花齐放、百家争鸣的学术花

---

① 刘杲：《序一》，见王振铎：《编辑学理与媒体创新》，河南大学出版社2010年版，第2页。

② 宋应离：《序三》，见王振铎：《编辑学理与媒体创新》，河南大学出版社2010年版，第2页。

③ 宋应离：《序三》，见王振铎：《编辑学理与媒体创新》，河南大学出版社2010年版，第2—3页。

坛中一枝独特的奇葩。"①

  正因为王振铎勇于独创，勇于探索，执着勤奋，他的理论建树才非常突出、耀眼。从编辑概念、编辑规律到编辑学的学科性质、学科构成等，他的编辑学基本理论研究已形成了一个相对完整的理论体系。这个理论体系以普通编辑学研究为目标指向，编辑创造媒介为思想核心，编辑活动规律探究为主题脉络，编辑哲学方法论为逻辑依归，编辑出版史论为基础。这个理论体系对编辑活动原理的探究，既有宏观层面的俯视，也有中观层面的平视，还有微观层面的透视。这个理论体系，既包括对编辑概念、编辑本质、编辑学性质等一些学科基本问题的探索，还包括对编辑活动基本规律这一深层问题的认识，更包括对编辑活动的哲学关切，是一个具有内在逻辑性、内涵丰富、思想创新的理论体系。当然，这个理论体系只是中国特色编辑学研究的一个方面，并没有达到尽善尽美的境地，比如，在内在逻辑建构上问题还比较明显。但是作为一个相对完整的理论体系，尤其是普通编辑学理论体系，它对中国编辑学研究的贡献是具有开拓性和创新性的。在媒介融合不断深化，以及不同媒介编辑形态边界日益模糊的当下，普通编辑学研究已成为摆在编辑学研究同人面前的一个重大而紧迫的理论命题。编辑学有必要回答：媒介为什么走向融合、如何融合，以及不同媒介编辑形态为什么出现交叉一体化和如何交叉一体化运行问题；回答媒介融合背景下不同编辑形态的共同运行规律问题，这些都是编辑学理论建设的题中应有之义，也是普通编辑学研究的重要范畴。而在这些问题上，王振铎开创的普通编辑学理论体系，对当今编辑学研究无疑具有重要的认识和启发价值。

---

① 邵益文：《序二》，见王振铎：《编辑学理与媒体创新》，河南大学出版社2010年版，第2页。

明达好学　介然特立

——"信息传播派"代表任定华的编辑学思想

任定华（1930—2005），陕西商州人，是一位既有丰富业界实践经验，又在学界理论研究上斩获颇丰的"两栖"型编辑学家。他1954年毕业于西北大学地质系，先后任教于西北工学院、西安交通大学和西安矿业学院（后更名为西安科技大学）。1975年投身编辑工作，曾任《西安矿业学院学报》主编、陕西教委《情报·科学·学报》与《科技·人才·市场》主编。担任过中国高校自然科学学报委员会常委兼学术委员会主任，陕西省科技期刊学会副理事长，陕西省高校学报研究会秘书长、理事长、名誉理事长等职务。在20世纪八九十年代编辑学研究风起云涌之时，他抱着为编辑学立言之志和"放不下已经从事多年的编辑学研究实践，总想为我热爱的编辑事业和学科建设做点什么"[1]的赤子之心，以及从宏观层面构建编辑学理论体系的理论自觉，致力于编辑学基本理论的研究。早在1986年，他就完成了《我国科技期刊发展现状及分类标准》的研究报告；1988年，他主持制订了《中国高校自然科学学报编排规范》。此外，他还先后发表了《在编辑学构建中要确立科学的编辑观》《编辑学学科系统结构及其层级体系》《试论我国编辑学研究态势及学科建设的客观标准》《关于编辑与编辑学对象及其概念问题》《关

---

[1] 任定华：《编辑学导论后记》，见任定华、胡爱玲、郭西山：《编辑学导论》，中国经济出版社2001年版，第508页。

于编辑规律的探讨》《在编辑学道路上学习、思考、创新》《学报质量控制及其质量因素》《编辑论》等论文百十篇；主编并出版了《新学科与编辑学》《科技期刊编辑学导论》《编辑学导论》（均合著）等著作。其中，《科技期刊编辑学导论》是他用科技期刊编辑学的个别性与特殊性体现编辑学的一般性与普遍性规律的尝试；《编辑学导论》是他在《科技期刊编辑学导论》基础上对编辑学研究的更深入思考，该书分"编辑学总论""编辑学基本原理""编辑与编辑学方法论""编辑系统工程"4个篇章31个部分，对编辑学基本原理、编辑学研究方法和编辑学学科建设等问题进行了系统深入的研究，集中体现了任定华的编辑学学术思想、学术成就和学术特色，不仅是他编辑学研究的集大成之作，而且在我国编辑学研究历程中具有重要的地位。

任定华是我国编辑学研究早期为数不多的几位重要研究者之一，他的编辑学理论研究借鉴西方学术理论和学术思想，从基本概念、基本规律、基本原理到体系构建、方法论、认识论，独树一帜，别具一格，具有独特的价值和意义。

一、编辑学基本概念与学科性质探讨

在构建编辑学理论大厦中，最先遇到的是编辑与编辑学对象及其基本概念、学科性质、学科范畴这样一些基本理论问题。对于这些问题，有志于编辑学学科建设的任定华花费了大量心血，给予了相对科学的回答。

（一）编辑、编辑学基本概念与范畴

"编辑"的概念是编辑学研究基础中的基础，是顶梁柱，也是定海神针。诚如任定华所言："编辑学与编辑学对象及其概念是学科构建的基石，没有坚实的基础，编辑学的理论大厦是很难建造起来

的。"① 正因如此，任定华在界定"编辑"这一概念时，心思细密，慎之又慎。

1. 编辑概念界定原则

任定华作为一个资深研究者，深知学术研究的前提是了解研究现状和发展态势，他在对相关学术问题进行研究之前，大都根据研究状况具体问题具体分析。在界定编辑、编辑学概念之前，他先对当时编辑与编辑学概念进行了辨识，在此基础上提出了编辑、编辑学概念界定的原则。他认为，当时学界已经存在的一些主流编辑概念，包括国外引入的一些定型了的概念，"在其内涵、方法、文字结构和表述形式方面均存在有较大缺陷。特别是从概念内涵讲，存在着有扩大和缩小的两种倾向"②。在他看来，扩大的倾向，是从编辑的某一特征、功能出发，界定编辑概念，这种概念对于编辑实践指导意义不大；缩小的倾向，多拘泥于具体的编辑实践或业务内容，缺乏科学应有的深化、抽象与概括。根据这种情况，他强调，在界定编辑与编辑学概念时，必须坚持理论与实践的统一，运用历史的、发展的、科学的、系统的观点，对编辑与编辑学进行自身本质的、全面的考察。基于此，他提出了界定编辑概念时应遵循的5条原则——抽象性、普遍性、准确性、严密性和简明性。他说："这5条是统一的整体，是相互紧密联系的。最根本的还是能够揭示编辑客观事物的本质的科学抽象，具有普遍意义。其次才是准确性、严密性和简明性。"③

2. 编辑对象

针对学界一直存在着的"有无"编辑对象和编辑对象"是什么"的焦点问题，任定华旗帜鲜明地肯定编辑对象的存在。他认为，编辑对象是编辑学研究的最基本出发点和落脚点，若没有研究对象，任何学科的构建都是难以想象的。他明确表示，同意刘辰等人把编辑研究对象定位

---

① 任定华等：《编辑学导论》，中国经济出版社2001年版，第84页。
② 任定华等：《编辑学导论》，中国经济出版社2001年版，第86页。
③ 任定华等：《编辑学导论》，中国经济出版社2001年版，第88页。

于特定事物的观点。他说:"作为动词的编辑,其对象必然是客观存在的、具体生动的、内涵丰富多彩的具体实在的事物","编辑对象的定位应该是涵盖所有的学科类别,不同层次、普适于不同媒体形态和不同历史时期的编辑实践"。①据此,他认为,"信息和知识"是编辑的研究对象,也是编辑学的研究对象。

与此同时,任定华还指出,编辑的对象与编辑学的对象保持着逻辑上的一致性,甚至于编辑与编辑学之间互相依存、推陈演进、辩证统一的关系就是在对象一致的基础上实现的。在他看来,作为编辑与编辑学的共同对象,"信息和知识"以其同一性桥接起编辑与编辑学的内在联系,使二者形成逻辑上的统一,决定了编辑概念与编辑学概念也应具有一致性。他认为,这是"唯物反映论的观点"。

3. 编辑要素

明确了编辑对象,只是确定了编辑实践活动或编辑学研究实践的客体,而构成编辑实践的显然不只是客体对象这一单一要素。任定华认为,首先,信息、知识是无形的,作为编辑实践活动的有机构成,它必须符号化、实物化,因为符号可以使无形、不可言传的知识与信息得以传达,并借助一定的物质载体得到显现,突破时空界限,编辑对象与符号、物质媒介的依存关系是历史的、客观的;其次,与编辑对象这一客体对应存在的必然还有编辑主体,二者交互作用,才能形成能动的编辑实践活动,这一主体既包括实践过程前期的编者,也包括实践过程后期的传播者,有时这二者是统一的,但传播之于整个编辑实践活动是必不可少的。在他看来,编辑对象的物质与精神之二重性从本质上"规定着编辑的基本要素,即信息、知识、语言符号、载体形态、传播、编者等,也是编辑学的基本概念体系"②。

---

① 任定华等:《编辑学导论》,中国经济出版社2001年版,第89页。
② 任定华、于泳琳:《关于编辑与编辑学对象及其概念问题》,《编辑之友》1995年第1期。

4. 编辑、编辑学概念的层次

任定华在确定编辑概念的基本原则、对象后,又对"编辑"这一多义词作了词性上的区别和内涵上的细分。他认为,在名词属性上,编辑可以指职务(主编、副主编、责任编辑)和职称(编审、副编审、编辑、助理编辑);在动词属性上,它指的是具体的编辑活动;在动名词属性上,它可以作为其他事物或活动的限定词(如编辑流程、编辑素材等)。作为名词的编辑,在编辑学范畴中,应区分为编辑学家、编辑家和编辑工作者;作为动词的编辑,则应该从编辑对象的角度对其予以限定。

至于编辑概念与编辑学概念的层次性,任定华认为,前者所对应的编辑理论是某一特定编辑领域(特定学科、特定媒体、特定层次、特定历史时期)内的理论,是编辑学理论的组成部分;后者所对应的编辑学理论是在编辑理论基础上抽象、概括形成的更高层次科学理论,具有系统性、整体性特征。从系统论视角分析,前者之于后者如同要素之于整体,但整体必然大于要素之和;编辑概念具有时空、层次、类型上的局限性,编辑学概念则具有前瞻、开放、动态性。

5. 编辑范围

在任定华看来,在为编辑下定义之前,确定编辑活动的范围同样是一个必要的前提。对编辑活动在纵(时序)、横(程序)两个维度范围的界定同样是学术界争论不休的问题,学者们对是否应将出版、传播环节划入编辑实践范畴存有异议。专注于传统媒介出版研究的学者多不主张涉猎出版;致力于跨媒体,尤其是新媒体研究的学者则倾向于将研究范围扩大至出版。任定华编辑学理论所依据的基础性方法论是信息论,他借鉴了传播学中不少关于信息传播的理论。信息传播中的大众传播强调信息的反馈作用,信息从信源出发、经过载体形式的信道到达信宿,信源再作为信息接收方从信宿方取得反馈信息,信息循环流转,各环互动作用,形成一个信息流通的动态机制。在这里,任何的中止或单向度传播都意味着信息流通机制的消解和不健全。建立在这样一个理论基础上的编辑学理论体系注定要延展它的信息传播环节,将编辑活动覆盖至出版、制作过程,将出版发行环节作为一个传播过程,获取反馈性信息,反作用于之前的编辑程序。任定华在对多数编辑概念只将范围限于出版前业务表达了否定态度后,明确指出:"编辑概念应包含信息、知识不同媒体形态的出版、制作前期,还应包含出版、制作过程和传播活动。"① 在他看来,社会效应的反馈信息和效益跟踪对编者的决策调控及其社会与经济效益有着特殊的作用。

6. 编辑与编辑学定义

任定华在确定了编辑对象、编辑基本要素和编辑范围之后,遵循着抽象性、普遍性、准确性、严密性和简明性原则,将编辑的概念定义为"信息、知识有序化、载体化与社会化的业务活动"②。并根据编辑与编辑学之间的本质内在联系,将编辑学定义为"研究和探索编辑现象和编辑活动规律的科学。详言之,编辑学是研究信息、知识有序化、载体化与社会化的发生、发展和运动的基本理论、基本规律和基本方法的科学"③。

难能可贵的是,任定华对编辑概念的定义采取了开放、包容和发展的态度,他强调概念中有不变的属性和内在联系,也有与时俱进的成分。因为编辑的初始概念是与知识、信息的载体形式密切相关的,而以物质形式存在的载体是不断演进变化的,这就决定了编辑的概念也是个变动不居的存在。但抛开这层表面的性质,无论是作为编辑对象的知识、信息,还是作为载体形态的各种物质,从编辑活动之要素的角度审视,其作为重要角色而具备的本质属性均是始终如一的,编辑对象与物质载体之间的从属关系也是一成不变的。正如他自己所说:"以这一定义为制高点,形成了我在研究编辑学中新的概念体系、理论体系和完整

---

① 任定华等:《编辑学导论》,中国经济出版社2001年版,第91页。
② 任定华等:《编辑学导论》,中国经济出版社2001年版,第94页。
③ 任定华等:《编辑学导论》,中国经济出版社2001年版,第95页。

的知识结构体系。"①

（二）编辑学学科性质及与其他学科的关系

一门学科的性质是该门学科学术内容本质的、准确的科学表征，也是这门学科不同于其他门学科的根本标志。编辑学的学科性质与编辑学的对象一起共同规定着编辑学研究的基本范畴和一般范畴。因此，大凡对编辑学学科建设有所追求、有理论自觉的研究者，都对编辑学的学科性质是什么，它与其他学科的关系该如何界定等问题比较执着。在他们看来，这个问题不明确，学科构建的地基就不稳，学科的逻辑结构就不清，只有靶向定位，才能纲举目张。任定华作为编辑学研究早期的优秀代表，他对这些问题也不乏精彩见解。

1. 编辑学学科性质

任定华认为，"编辑学是综合性的横断学科"②，这一论点不仅出自他早年的《科技期刊编辑学导论》，而且在《编辑学导论》中他又从编辑学与科学整体结构的内在联系和编辑学基本内容的规定两方面进行了充分的、富有科学理据的深入探讨。

任定华认为，在哲学层面上，编辑活动不是单一的运动形式、物质结构和物质形态，它是多种运动形式的相互组合，是多种物质结构的关联作用，是多种物质形态的交叉呈现。在具体表现层面，它既是物质运动，又是精神活动，具有双层属性。在他看来，作为编辑活动的对象，信息、知识是精神性的产物，无论是在选择、加工、优化、传播的哪个环节，都要重视精神产物的特性，遵循精神活动的规律，发挥精神成果的效能；但精神对象的被感知、被规范、被传播不可能是凭空的，每一个环节都要依赖物质性的媒介，而且，作为编辑活动的落脚点，精

---

① 任定华等：《众说纷纭话编辑》，《中国编辑》2002年第1期。
② 任定华等：《编辑学导论》，中国经济出版社2001年版，第96页。

神成果的价值就在于推动社会生产力的提升,物质文明的进化。他说:"有序化了的信息、知识既是物质的主观意识反映,作为编辑对象又离不开特定媒体形态而独立存在;媒体化的过程是精神形态的信息、知识与物质形态的特定媒体相结合的过程;社会化是编辑的终极目的,不仅能推动人类社会的精神文明与精神生活,更重要的是为了促进人类社会的物质文明与物质生活的进化。"① 与此同时,任定华还指出,作为编辑活动对象的信息、知识广泛分布在各个学科和领域,传播学、新闻学、出版学、文化学、文献学、信息论、认识论、系统论、控制论,等等,无所不包,无所不至。在他看来,这些各自独立的学科在编辑学领域信息、知识这一共性层面上被一视同仁地最大化整合为一体,不同领域间具有极强的交叉性、渗透性和密切的相互作用关系。因此,任定华总结说:"可以毫不夸张地说,编辑学是跨度最大、涉及内容最庞杂、范围最广泛的一门横断学科。"②

2. 编辑学与其他学科的关系

任定华认为,要厘清编辑学与其他学科的关系,首先得明确编辑学学科的范围。他说:"一门新兴学科的研究范围,不是随心所欲规定的,而是依据该学科的研究对象及其学科性质而规定的。研究对象及其学科性质是规定学科范围唯一的根本科学依据。"③ 在他看来,"学科范围"包含两个层面——一是编辑与编辑学的研究对象;二是编辑学涉及的科学内容。他指出,前者很明确,就是信息和知识,这些信息和知识分布在所有的学科门类内,可以说是人类古往今来文明成果的总和,无所不含,难以尽数,这就决定了编辑学不可能属于哪一个学科门类之下,它与其他学科既不是被包含关系,也不是包含关系。后者,既有自然科学的,也有社会科学的,既包含文学艺术,也囊括科学技术,这又

---

① 任定华等:《编辑学导论》,中国经济出版社2001年版,第101页。
② 任定华等:《编辑学导论》,中国经济出版社2001年版,第110页。
③ 任定华等:《编辑学导论》,中国经济出版社2001年版,第112页。

决定了编辑学作为一门横断学科与其他任何一门横断学科皆不相同。既然编辑学的研究对象无所不包，涉及的科学内容广罗万象，那它的学科范围到底是什么？任定华认为，概括而言，包括编辑经验、编辑理论和编辑学理论这样几个学术层次；具体来说，可以限定为基础理论、编辑历史、基本原理、编辑工程和编辑学方法论这样几个结构要素。①

从学科归属上看，任定华认为，编辑学既不属于社会科学、自然科学，也不属于意识形态范畴的学科，甚至也不是应用学科。那么通常被认为与编辑学关系最密切的几门学科——出版学、新闻学、传播学、文化学，与编辑学究竟是一种什么关系呢？任定华一一进行了论述。第一，编辑学与出版学的关系。任定华认为，编辑学与出版学关系的界定需把学科关系与产业关系区别开来。针对编辑、出版学界争议的焦点是编辑学从属于出版学，还是出版学从属于编辑学，他旗帜鲜明地表示，出版只是信息、知识媒体化的一个环节，这是编辑与出版的内在联系，所以"编辑学与出版学的关系，只能是后者从属于前者，而不是本末倒置了"②。第二，编辑学与新闻学的关系。任定华指出，人类对信息、知识的编辑活动由来已久，新闻活动则是随着现代科学技术的发展而兴起的，"新闻与新闻学包含在编辑与编辑学学科的结构之中，二者是特殊与普遍、个别和一般、局部与整体的从属关系"③。第三，编辑学与传播学的关系。任定华认为，传播学是一门"舶来"的西方科学，编辑学则本土化色彩浓郁，二者在研究对象、方法手段、社会功能等许多方面有一致性，但说到底，传播只是编辑活动中的一个部分。编辑活动的重点在于信息、知识的有序化，提炼升华，实现内容与媒体的最佳契合，对传播媒体的质量状态、表现形式和结构特点有严格的质量控制。他说："编辑学是个大概念，传播学是次一层级的小概念，传播学是属于编辑

---

① 任定华等：《编辑学导论》，中国经济出版社2001年版，前言第4页。
② 任定华等：《编辑学导论》，中国经济出版社2001年版，第120页。
③ 任定华等：《编辑学导论》，中国经济出版社2001年版，第121页。

学的分支学科。"① 在他看来，广播、电影、电视都离不开编辑实践。第四，编辑学与文化学。任定华认为，文化是一个意识形态层面的概念，反映的是政治、经济生活；编辑活动对象的信息指的是有用的消息，知识是被认识了的信息，它们只有经过有序化、媒体化、社会化的编辑过程，才会发挥文化价值，并且不仅仅是发挥文化价值。信息、知识、文化等概念不是一个层次的概念，编辑学与文化学的关系不是本质的内在联系，而是功能层面的外在联系。

二、编辑活动规律分析

如果说编辑学理论的基础是概念体系，那么编辑学理论的核心就是对基本规律的探索了。概念与基本规律之于编辑学理论的关系，犹如砖瓦、桁梁之于屋宇楼台。因此，对编辑规律的探讨一直是编辑学研究的重头戏。

任定华对编辑基本规律的描述遵循了时序原则，可以看作对应了"信源""信道""信宿"三个环节。知识、信息要进入传播过程，首先要汰劣择优、去芜存精，还要使其符合规范、简洁、丰富的要求，以确保在传播过程中精准、便捷、高效；其次，编辑对象具有精神与物质的二重属性，必须借助一定的载体形式才能被传输、接收和解读，并最终发挥效用；再次，进入发行、传播环节的信息会产生效用，并引发信宿的反馈，这种作用与反作用的生发机制同样有其独特性。在这样的认识基础上，任定华将编辑基本规律描述为"信息、知识有序律，信息、知识载体结合律，信息、知识传播律"②。何谓"有序"？任定华解释"序"是知识、信息的"质量状态、内在结构、创新含量、表述形式"，"有

---

① 任定华等：《编辑学导论》，中国经济出版社2001年版，第122页。
② 任定华：《关于编辑规律的探讨》，《中国编辑》2003年第4期。

序"则是"含量、质量、结构、表述等的程序性、组织性的较高状态"[1]。简言之,即是使知识、信息质量得到提升、结构得到整合、内容得到创新、表述得以完善。信息与载体结合的过程是无形的知识实现物化的过程,不同的载体形式有不同的质量要求和运作规范,最终目的是达到精神内容与物质载体的完美结合,获得物美价廉、喜闻乐见的效果。他认为,发行、传播环节是信息推送过程的最后一环,其目的既要使信息的效能获得最大化,还要通过反馈获得有价值的调校信息,反作用于前期的有序化、载体化阶段,改进信息的遴选、规范、物化和推送水平。

客观地讲,任定华的编辑学理论在基本概念的厘定上、创新思维的引入上、辩证方法的使用上都可圈可点,很多时候独树一帜、另辟蹊径,给人耳目一新、豁然开朗的感觉。但编辑学理论界认为其存在的最大问题就是借鉴的理论与编辑学理论结合上的生涩、生硬和各种抵牾,这种矛盾尤其明显地体现在他对编辑规律的论述中。

由于任定华的编辑学研究是以信息论作为立论基础,故而他借鉴了传播学的许多新理论,其中就包括香农(Shannon)的"信息熵"概念和传播学中的"信源—信道—信宿"模式。信息熵的概念是香农在他的著作《通信的数学原理》中提出的,其理论前提在于认为信息是用来消除随机不确定性的东西,而熵就是用来量化信息的不确定性的。任定华将其移植到编辑学理论中,大概是想表达信息含量的多寡,但从根本上讲,信息熵是某个随机变量的信息量在数学上的期望值,而在语言文字类表达中,信息熵反映的是内容的随机性(不确定性)与知识类信息的有用性,它和质量优劣并无关系,用它来衡量编辑对象显然并不恰当,"精炼""丰富"一类的描述更适合作为编辑效率的衡量标准。

此外,被划入"有序律"范畴的"创新"实际上更倾向于信息创作者的工作范围,不管在"信息论"基础上将编辑活动的外延延伸到哪种

---

[1] 任定华:《关于编辑规律的探讨》,《中国编辑》2003年第4期。

程序，编辑活动都只能是知识与信息素材的加工者，而非制作者。它可以去伪存真、去粗取精，甚至于配置组合形成新意，但不可能既"编"且"创"，形成"编著合一"的格局。

"信源—信道—信宿"是信息传播的基本模式，以"信息论"为立论根基的任定华绕不过这种逻辑推演。只不过，任定华将"信道"的概念换成了"媒介"。准确地讲，"信道"是一个静态物质与动态过程、实物媒介与虚化交互两相结合的存在，动静相续、虚实相倚，并非仅仅是一种客观存在的实物。在这里，任定华的界定将信息传播中最重要的信道的范畴缩小了。而且在对媒介的描述中，他进一步缩小了所指。如在《关于编辑规律的探讨》一文中，任定华在描述信息、知识与载体结合的质量标准时，所使用的是"装潢精美""字体字号适当""清校误差甚少"等词汇。显然，这是针对传统印刷媒体所作的描述。但实际上该文发表于进入新世纪的 2003 年，当时媒体的形式已经相当丰富，包括纸媒、电子媒体、屏幕版媒体等，不同媒体间的差异已经上升到质的层面。基于此，作为"信道"的"媒体"应该作抽象的属性式描述，针对"载体结合律"的原则和要求也应该更具有普遍适用性，在作具体描述后以"特定信息、知识媒体，其质量标准也可增减不同条款"[1] 来一笔带过是不够的。

在把"信道"具体化为"媒介"同时，任定华指出："信息、知识负载于特定媒体，便构成信源，同时也具有信宿意义。"[2] 信号的产生（物）被称为信源，信号的接受（物）被称为信宿。简言之，信源是信息的发布者，可以是人、机器、自然界的物体等；信宿则是信息的接受者，同样可以是人或者机器。如果说作为编辑活动要素之一的媒介勉强可以算作信源的话，再被认定为信宿就有些勉强了。况且，忽略掉创

---

[1] 任定华：《关于编辑规律的探讨》，《中国编辑》2003 年第 4 期。
[2] 任定华：《关于编辑规律的探讨》，《中国编辑》2003 年第 4 期。

作者、受众等这些实践主体，而单纯地将物质性的媒介作为信源和信宿，对于探究编辑活动的客观、深层次规律来说，也没有切实的针对性意义。

任定华还将编辑活动过程的范围扩大到了传播、发行环节。这是他将自己的理论建构在信息论基础上，同时采取传播学方法论的宿命式选择——传播要以"反馈"的形式使信宿反作用于信源，形成一个信息流通和发生交互作用的闭环，"反向作用"的发生被界定在传播、发行阶段。这种理论取向不无道理，但传播、发行环节是否可以纳入编辑学研究对象的范畴在学术界还存在争议，即便是将传播、发行环节纳入研究范围，也应该根据时间段、媒介性质的不同而有所区别，分别论述。并且信息传播过程中的反馈并不仅仅局限于某个时段，不同主体、不同阶段上的互动是时时发生、全程进行的，如果想更好地探究这种作用与反作用的关系，从信源到信道、从信道到信宿，以及作者、编者、受众之间的反馈与互动也是应该被关注的。

三、编辑学学科体系构建

任定华从涉足编辑学理论研究开始就始终在构思着编辑学完整系统理论的构建，思考着编辑学学科的建设问题，这种担当意识和追求精神使得他的研究具有宏阔视域、前瞻眼光和全局思维，无论是对宏观理论的论述，还是对具体问题的剖析，都具备理论上的一致和圆融。他曾在综合归纳了既有研究成果和分析研判编辑学研究态势的基础上，参照成熟学科的构成模式，提出了一套独具特色的编辑学学科构建理论。

一是确立科学的编辑观。"确立科学的编辑观"这一提法在第一代编辑学研究者中很罕见，但任定华一直很重视这个问题。如今看来，当年任定华将编辑观定义为"对编辑学学科建设的学术观点、学术思想"，并强调"这种观点或思想是在对编辑内在本质联系的研究探索基础上的科学认识"① 是很有见地的。任定华强调科学的编辑观在构建编辑学学科体系中的作用，主张研究者一定要有科学的编辑观，并把确立科学的编辑观作为构建编辑学研究路径的第一步，无疑对编辑学学科体系建设具有积极作用。当然，编辑观是否科学，存在仁者见仁、智者见智的评判标准。

二是要有明确的编辑对象和编辑概念。任定华认为，编辑对象是编辑学研究的基本客体，框定其范围，明确其内涵，是建立这门学科的前提；编辑概念是宏观理论体系的基础、核心构件，在某种意义上起着纽结和节点作用，同样不能忽视。并且编辑对象与编辑概念也是互相制约、有机结合的两重要素，明确了编辑对象，才能明晰编辑概念的内涵与外延；编辑概念内涵与外延确定的同时，编辑对象的范围也就自然而然地确定了。任定华同时强调编辑对象的界定要力求囊括古今中外、各种各样的编辑活动，具备涵括性；编辑对象要与编辑学中的各种概念、范畴、规律以及各种论述保持理论上、逻辑上的一致，具备圆融性；编辑对象要在编辑的对象和编辑学的对象两个层次上具备一致性。

三是明了编辑学学科性质。在《编辑学导论》中，任定华从两个角度论述了学科性质对构建编辑学学科的重要性。第一，明确了编辑学的性质，才能确定编辑学在整个学科体系中所处的位置，进而深入认识和掌握编辑学基本范畴的内涵，把握编辑实践活动具有普遍意义的本质特性和基本概念之间的逻辑关系。第二，编辑对象以及包括编辑概念在内的一系列基本理论构件都需要在明确学科性质的基础上进行定义和范围界定，甚至于确定其具备的属性。不同于将编辑学规定为应用性学科、交叉学科的主流观点，任定华将编辑学的性质规定为综合性的边缘学科。②

---

① 任定华、杨浅：《试论我国编辑学研究态势及学科建设的客观标准》，《编辑学刊》1995年第1期。
② 任定华等：《编辑学导论》，中国经济出版社2001年版，第112—123页。

四是建立理论体系。理论体系是一个学科的主体，是学科构建过程中首要的和根本的任务。任定华将编辑学的理论体系划分为基础理论和基本原理两个层面。前者包括编辑观、学科性质的规定、学科范畴的确定、基本概念的界定，以及编辑的一般规律、基本特征，与社会政治、经济文化的辩证关系，甚至于学科历史，等等，它们构成整个学科大厦的基础要件，小的如砖石，大的如巨型模块，自成一体又有机组合。后者是在前者基础上对编辑活动最基本的内在规律的探究和描述，具有高度的概括性和抽象性，对所有的学科构件都起着统摄和指导作用，由其可以生成次一级的原理、定律和方法，它是一个学科真正成熟的标志，也是一个学科理论指导价值的终极体现。

五是构建编辑与编辑学方法论。编辑方法论与编辑学方法论是两个层面上的不同概念。前者是编辑活动过程中的方法，具有现实的指导意义；后者是编辑学的研究方法，是促成理论形成和提升的有效手段。但二者之间有着内在的联系，有着互相促进、提升的辩证交互关系。它们产生于编辑活动实践和编辑学的研究实践，并在其中得到检验和完善。任定华认为，方法论的形成和运用既符合实践与理论互动的原理，又符合借鉴与扬弃的原则。更重要的是，要推动编辑学学科逐渐走向完善，不仅要借鉴和运用理论联系实践、继承与批判、定性与定量结合等成熟的方法，还要探索形成更加契合编辑学学科属性的特有方法。

六是建立概念体系和知识体系。任定华在个人研究中始终重视概念、范畴等基本理论要件的确立、打磨，他从学科构建角度讲的建立概念体系与知识体系，强调的是不同概念、不同知识点之间的有机组合，融会贯通。他在深入考察现实的编辑实践活动的基础上去捕捉不同概念与知识点之间的内在关系性，将实践活动中的规律以理论化的形式体现出来，将实践要素间相互依存、相互规定、相互过渡与转化的关系外化到理论层面上，再现编辑实践活动的客观运动过程。当各种概念与知识点互相支撑，互作注脚，圆融一体时，编辑学研究的成果才在宏观层面上具备了理论体系的气度。正如任定华所呼吁的，"全国同仁应同心协力、群策群力，一砖一瓦、一点一滴、一层一层地为构筑起编辑学这座宏伟的理论大厦而勤奋努力"①。

四、编辑观与编辑学基本原理分析

说到编辑学基本原理，不能不提编辑观。"编辑观"在编辑学研究领域中不算是一个通识性概念，任定华提出了这一说法并着重加以论述。

（一）编辑观及确立科学编辑观的原则

在《在编辑学构建中要确立科学的编辑观》一文中，任定华认为，"编辑观"应该是在学科性质、研究对象、概念和范畴、基本规律、研究方法等一系列问题认识基础上形成的倾向性、一致性观念，而其中所着重针对的是对编辑学基本原理的看法。他说："编辑观是通过编辑对编辑对象及学科性质等概念表述中形成的"，"编辑观在编辑学学科研究中，自始至终起着统摄、纲领和灵魂作用"。②他对在编辑学研究过程中产生过一定影响的几种编辑观——主体、客体编辑观，作者、读者中介论编辑观，信息智化编辑观，文化缔构编辑观，文化启蒙、设计编辑观等进行全面论述，指出这些编辑观虽各有优长，但均非尽善尽美，分别存在着"缩小的偏向"和"扩大的偏向"，前者是只注重于编辑实践的某个局部、某个环节、某种程式或某种形式，形而下且太过具体，没有达到理论上应有的抽象高度、概括广度和探察深度；后者虽更进一步，

---

① 任定华等：《编辑学导论》，中国经济出版社2001年版，第119页。
② 任定华：《在编辑学构建中要确立科学的编辑观》，《编辑之友》1996年第1期。

但仅从人类编辑现象的某一特征、某一功能、某一层次、某一要素，或某种外在联系出发，虽形而上却片面。也就是说，在任定华看来，这些编辑观不管是"缩小化"或"扩大化"，都有片面化的问题，不管是以个别代替统一、以局部表征全面，其共性是存在一定的"缺陷"。因此，他强调，确立正确的编辑观，必须遵循科学的原则。这些原则任定华表述为一是运用哲学的科学原则，二是理论与实践统一的科学原则，三是批判与继承的科学原则，四是编辑学本质统一的科学原则。

任定华认为，编辑学的核心是揭示编辑活动的客观规律，规律的揭示要在观察编辑实践活动的基础上，运用一套概念体系，推陈演绎，辩证交互，从而形成科学的学科知识体系。这个过程是一个运用辩证唯物论和历史唯物论的认识过程，也是一个哲学观照过程。在他看来，哲学思维是形成科学编辑观的前提。已有编辑观中存在的"缩小化"与"扩大化"，在根源上是脱离理论和背离实践的结果。编辑实践和编辑研究实践均是动态发展的过程，故而只有从实践与认识相统一的原则上构建编辑观才是正确的路径。他指出，编辑学研究要奉行"编辑的批判与批判的编辑"原则，即要对原有编辑实践、编辑理论进行改造加工，取其所长，弃其不足，消化吸收，融会贯通；同时，借鉴吸收新兴学科、相关学科的观点、方法，得其精髓，为我所用，构建形成编辑与编辑学的概念体系与知识体系。他说："编辑学学科构建的基本要素，包括编辑学对象、概念体系、学科性质、基本原理、基础理论、学科方法论、编辑工程及其知识体系等……这些内容或要素，在本质上是统一的，统一在编辑观这一高层次上。"[①]

（二）编辑信息原理

在科学的编辑观的统摄之下，编辑学学科构建的各基本要素之间

---

① 任定华：《在编辑学构建中要确立科学的编辑观》，《编辑之友》1996年第1期。

要互相依存、互相结合，形成一个圆融有机的理论体系，使得学科性质、概念体系、基本原理、方法论等范畴与关系并行不悖，自足而圆满，获得本质上的统一，通过其内在联系共同揭示编辑实践活动的基本规律。任定华由此确立了自己编辑观的理论基础——编辑信息原理。

任定华编辑学研究的特点就是善于借鉴与吸收临近学科、相关新学科的理论、观点、方法，编辑信息原理作为任定华编辑学理论的基础，包括信息与编辑信息、信息编辑过程、编辑信息特征三部分，也是借鉴新学科理论的结果。

在"信息与编辑信息"部分，任定华参考了科学哲学家卡尔·波普尔等的理论。波普尔将世界上存在的各种形式的事物（包括物质和精神层面的）分为三个层面，物质世界为"世界1"；精神世界为"世界2"，包括心理素质、意识状态和主观经验等；人类精神活动的产物，即思想内容、观念认识或各种思想客体则被归为"世界3"。国内信息哲学研究者邬焜对此理论加以改造，提出了三个层次的信息世界——可以粗略地描述为自在信息世界（信息处于未被认知的原始状态）、自为信息世界（自在信息以主观呈现的方式被主体感知）和再生信息世界（在对自为信息进行加工改造的基础上产生抽象化、理论化信息）。基于以上观点，任定华认为"编辑信息的基本范畴是信息世界的外化社会信息，即是波普尔所谓的世人所创造的知识世界"；编辑的实践对象就是"世界3"，对应着的再生信息世界，是"可感性外在储存的再生信息，是知识理论系统的语言符号体系的表述和描绘"[1]。在这里，编辑信息与一般意义上的信息既具有一致性，又具有特殊性。

在任定华看来，首先，并不是所有从物质世界"演化"到精神世界的信息都是编辑信息，事实上只有那些"理论化、符号化的精神（观念）信息"才是编辑实践活动的对象。其次，作为编辑实践活动对象的这些

---

[1] 任定华：《编辑信息原理》，《"新学科与编辑学"学术研讨会论文集》，1989年4月。

精神（观念）信息又必须实现载体化与社会化，这是编辑活动的价值、功用赋予它的必然规定性。他说："正是信息的多层次、多门类、多学科性，构成了编辑信息的网状结构的特点（或网络体系），这种网络体系构成了编辑信息载体形态的多样性，也使编辑信息具有广泛的社会性。"[1]

在"信息的编辑过程"部分，任定华从信息论的角度出发，认为信息与物质和能量是相伴相生的，物质的运动过程伴随着信息的交换过程。人的意识对物质运动过程的认识和把握就是对信息的接收和改造过程，通过更高形式的思维创造，将信息理论化、符号化，进入传播渠道。其基本模式就是香农的通信系统模型。任定华强调，编辑信息不同于一般意义上的信息，它虽然在基本收受程序上遵循通信系统模型体现的流程，同时又有自身独特的属性和环节。第一，编辑实践活动处理的不是最原始状态的信息，而是已经被理论化、符号化，具备了某种精神价值和实用价值的高级信息，是思维创造最高形态的产物；第二，信息的处理过程不仅仅是收集、传播和接受的过程，而是一个全程处于能动性创造状态的过程，从最初的信息有序化到之后的赋予信息以适宜的物质载体，再到最后的传播于众、寻求效果和反馈，规范化、有序化、知识化、价值化的标准贯穿始终。相较于一般意义上的信息传播流程，编辑的信息处理过程表现为"信息→获取→贮存→选择→开发→创造→物化→传播→信息"[2]。

不仅如此，在"编辑信息的特征"部分，任定华还指出，正因为特别的编辑信息在编辑实践活动中有别于一般信息的传播扩散过程，故而无论是作为被甄选对象的编辑信息，还是经过处理、规范化、精粹化，信息价值得以提升了的编辑信息，以至于进入发行、传播渠道的成果性编辑信息，都有着各自的新颖性、对象性、商品性、规范性、继延性和

---

[1] 任定华：《编辑信息原理》，《"新学科与编辑学"学术研讨会论文集》，1989年4月。
[2] 任定华：《编辑信息原理》，《"新学科与编辑学"学术研讨会论文集》，1989年4月。

共享性等不同特征。

五、编辑系统内外功能阐释

对于编辑系统的内外功能，与任定华同时期的研究者关注不多。任定华强调，编辑过程是信息、知识的有序化、媒体化和社会化进程，在这个过程中，各要素之间、要素与整体之间、整体与外部之间都会存着互相制约、互相规定的关系，这种种错综复杂的关系构成了编辑的系统结构。①编辑系统结构又反过来规定着要素与关系本身的性质，这种被规定的性质就是编辑系统结构的功能，它在该系统结构的内部关系和外部联系中表现出来，同时具有两重属性：其一是效应性，一方面是对特定传播媒体信息、知识从内容到形式的全面规定，另一方面是对受众在思想、情感、信息、审美等各方面的提升；其二是对象性，即作为内容的信息、知识，作为载体的媒体形式以及作为对象的受众这三者之间的互相规定。②基于此，任定华对编辑系统的内外功能进行了深入分析。

（一）编辑系统的内在功能

任定华认为，"特定编辑传播媒体的信息、知识编辑系统内在要素与要素序列演化关系中而产生的物质与能量的同化与异化的交换结果，才能在信息、知识有序化、媒体化与社会化演变中而获得的最佳效应"③。通俗地说，编辑系统内在功能就是指编辑通过选择、创造、加工以及联系作者、读者等，生产出最为满意的编辑成果，产生最佳的编辑效用，如选题决策的提出、文化选择的考察、编辑选择论等。任定华把它概括为以下几种功能。

---

① 任定华等：《编辑学导论》，中国经济出版社 2001 年版，第 124 页。
② 任定华等：《编辑学导论》，中国经济出版社 2001 年版，第 141 页。
③ 任定华等：《编辑学导论》，中国经济出版社 2001 年版，第 143 页。

一是选择性功能。即编者选择哪些内容作为编辑对象，加工完善后予以传播。在《编辑学导论》里，任定华提出了两种观点：他认为选择的对象既不是学界广泛探讨的文化，也不是业界倾向认可的出版，而是信息与知识；而在选择过程中应该遵循哪些原则，他的看法也很明确——"学术、艺术、技术的首创性、舆论导向性、科学方向性、社会实践性、政策方针体现性、信息新闻性、数据再现性、数学准确性、逻辑严密性、语言简洁性、报导求实性、文图规范性、画面生动性等"①，从根本上说就是要坚持真善美标准，以创造传世佳作，满足人民需求，推动社会进步。

二是创造性功能。任定华认为，"从信息、知识编辑传播媒体的整体看，各种编辑传播媒体的形成与完善，都包含着编导者的创造与再创造"②，"没有编辑创造的信息、知识的记录与凝聚、传播与交流、积累与储存，也就没有自然进化、人类发展、社会文明与编辑进步"③。在他看来，编辑活动的创造既包括编辑根据信息、知识的生产传播需要提出意见，推动作品修订完善，也包括作品在进入编辑、传播流程后的独立性再创造，如在法律法规、标准规范和风俗文化方面的审查，摘要、提要、参考文献等辅文的加注，索引、注释等功能的附加。他说："在编辑实践中，时时、处处、事事无不闪烁着编辑创造的光辉，显示编辑创造业绩。"④ 不仅如此，他还指出，编辑活动往往在特定学科的创立和走向成熟过程中发挥着重要作用，一些新兴学科的出现，往往是编辑领域的专家高瞻远瞩、主动作为，进行顶层设计、开展科学谋划，一步步推动实施的结果。

三是规范化功能。任定华认为编辑过程就是信息、知识有序化、

---

① 任定华等：《编辑学导论》，中国经济出版社 2001 年版，第 145 页。
② 任定华等：《编辑学导论》，中国经济出版社 2001 年版，第 146 页。
③ 任定华等：《编辑学导论》，中国经济出版社 2001 年版，第 145 页。
④ 任定华等：《编辑学导论》，中国经济出版社 2001 年版，第 146 页。

媒体化与社会化的过程，实质上也就是无序状态下信息、知识的规范化过程。任定华将规范化的地位上升到了一个罕有的高度，这在当时以及今天的编辑学研究中都是不多见的。他认为，作为规范化核心的"标准和规范"具有国际性、民族性、科学性、系统层次性、简明性和实用性。[①]

四是媒体化功能。任定华认为，"编导的信息、知识有序化之后，便要进入媒体化的过程。编导媒体化就是把特定的文图稿中的信息、知识内容负载于特定编导传播媒体物质介质的过程"[②]。在他看来，媒体化的过程以编辑为主体，从事信息、知识产业的相关群体参与其中，共同创造出既符合内容主体特质，又具备市场商品特性的媒体化产品，内容与形式的契合度决定着媒体化产品的质量和特色，也决定着其传播效能的发挥。

五是传播功能。任定华认为，"编辑传播就是信息、知识社会化的过程，是特定信息、知识媒体与社会读、听、观者相通的过程"[③]。也就是说，信息、知识的传播是编辑活动的目的，也是媒体化的精神产品实现社会化的核心步骤。以往编辑学研究者对编辑传播功能的不太重视，任定华则指出，从人类社会的横向维度来看，知识要扩散交流，必须通过传播；从历史的纵向维度来看，文明的传承也需要知识的代际传播，"信息、知识的传播与交流是人类除了衣、食、住、行之外的生活必需"[④]。在他看来，信息、知识的编辑传播是沟通编导者与社会的纽带，是联系社会广大听、观、阅者的桥梁，是社会发展与进化的象征。与此同时，他还指出，在传播过程中，除了编者对受众的传播向度，还有一个受众对编者的反馈机制，循环往复，交相作用，形成传播的完整动态系统。

---

① 任定华等：《编辑学导论》，中国经济出版社2001年版，第148—149页。
② 任定华等：《编辑学导论》，中国经济出版社2001年版，第149页。
③ 任定华等：《编辑学导论》，中国经济出版社2001年版，第151页。
④ 任定华等：《编辑学导论》，中国经济出版社2001年版，第152页。

（二）编辑系统的外在功能

编辑系统的外部功能，指的是它的社会功能。任定华认为，"编辑系统的社会功能就是编导媒体传播的信息、知识社会化之后，在社会中所产生极其广泛的整体效应"①。

一是推动人类社会进化。马克思说人类社会是"人的实现了的自然主义和自然界的实现了的人道主义"②。"自然界的实现了的人道主义"，其实就是"以文化人"，所以这里的"人道主义"在某种程度上可以理解为"文化"。自然界也好，人类社会也罢，都是一个发展进化的动态体系，与自然界进化不同之处在于，人类社会的进化既包括生物层面上的进化，也包括社会文明的进化，后者是主导性的进化方式。如果说生物进化的"载体"是遗传基因的话，那么文明进化的载体则主要是媒体化的信息与知识。任定华认为，"如果没有编辑化了的语言符号，没有语言符号化了的信息、知识编辑媒体的积累与存储，也就没有人类文化，从根本上也就谈不上人类社会的进化"③。从这一角度出发，编辑、编辑化了的知识、信息对人类社会的进化功不可没。

二是舆论导向与控制。任定华认为，编辑的舆论导向、社会凝聚与控制功能是通过各种信息、知识传播媒体的对象化实现的。这种导向，包括政治的、思想的、文化的、道德的、艺术的、情趣的，等等。从传播学理论视角看，编辑系统结构的外向舆论控制功能近似于议程设置；从新闻宣传的角度看，又可视之为舆论引导。但不管怎样阐释，舆论导向与控制的根源都是统治阶级意志的体现，具有鲜明的时代性。在任定华看来，这种导向与控制既可以推动社会正向发展，也会阻碍历史进程，关键之处在于其导向是否正确，其传导的思想内容、价值观念是

---

① 任定华等：《编辑学导论》，中国经济出版社2001年版，第154页。
② 《马克思恩格斯全集》第3卷，人民出版社2002年版，第301页。
③ 任定华等：《编辑学导论》，中国经济出版社2001年版，第158页。

否契合历史的发展规律。而编辑作为舆论的引导者与控制者,对于化解社会内部矛盾,维护安定团结局面,形塑民族国家精神都是至关重要的。正如任定华所说:"这种政治的、经济的、科技的、文化的目标与要求,都是依靠编辑传播媒体手段加以促进、完善和提高的。"①

三是推动社会生产力发展。任定华认为,"在科学技术转化为生产力的过程,信息、知识编辑媒体与科学技术本身具有同等的重要意义"②。在他看来,无论是科学技术进步的历程,还是科学技术在当代经济发展中日益增长的地位与功能,都离不开信息、知识形式的特定媒体的传播与传递,积累与储存,而这正是编辑的基本宗旨和任务。因此,他说:"不重视科学技术对当代社会进化中巨大作用的任何编辑与编辑学研究理论,无不带有极大的局限性、落后性和保守性的特征。"③

四是育化人类和开发智能。任定华认为,编辑化了的信息、知识公之于社会后,对社会产生巨大的育化效应,这种育化和影响面是极其广泛的。从对人类培育教化的角度讲,信息、知识编辑媒体传播是学校等专门性教育行业和机构的有效补充,其受众覆盖面更广,作用形式更灵活便捷,效果更深入持久。在他看来,人类智能的进化主要表现为思维结构、模式和方式方法的进步,这种进步在很大程度上要依赖前期成果的积累,不同个体、学科间的激发启迪,信息、知识编辑媒体恰恰扮演了此间最为关键的中介,从方法论层面上推动了人类社会文明成果的长远发展繁荣。

五是科学文化的增殖。任定华认为,信息和知识作为编辑活动的对象,自然包含着科学文化;编辑活动过程本身的有序化、媒体化、社会化程序既是对科学文化的去粗取精、择优汰劣,也是规范完善、提炼升华的过程。在他看来,编辑活动的增殖功能既体现在通过集纳、传

---

① 任定华等:《编辑学导论》,中国经济出版社2001年版,第159页。
② 任定华等:《编辑学导论》,中国经济出版社2001年版,第162页。
③ 任定华等:《编辑学导论》,中国经济出版社2001年版,第160页。

播，使有序化的科学文化在数量上获得增加，也包括通过完善、提升等再创造活动使文化在质量上获得提升。他说："所谓增殖，就是不仅是科学技术与文化在数量上的发展，特别是质量和能量方面的突变，使科学技术与文化向高层级、深层级进化。"[1]

六是审美与消闲。任定华认为，编辑化了的信息、知识，具有精神形态的内在美、逻辑美、理性美的内容，又具有物质形态的形式美、外在美、感性美的形式，因而传播于社会之后，给人以美的享受，产生美的价值，不仅能提高人的审美情趣，而且也有消遣娱乐的作用。在他看来，编辑媒体的审美功能体现在信息、知识类媒体的审美元素和文学、艺术类媒体的审美本质两个方面，前者是"寓乐于教"，后者是"寓教于乐"，皆在信息、知识的传播中给人以精神上的愉悦和审美能力上的提升。

对编辑系统内外功能的探讨，其他研究者也有涉猎，但没有像任定华的观点这样系统化、体系化，尤其是他在研究中对生物进化、社会发展、新技术运用、信息化相关知识信手拈来，以及运用系统论原理阐释编辑工作、知识结构等，别具特色，颇为出彩。

结　语

应该说，任定华的编辑学研究及其贡献远不止上面这些，比如，从文字符号演化、科学技术发展对编辑的系统制约以及各种编辑传播媒体的演化状况，独辟蹊径展现编辑历史的概貌；运用哲学科学方法、数学方法进行编辑学方法论研究，构建全息、统一论的编辑观；应用系统论观点，构筑起编辑实践系统工程程序化的内容与原则；构思与设计编辑学学科整体结构及其层级体系；以信息、知识为核心探讨编辑媒体

---

[1]　任定华等：《编辑学导论》，中国经济出版社2001年版，第165页。

的质量及质量控制；运用信息社会、知识经济时代的思想，研究编辑系统、编辑系统管理等，都颇有突破、突围、创新、创造之感。尤其是他的信息智化编辑观，在20世纪八九十年代掀起的编辑学理论研究热潮中，与其他有几种代表性的编辑学理论一同成为最为瞩目的主流，被学界冠以"流派"称谓，在当时和之后均产生过积极的影响。整体来看，任定华的编辑学研究，既从编辑学实践出发，又嫁接、引用相关理论，既致力于编辑学理论体系建设，又不放弃具体的编辑业务，虽个别理论晦涩、生硬，但自成一家，自成一体，充分显示了他学者型编辑学家的底蕴和创新精神。

任定华编辑学研究的主要特点是具有强烈的理论色彩。他说："从主观方面讲，我有个较高的目标追求，希望在编辑实践的基础上，在较高的层级上，尽最大的努力，写出的东西能够反映编辑实践的内在联系和本质规律，具有相对的客观真理性，从而指导编辑实践的发展，为编辑学学科构建和培养跨世纪的编辑人才添砖加瓦。"[①] 以此为出发点，他始终强调要从局部的、具体的、专业性的编辑活动研究中抽离出来，将研究成果升华为覆盖全面、高度抽象、体系完备的编辑学理论；同时，在整个研究过程中遵循从实践中来、到实践中去的基本思路，不脱离实际，不闭门造车。对于编辑学的学科构建，他有着自己独到而深刻的见解，并在自己思考的基础上以点到面、稳步推进，以博采众长、借鉴吸收、批判继承的开放眼光逐步构建起编辑学理论体系。比如，他把编辑学的构建置于科学发展总体态势以大综合为主导的环境中加以考察，从而得出了编辑学是一门新兴的、综合性的横断学科性质的结论，确立了编辑学在整体科学体系中的重要地位与功能；从知识结构的完整性和知识体系的统一性出发，规定了编辑学的五个学科要素——编辑历史、基础理论、编辑学原理、编辑与编辑学方法论、编辑系统工程，构成学科

---

① 任定华：《在编辑学道路上学习、思考、创新》，《中国编辑》2004年第1期。

的框架。在学科框架里，五个部分以编辑学研究对象信息、知识为制高点而构成其内在联系——编辑历史是信息、知识的文字符号演化的历史，基础理论是与信息、知识编辑媒体传播有关的理论问题，编辑学原理是由信息知识本质性、结构性、完备性、开拓性与计划目的性形成的基本理论，方法论是运用唯物论认识和揭示编辑实践运动过程的内在联系和本质规律的方法论，编辑系统工程是信息知识有序化、媒体化与社会化运作程序化的科学原则，是编辑学原理与方法论的具体应用。再比如，任定华提出了别具特色的编辑学基本原理论，即编辑信息原理、编辑美学原理、编辑语言原理、编辑再创性原理和编辑传播原理。这一理论是建立在他对编辑概念的独特认识基础之上的，无论是信息原理、美学原理、语言原理，还是再创性、传播原理，都是基于作者对编辑活动的"有序化、媒体化和社会化"这三个概念的认知展开的，系列论述独成一统。在一定程度上说，这种编辑学理论体系具备内容上的完备性、逻辑上的一致性和层次上的抽象性，似乎称得上是20世纪编辑学研究不可多得的理论精品。

任定华的编辑学理论以西方学界的信息论为立论基础，在研究方法上大量借鉴了传播学、经济学、哲学甚至于数学中的思想和方法。比如，对香农信息论中"信息熵"概念和信息传播模式的借鉴，对知识经济理论、信息论、系统论的运用，对编辑信息中数量关系、内在结构、质量状态等进行数学意义上的定量描述和分析，并建立相应的数学模型等。再如，借用信息论和控制论等学科知识，提出全息、统一论是编辑学研究方法变革的一个重要方向，是解决我国编辑学研究存在的经验性缩小和主观性扩大两种偏向的主要方法，对编辑学研究有着重要指导意义。在当时的研究背景下，这些都是大胆的尝试和有益的探索，给学术界带来了许多启示，在一定程度上拓展了编辑学研究的理论视域，丰富了编辑研究的方法手段，开拓了学界同人的眼界、思维。

王振铎先生曾指出，编辑学"是根植于中国传统文化土壤，具有深厚东方文化底蕴和中国特色的传播学"。这种评价体现了编辑学的东方特色、本土风格，作为一门"土生土长"的新兴学科，其根柢应从国内历史与现实的编辑实践活动中去寻找和建立。任定华虽然也始终强调现实的编辑实践活动之于理论建构的重要性，但在研究中对西方理论借鉴较多，对本土编辑活动挖掘较少；对方法论层面上的新理论、新概念关注较多，对编辑实践活动本身探究较少；其整体理论框架显得形式有余而内容不足，对西方学术理论的运用有一种削足适履之感，个别地方表现出来的牵强、生硬，影响了其编辑学学术思想的圆融。

博观约取　不竞自守

——"中介服务派"代表刘光裕的编辑学思想

刘光裕是我国较早投入编辑学研究的领军人物之一，也是当代有影响的编辑学家之一。他1936年出生于江苏省武进县，在无锡市接受了中学教育。1959年毕业于山东大学中文系，留校任教，是山东大学中文系文艺学教授。1973年春，全国16所著名大学学报同时准备复刊，他被任命为《文史哲》编辑部副主任。编辑部无主任，也无一兵一卒，他一个人包揽全部工作，1973年10月《文史哲》复刊号与读者见面，"征订数高达70多万份，这在当时是绝无仅有的"[①]。1974年，他被调到山东省委，任理论研究室副主任。1979年调回山东大学，9月任《文史哲》编辑部主任。1984年底，辞去编辑部主任一职，离开编辑部，后又婉拒出版系主任等职务，被称为"布衣书生"[②]。作为"书生"，他已刊论文约60万言，著作有《编辑学论稿》及其增订再版本《编辑学理论研究》（与王华良合著）、《柳宗元新传》（合著）和《柳宗元》。作为编辑学家，他1984年开始研究编辑学理论，兼及中国出版史，宋原放在《编辑学理论研究》"再版序"中评价他和王华良，"他们勤奋地、勇敢地做了很

[①] 陈静：《编辑从来需博学　健笔纵横在自由：记山东大学〈文史哲〉前主编刘光裕教授》，见潘国琪、胡梅娜：《润物细无声：社科学报编辑家耕耘录》，河南大学出版社1995年版，第99页。

[②] 陈静：《十年砥砺寒梅清香：记编辑学家刘光裕教授》，《编辑之友》1998年第6期。

有价值的探索,取得了开拓性的成果。特别是对近代编辑和编辑学,很有创见"①。对于他们的这种"创见",学界缺乏专门的、系统的研究。以下仅从学理的视角对刘光裕的编辑学研究及其贡献进行梳理和总结。

一、界定编辑概念,提出以出版编辑为本位的编辑观

在编辑学界的学术讨论中,关于编辑概念的讨论,从编辑学研究一开始就最激烈、最热闹。刘光裕作为20世纪八九十年代论争的主角之一,接连发表了《怎样理解编辑的概念》《何谓编辑》《再论何谓编辑》《三论何谓编辑》《四论何谓编辑》等一系列论文,以独到的眼光、深邃的思想深入论述了编辑概念的本质内涵。

在《怎样理解编辑的概念》一文中,刘光裕开门见山地指出,编辑一词既可指编辑活动或编辑工作,也可指具有编辑身份的人,三者的重点在编辑活动。他强调,要理解编辑概念,"重在探讨编辑活动的概念,同时又留意区别于著作活动"②。在他看来,"编辑活动"应作为独立的研究对象,并且有必要将其从人们所从事的一般社会活动中分离出来,只有明确编辑活动与著作活动的不同分工及其社会担当,才能为科学界定"编辑"概念作出必要准备。他说:"编辑学必须研究真正属于编辑的那些问题,因此,编辑学的研究必须着眼于编辑活动。"③以此为出发点,刘光裕通过对"是否可以离开利用某种传播工具的传播活动去谈论什么是编辑","是否可以不顾作者关系和读者关系孤立地谈论什么是编辑"两个问题的分析,质疑孔子的编辑家身份,提出古代编辑和现代编

---

① 宋原放:《再版序》,见刘光裕、王华良:《编辑学理论研究》,山东教育出版社1995年版,第1页。
② 刘光裕:《怎样理解编辑的概念》,见刘光裕、王华良:《编辑学理论研究》,山东教育出版社1995年版,第2页。
③ 刘光裕:《怎样理解编辑的概念》,见刘光裕、王华良:《编辑学理论研究》,山东教育出版社1995年版,第1页。

辑迥然有别,并批评"编辑的产生先于文字"之说的幼稚和编辑概念的"泛化"。他认为,中国古代所说的"编辑"意思是"编纂",属于著作活动的范围,与今天出版业中的"编辑早已是精神生产部门的一种相当广泛的专业,成为一种不可替代的社会分工。"①所赋予的意义是两回事,因而孔子不是也不可能是编辑或编辑家。他说:"把孔子当作编辑家,从认识上看大致是把编纂活动看成是编辑活动。"②为此,他在科学区别"编纂"和"编辑"的基础上,把"编辑"概念界定为:"编辑是在利用传播工具的传播活动中,处于作者和读者之间进行的种种出版前期工作。"③这种对编辑概念的非描述性概述,首先表明的是编辑活动实际上是一种传播活动,这种传播活动是利用传播工具进行的,它不同于著作活动;其次表明的是编辑活动离不开作者、读者的参与,与作者、读者的关系是编辑活动特有的;再次表明的是编辑工作的具体内容以及与出版的关系。刘光裕对编辑概念的总结,强调的是编辑的价值,重视的是编辑工作和编辑实践活动。

在《再论何谓编辑》一文中,刘光裕进一步将"利用传播工具的传播活动""处于作者和读者之间""出版前期工作"概括为编辑概念的"三要素"。他强调说:"编辑活动隶属于出版活动,这是普遍存在的客观事实。编辑学研究中不确认编辑对出版的隶属关系,进而不确认编辑活动存在于出版业(传播业),不确认编辑活动是出版业(传播业)中有关人员的专业活动,那么,编辑概念的'泛化'就是必然的。"④他

---

① 刘光裕:《怎样理解编辑的概念》,见刘光裕、王华良:《编辑学理论研究》,山东教育出版社1995年版,第11页。
② 刘光裕:《怎样理解编辑的概念》,见刘光裕、王华良:《编辑学理论研究》,山东教育出版社1995年版,第6页。
③ 刘光裕:《怎样理解编辑的概念》,见刘光裕、王华良:《编辑学理论研究》,山东教育出版社1995年版,第13页。
④ 刘光裕:《再论何为编辑》,见刘光裕、王华良:《编辑学理论研究》,山东教育出版社1995年版,第34页。

指出，编辑价值必然包含在传播业中，出版编辑价值必然包含在出版业中，离开传播业、出版业而谈编辑的价值，即便说得天花乱坠，也无实际意义。对于书刊编辑来说，出好书和多出好书，是其基本的价值标准和价值取向。在他看来，"泛化"编辑概念的主张可能只是为了拓宽编辑学研究的范畴，使编辑活动得到更好的总结，但对编辑概念的"泛化"却避开了对编辑活动本质的揭示，这在一定程度上影响了编辑概念界定的科学性。他同意复旦大学学报王华良编审对编辑概念"泛化"提出的质疑："泛化编辑概念的主要依据之一，是编辑活动与著述活动之间存在着密切的联系、交叉、共同点"，"但是，编辑活动与著述活动毕竟不是一回事，而是具有不同本质属性的两种社会文化活动"，"努力把编辑活动与著述活动区别开来，能为编辑学大厦的建筑献上一砖一瓦；把编辑活动与著述活动混淆在一起，使'编辑'概念泛化，则只能得到某种外观宏伟而结构松散的构件"，[①]并认为，要想科学界定编辑概念，必须把编辑活动与著述活动从本质上彻底区别开来。也就是说，刘光裕不同意编辑概念"泛化"，是因为"泛化"使编辑学离开了出版中编辑的专业活动——选题、组稿、审稿、发排等，大而无当，空而无用，而"编辑学的全部任务，就是研究出版中编辑专业活动的理论和历史；它的对象和范围，简单来说也是如此"[②]。他说："我的编辑概念三要素说，既表明编辑活动在社会生活中的性质和地位，又表明它的三种社会关系。"[③] 可见，刘光裕对编辑概念的认知，精华是"在利用传播工具的传播活动中的"、"处于作者和读者之间进行的"、"为出版做准备的"三要素；本质是"出版中编辑的专业活动"。以出版

[①] 王华良：《试论界定编辑概念的方法论问题》，《编辑学刊》1990年第4期。

[②] 刘光裕：《再论何为编辑》，见刘光裕、王华良：《编辑学理论研究》，山东教育出版社1995年版，第35页。

[③] 刘光裕：《再论何为编辑》，见刘光裕、王华良：《编辑学理论研究》，山东教育出版社1995年版，第37页。

业中的编辑为本位,是刘光裕编辑观的精髓,也是这个编辑概念鲜明而突出的特色。

  事实上,这一概念在编辑概念争锋的过程中是很有影响的。刘光裕曾说:"在这一类中,林穗芳的表述以标举编辑工作内容的详尽为特色;阙道隆的表述以强调其优化、选择为特色;而我的表述则重在指出编辑概念中所包含的三个基本要素……彼此角度不同,可以互补,无冲突之处。"①1987年,林穗芳笔下的编辑概念是:"收集和研究有关出版的信息,按照一定的方针制定并组织著译力量实现选题计划,审读、评价、选择、加工、整理稿件或其他材料,增添必要的辅文,同著译者和其他有关人员通力协作,从内容、形式和技术各方面使其适于出版,并在出版前后向读者宣传。"②阙道隆的是:"编辑活动是对他人作品和资料进行搜集、选择、整理和加工,使之适合创办目的与复制要求的精神劳动。"③可见,刘光裕的上述说法比较公允,他对编辑概念的看法实际上同林穗芳、阙道隆的见解有着共通的意义,那就是"编辑活动隶属于出版活动",只不过林穗芳的表述以标举编辑工作内容的详尽为特色,阙道隆以强调编辑工作中的优化、选择为特色,刘光裕以凸显编辑概念的三要素为特色。应该说,编辑概念三要素的提法,对于形成编辑学研究对象方面的"关系说"具有一定的价值和意义。20世纪80年代,编辑概念论争可谓群雄混战,你说服不了我,我也说服不了你,刘光裕的这个概念被"围攻",就足以说明它在当时学界的影响之大。在辩论的过程中,以他和王华良为代表的"非主流的少数派"④渐渐成长为编辑学理论流派

---

① 刘光裕:《再论何为编辑》,见刘光裕、王华良:《编辑学理论研究》,山东教育出版社1995年版,第37页。
② 林穗芳:《关于图书编辑学的性质和研究对象》,《出版与发行》1987年第2期。
③ 阙道隆:《图书编辑学的研究内容》,《出版与发行》1987年第3期。
④ 刘光裕:《"文章千古事,得失寸心知":纪念林穗芳逝世四周年》,《济南大学学报(社会科学版)》2013年第6期。

中的一大流派——"中介服务派"①。刘光裕作为"一派之宗"②，以出版为本源，旗帜鲜明地提出了"有出版才有编辑""编辑活动隶属于出版活动""编辑活动是出版活动的一部分""编辑是出版的中间环节"等观点，这从根本上厘定和明晰了编辑概念认识的范围和界限，成就了他出版编辑本位论的编辑本质观。

应该说，这一概念在20世纪80年代依托纸质出版开始发力的编辑学研究起步阶段，具有一定的先进性、合理性。当年编辑学研究"起家"于书刊编辑，林穗芳、阙道隆、刘光裕等人对编辑概念的表述，偏重于书刊编辑，偏重于编辑工作的过程，这主要是时代使然。如今，随着社会的进步，科技的发展，媒介载体越来越多，编辑活动的形态、业态、生态特别是编辑活动的内容、方式、平台、环节等也都发生了翻天覆地的变化，以目前的眼光来审视刘光裕对编辑概念的界定，似乎有点"窄化""狭化"，但在编辑学研究的起步阶段，刘光裕勤奋地、勇敢地对编辑概念进行了深入探讨，深化了人们对编辑本质的认识，以出版编辑为本位的编辑观也在编辑学理论建设的进程中发挥了特定的作用，绽放了特有的魅力。

二、阐释编辑学纲要，形成较为完备的编辑学学科理念

刘光裕热心编辑学研究，对编辑学基本理论问题有着高度的理论自觉。在20世纪八九十年代，我国的编辑学研究刚刚起步，编辑

---

① 20世纪八九十年代编辑学理论论争中，比较活跃的理论流派除了"中介服务派"外，还有以王振铎为首的"文化缔构派"、以任定华为首的"信息智化派"等。需要说明的是，虽然阙道隆的编辑概念和刘光裕的编辑概念有共通之处，但随着论争的深入，出现了以阙道隆、张如法、庞家驹为首的"选择优化派"。"选择优化派"和"中介服务派"都以编辑活动为中心，但前者重编辑选择优化，后者重编辑中介作用，着重点不一样。

② 陈静：《十年砥砺寒梅清香：记编辑学家刘光裕教授》，《编辑之友》1998年第6期。

学作为一块待开垦的处女地，有关其生存发展的基本理论问题还处在探索之中，相关的规范和研究范式也没有建立，甚至"编辑无学"的声音还颇有"市场"，刘光裕以高度的学术责任感和理论自觉性，积极"披挂上阵"，踊跃地投身到编辑学理论研究和建设的热潮中去。他曾直言："我以为当前比构造新体系更重要的是，钻研编辑学中存在的重大理论问题。"[①] 在此思想指导下，他除了界定编辑概念外，还分别对编辑学研究对象、学科性质、学科规律、学科范畴、学科研究方法以及编辑学研究内容等一系列学科核心问题进行了深入探究，详细阐述了编辑学学科纲要，形成了较为完备的编辑学学科理念。

（一）研究对象

刘光裕认为，明确研究对象和范围是一门学科建立的前提和基础。他说："作为新兴学科之一的编辑学，若在基本理论研究上有所突破，除需重视研究方法之外，还应重视研究的对象和范围。"[②] 编辑学要是没有独特的研究对象，就不可能也没有必要成为一门独立的学科。为此，他明确提出要从编辑概念入手，客观准确地确定编辑学的研究对象。他指出："从历史上看，编辑作为文化活动中一个专业是随着大众传播事业的兴起而正式诞生的，它活动的内容、范围和规模又是随着大众传播事业的发展而发展的。"[③] 如今，伴随着大众传播事业的发展，编辑活动的内容、范围越来越大，编辑概念的内涵、外延越来越宽泛，但宽泛并不是没有边界。他旗帜鲜明地反对"大编辑"的概念，他说，报纸编辑、影视编辑虽然都存在编辑活动，但是在编辑活动的内容、功用等方

---

① 刘光裕：《当前的编辑学研究》，见刘光裕、王华良：《编辑理论研究》，山东教育出版社1995年版，第166页。
② 刘光裕：《编辑学的对象和范围》，见刘光裕、王华良：《编辑理论研究》，山东教育出版社1995年版，第116页。
③ 刘光裕：《编辑学研究的方法问题》，见刘光裕、王华良：《编辑理论研究》，山东教育出版社1995年版，第107页。

面，都与出版业中的编辑工作大异其趣。"想把出版业中的编辑和出版业以外的电视编辑、电影编辑等凑合在一起，搞所谓'大'编辑学。在我看来，这更是一种想入非非的美梦。"①可见，刘光裕对编辑学研究对象的认识实际上是以他的编辑概念为起点的，即出版活动中的编辑工作，更准确地来讲就是书刊或书籍编辑活动。他强调："这里所说编辑学，指书籍编辑学或书刊编辑学。在刊物中，仅包括学术类和知识类刊物，不包括纯新闻类刊物。"②在具体认识、分析研究对象的过程中，刘光裕认为，对象的确立还必须注意典型形态和非典型形态的问题。他说："一般编辑学或称普通编辑学，由于必需兼包并容书籍和刊物中的各类编辑，不可局限于某一门类编辑之内，其对象就不那么容易确定。所以当考虑一般编辑学的对象时，就有必要注意典型形态和非典型形态问题。"③其实，典型形态和非典型形态之分，实际上是编辑规律在编辑活动中表现得是否充分的问题。作为学术刊物《文史哲》的负责人、主编、编辑，刘光裕深知这种区别。他举例说，学报编辑活动也体现了编辑活动的一般规律，但是囿于其读者的特殊性，编辑规律的表现并不典型和鲜明，因此是一种非典型形态编辑活动。他强调，编辑学研究对象的典型形态和非典型形态，决定了编辑学研究的路径应该是从一般到特殊。"着眼于典型形态，从中发现编辑工作的共同本质和规律；再考察非典型形态，由此识别编辑规律的常态和变态。"④从这一观点出发，刘光裕提出了区别编辑活动的典型形态与非典型形态的标准，即是否能够体现编辑活动的一般性质。"编辑活动的典型形态，必须同时具备非限

---

① 刘光裕：《〈现代编辑学〉序言》，《编辑之友》1996年第6期。
② 刘光裕：《编辑学的对象和范围》，见刘光裕、王华良：《编辑学理论研究》，山东教育出版社1995年版，第116页。
③ 刘光裕：《编辑学的对象和范围》，见刘光裕、王华良：《编辑学理论研究》，山东教育出版社1995年版，第118页。
④ 刘光裕：《编辑学的对象和范围》，见刘光裕、王华良：《编辑学理论研究》，山东教育出版社1995年版，第119页。

定性作者和任意性读者这两个条件；编辑活动的非典型形态，则是限定性作者和非任意性读者这两者兼有，或这两者占一便是。"① 显然，刘光裕对编辑活动对象的论述较之同一时期编辑对象相对泛泛的认识进了一步，提出了编辑对象的系统分类和性质区分问题，表明他对编辑活动对象的广泛性和复杂性有着深刻的认知。这又与他此前提出的编辑概念有着密切关系。

（二）研究范围、研究方法

刘光裕认为"有怎样的研究对象，就有怎样的范围"②。为此，他不仅探讨编辑学的研究对象，还探讨编辑学的研究范围。他指出："编辑学的范围需是内部研究和外部研究的统一。"③ 这里的内部，他解释为狭义的编辑活动，即选题、组稿、审稿、加工、发排以至编后的一系列工作，也就是编辑业务的内容；外部指的是与编辑部内部工作密切联系的社会关系，其中最主要的就是编辑和作者、读者的关系。刘光裕特别强调，编辑学作为一个新学科，在研究对象和范围上不可与相关学科尤其是出版学相混淆；编辑活动是一种社会文化活动，一定要把编辑活动赖以存在的社会关系包括在研究对象和研究范围内；在学科建设中，研究对象和研究范围应统一起来考虑。他说："建设一门新学科，有必要慎重考虑对象、范围、研究方法这类问题。这种工作做得好，可以使学科建设和发展显得较为顺利，研究中多出成绩。"④

---

① 刘光裕：《编辑学的对象和范围》，见刘光裕、王华良：《编辑学理论研究》，山东教育出版社1995年版，第122页。
② 刘光裕：《编辑学的对象和范围》，见刘光裕、王华良：《编辑学理论研究》，山东教育出版社1995年版，第123页。
③ 刘光裕：《编辑学的对象和范围》，见刘光裕、王华良：《编辑学理论研究》，山东教育出版社1995年版，第126页。
④ 刘光裕：《编辑学的对象和范围》，见刘光裕、王华良：《编辑学理论研究》，山东教育出版社1995年版，第127页。

在谈到编辑学研究方法时，刘光裕认为，编辑学学科的应用性决定了要重视归纳法和实证性研究方法的应用。他说："就编辑学的研究方法而言，无疑应当重视归纳法。凡应用科学，不论是自然科学还是社会科学，无不重视归纳法。"① 除此之外，他提出编辑学研究还要注意两个问题。一是要始终坚持马克思主义的基本原理。在他看来，坚持马克思主义基本原理，首先就要坚持理论与实践的统一，他说："我们的编辑学，自然应是能在中国应用的科学"，"我们的编辑工作要讲坚持四项基本原则"，"我们应该更加重视对国家和人民的社会利益"，"我们必须从中国的实际出发"，"最终必须是具有中国特色的编辑学"。② 其次是要注意整理和研究经典作家和革命家的编辑思想和编辑活动经验。再次就是要用辩证唯物论和历史唯物论的基本观点去看待和分析编辑现象，比如编辑过程、编辑工艺，特别是编辑的社会作用等。他认为，马克思主义的辩证唯物论和历史唯物论是科学的世界观，是编辑学研究方法的理论基础。他说："把马克思主义哲学作为编辑学方法论的基础，它的可靠性无可置疑。依靠这个方法论，再依靠大家坚持不懈的共同努力，我们在将来就可能取得成功。"③ 二是要广泛借鉴其他学科的一些观点和方法。刘光裕认为，不同的学科有不同的研究方法，不同的研究方法有不同的价值和意义。当今学科发展正在走向交叉融合发展，编辑学研究必须以开放宽广的视野借鉴其他学科的方法。他说："就它的研究方法的借鉴而言，编辑学似有必要特别重视传播学、社会学、社会心理学等。"④ 传播学认为传播现象是人类非常广泛普遍的现

---

① 刘光裕：《关于编辑学的性质问题》，《编辑学刊》1997年第2期。
② 刘光裕：《编辑学研究的方法问题》，见刘光裕、王华良：《编辑学理论研究》，山东教育出版社1995年版，第103—104页。
③ 刘光裕：《编辑学研究的方法问题》，见刘光裕、王华良：《编辑学理论研究》，山东教育出版社1995年版，第109页。
④ 刘光裕：《编辑学研究的方法问题》，见刘光裕、王华良：《编辑学理论研究》，山东教育出版社1995年版，第109页。

象，它对编辑学研究的意义，更多的是观点和方法上的启发；社会学是以社会生活和社会中各种具体问题作为研究对象的，编辑活动既是一种社会活动，社会学理论的一些概念、范畴，就有可能被编辑学吸收；编辑学研究的对象、范围包括作者和读者以及编辑自己，那就必然牵涉心理学问题，因此，心理学和社会心理学也是编辑学值得借鉴的学科。他认为，这三门学科的研究方法，对于廓清编辑概念的论争、确定编辑学的对象和范围等都有着重要的参考借鉴价值。

（三）学科性质、学科规律

刘光裕也非常重视编辑学学科性质问题。在分析编辑学性质之前，他首先深刻而系统地阐述了编辑工作的性质。他说，编辑工作性质主要体现在三个方面，一是文化性，二是社会性，三是商品性。他说："（1）在社会生活中，编辑活动属于社会文化活动；（2）在社会文化活动中，编辑利用传播工具（书籍、杂志等）在作者和读者之间从事文化传播活动；（3）在文化传播活动中，由于编辑活动形成最终产品（出版物）加以传播，必须以印刷和发行作为自己的后续工作，因此它带有经济活动的性质。"[1] 他认为，编辑活动的性质影响着编辑对象的认识，进而会影响到编辑学性质的确立。学科性质是学科建设的"大问题"，不能忽视。他说："在我看来，当今编辑学的性质及其对象、范围的认识有偏差；这个问题不解决，编辑学的发展难免困难重重。"[2] 针对当时编辑学界对学科性质的争论，刘光裕提出了两个问题，一是编辑学的理论性和应用性问题，二是编辑学的新兴性和古老性问题。他认为，编辑学从本质而言既具有理论性也具有应用性。他以阙道隆的《编辑学概论》为例，说明编辑学主要是研究编辑业务工作的，因此决

---

[1] 刘光裕：《编辑的业务观念》，见刘光裕、王华良：《编辑学理论研究》，山东教育出版社1995年版，第292页。

[2] 刘光裕：《关于编辑学的性质问题》，《编辑学刊》1997年第2期。

定了它的应用性。他说："不管作者本人的看法如何，在我看来这本名曰'概论'的编辑学，其性质属于应用科学，不是理论科学。"[1] 与此同时，他又指出编辑学科的应用性并不排斥理论性，恰恰相反，理论性对于应用学科的建设具有重要意义。他说："从现在情况看，编辑学中的应用性理论不是多了，恰恰还是太少。但是，到将来这种理论多起来了，也不会改变编辑学的性质是应用科学，只是表明它已经成熟了。"[2] 在谈到编辑学学科的历史时，他不同意当时学界秉持的编辑学历史悠久的观点。他认为，古代编辑活动和现代编辑活动是两种性质不同的活动，古代的"校雠学"和"编纂学"并不是现代意义的编辑学。他说："在千余年出版史上，无疑是存在着连绵不断的编辑活动，可是并未形成系统而完整的编辑学说，因而今人一般只能在版本序跋、书目题跋等作品中查到散见的编辑学见解。"[3] 编辑学是一门年轻学科，并不是一门古老学科。他说："实事求是地承认编辑学是新兴学科，等于是老实承认本学科尚待形成与成熟。"[4]

在谈到编辑学规律时，刘光裕在总结当时学界各种编辑学规律的基础上，明确指出：编辑学以研究规律为主，"研究编辑活动规律，这是最重要的"，"编辑活动与社会政治，或与社会积极相互作用的规律，其社会效益与经济效益相统一的规律"，都是"带有根本性的、全局性的""大规律"。[5] 在他看来，编辑活动的规律要从不同方面、不同层次去看，作动态的和立体的考察。研究规律要避免一窝蜂地集中在一两个问题上，要分开方面和层次，也可以是大、中、小并举，对于带有根本性、全局性的大规律固然要研究，对于大规律引领下的小规律的研究也不容忽视，

---

[1] 刘光裕：《关于编辑学的性质问题》，《编辑学刊》1997年第2期。
[2] 刘光裕：《关于编辑学的性质问题》，《编辑学刊》1997年第2期。
[3] 刘光裕：《关于编辑学的性质问题》，《编辑学刊》1997年第2期。
[4] 刘光裕：《关于编辑学的性质问题》，《编辑学刊》，1997年第2期。
[5] 刘光裕：《再谈当前的编辑学研究》，见刘光裕、王华良：《编辑理论研究》，山东教育出版社1995年版，第175页。

唯有两者结合起来，有关编辑学的研究才能更加深入。

（四）编辑主体

刘光裕不仅是一个有思想、有担当的研究者，还是一位资深学报编辑。在关涉编辑学内容体系的编辑主体、编辑业务等方面，他结合自己的实践经验，提出了诸多颇有洞见的观点。比如，关于编辑的专业业务能力，刘光裕借茅盾、邹韬奋、赵家璧三位大学者的编辑身份及其对中国文化事业作出的贡献，表明自己的看法：无论是编辑家还是普通编辑，都必须提高自己的学术水平（知识水平、艺术水平等）、掌握更多的专业知识，"凡有成就的编辑，都具有较强的编辑专业业务能力"[1]。不仅如此，刘光裕还依据编辑活动的性质提出编辑的三大业务观念——文化战略观念、社会传播观念和商品经营观念。他说："编辑文化战略观念的基本内容，就是如何使编辑行为去适应和满足较长时期和较大范围的社会文化发展的需要。"[2]文化战略观念的重要性在于：一是编辑活动的生产周期长；二是出版物作为精神消费对象，它的价值表现为是否可以被长期使用和重复使用；三是编辑的职业利益总是期望出版物拥有更多的读者，对社会有更长久的影响。至于社会传播观念、商品经营观念，则是因为文化战略观念是通过社会传播来实现的，而社会传播的目的和价值，则又是通过商品形式来实现的。也就是说，"编辑首先要在文化战略和社会传播方面提高业务水平，避免失误，以求获得较高的文化传播价值，在此前提下，再重视建立商品经营观念，才能在出版物的商品交换中立于不败之地"[3]。要知道，社会主义市场经济体制的建立和出版业的经营意识

---

[1] 刘光裕：《编辑的业务观念》，见刘光裕、王华良：《编辑学理论研究》，山东教育出版社1995年版，第291页。

[2] 刘光裕：《编辑的业务观念》，见刘光裕、王华良：《编辑学理论研究》，山东教育出版社1995年版，第293页。

[3] 刘光裕：《编辑的业务观念》，见刘光裕、王华良：《编辑学理论研究》，山东教育出版社1995年版，第302页。

是在1992年以后才慢慢深入人心的，刘光裕的编辑"三观念"尤其是商品经营观念的提法，在1988年的中国出版业界、学界无疑是超前的。特别是刘光裕当时指出的"编辑树立经营意识，并非就只是为了钱"[1]，"把质量和经营对立起来，往往是业务不熟练的一种表现"[2]，对于编辑的文化战略观念、社会传播观念、商品经营观念"只注意其中任何一方，都不能做好工作，把三者统一起来才真正有益"[3]，即使在40多年后的今天看来，依然很有现实意义。

应该说，刘光裕的编辑学基本理论研究，既从方法论范畴论述了编辑学研究中的重大问题，又从学科体系建设高度探讨了编辑学的学科纲要。大家知道，阙道隆2001年发表的《编辑学理论纲要》在编辑学研究历史上具有里程碑式的重要地位，而其《纲要》包含的13个方面的内容，刘光裕在1996年淡出编辑学研究前[4]几乎都有涉及，并且不乏真知灼见。尤其在编辑学有关概念、性质、对象、范围、规律、特征等核心问题上不仅成一家之言，而且影响深远。因此，从这个角度来说，刘光裕不愧为我国编辑学理论研究的先行者、实干家。

需要指出的是，在刘光裕的编辑学研究中，存在着"编辑学"与"编辑学理论"、"编辑学"与"编辑史""出版史"关系模糊不清的问题。比如，在《再谈当前的编辑学研究》一文中，刘光裕认为："编辑学作为一门学科，自然也应有史和论这两个最基本的部分。史，便是编辑史出版史。论，便是编辑学；有关过程和工艺的内容可包含在内，因为新

---

[1] 刘光裕：《编辑的业务观念》，见刘光裕、王华良：《编辑学理论研究》，山东教育出版社1995年版，第301页。

[2] 刘光裕：《编辑的业务观念》，见刘光裕、王华良：《编辑学理论研究》，山东教育出版社1995年版，第304页。

[3] 刘光裕：《编辑的业务观念》，见刘光裕、王华良：《编辑学理论研究》，山东教育出版社1995年版，第305页。

[4] 刘光裕：《"文章千古事，得失寸心知"：纪念林穗芳逝世四周年》，《济南大学学报（社会科学版）》2013年第6期。

闻学、图书馆学等早就是这样"①，这句话中既有"编辑学作为一门学科"的"编辑学"，又有被指作"编辑学理论"的"编辑学"，另外，把编辑史、出版史作为编辑学的一个相关学科来看待，强调不要把编辑史、出版史与编辑学研究的范围相混，这些都让人费解。

三、探讨编辑社会文化关系，开创编辑学"中介服务派"

刘光裕是一位学养深厚、视野开阔的编辑学研究者，他不仅重视从方法论的范畴研究编辑概念及编辑学重大理论问题，而且还重视从社会学的范畴研究编辑的社会文化关系。从社会文化现象来研究编辑，是刘光裕编辑学理论研究的一大特色。

刘光裕曾在《编辑学理论研究》一书"后记"中说，他和王华良"都主张把编辑真正当作一种社会文化现象来研究"，基于这样的主张，刘光裕发表了《编辑的社会本质》《编辑与作者和读者的关系》《编辑与印刷、发行的关系》《编辑在传播中的作用》《编辑与传播场》等多篇论文，从社会学、传播学视角，系统而深入地探讨了编辑的社会本质、社会作用、社会价值以及编辑道德、编辑业务等理论问题。

在《编辑的社会本质》一文中，刘光裕指出："所谓编辑的社会本质，其实是指编辑活动或编辑工作的社会本质。"② 在他看来，编辑的活动应包括两方面的内容，一是把作者的作品变成读物；二是把读物转交给社会上的读者，缺失其中任何一方面的内容都不行。他认为，在社会生活中，编辑活动属于文化活动的范畴，编辑的本质属性，存在于思想文化活动之中。"编辑产生的社会原因，是与在思想文化活动中利用书籍等

---

① 刘光裕：《再谈当前的编辑学研究》，见刘光裕、王华良：《编辑学理论研究》，山东教育出版社1995年版，第171页。

② 刘光裕：《编辑的社会本质》，见刘光裕、王华良：《编辑学理论研究》，山东教育出版社1995版，第227页。

传播工具这件事联系在一起的。"① 他分析说，从思想文化活动的交往关系来看，"我们可以看到编辑社会本质的一个方面。它是在人际间利用传播工具的思想文化交往中，作为其中的中间环节，从中发挥导向功能，以限制盲目性"②。从社会思想文化活动中的创造关系来看，"我们又看到了编辑另一方面的社会本质属性，就是在作者和读者间发挥协调关系和节制矛盾的功能，以维系两者的同一性"③。在这里，刘光裕不仅把编辑活动和编辑工作的社会本质作为一种社会文化现象来进行动态考察和把握，从而归纳出编辑社会本质的属性，而且还认为，编辑的这种本质属性，规定着编辑的社会职责、工作内容、职业规范、道德要求、价值观念等。不仅如此，他还从编辑在传播者—编辑—接受者的关系链中和在作者—编辑—读者的关系链中都处于中间环节引发开去，认为编辑的地位处于作者和读者之间，用哲学语言来表述，编辑就是作者和读者这对矛盾的中介。在他看来，作者是精神生产中的生产者，读者是精神生产中的消费者，二者之间既互相依存，又存在相互对立的矛盾关系。编辑作为中介，其作用并不是也不可能是消除作者写作和读者需要的矛盾，但它能沟通作者和读者的联系，协调产需关系，一方面促成作者的事业，另一方面维护读者的利益，使精神生产、精神消费处于有条不紊的状态。也就是说，编辑的中介地位和中介作用，对精神生产和精神消费的社会化实现提供了可靠的社会机制，而作为中介的编辑工作，也受到作者和读者、精神生产和精神消费的影响。一言以蔽之，中介是编辑活动的本质。这就是刘光裕的编辑中介观。

其实，刘光裕对编辑中介性的认识，是随着当年编辑概念论争而

---

① 刘光裕：《编辑的社会本质》，见刘光裕、王华良：《编辑学理论研究》，山东教育出版社 1995 年版，第 229 页。
② 刘光裕：《编辑的社会本质》，见刘光裕、王华良：《编辑学理论研究》，山东教育出版社 1995 年版，第 234 页。
③ 刘光裕：《编辑的社会本质》，见刘光裕、王华良《编辑学理论研究》，山东教育出版社 1995 年版，第 240 页。

进一步深化的。他分析编辑概念的三要素，指出编辑在出版中的中间地位；分析编辑学研究对象时，以书刊编辑为例，指出出版业中编辑的专业活动，可分为编辑活动的过程和编辑活动赖以存在的社会关系两部分。他不仅解释编辑活动的过程包括从选题、组稿、审稿、加工到编后的一系列工作，而且还特别强调编辑活动赖以存在的社会关系包括编辑与印刷、发行的关系，编辑与作者和读者的关系，编辑与社会文化、经济、政治等的关系。在他看来，学科对象中的这三方面"关系"，既制约或规定编辑活动的内容和方式等，又为编辑活动创造业绩提供了广阔的舞台，以它作为研究对象可以避免以往研究中只重编辑工作实践、不重编辑理论研究的问题，并且也凸显了编辑的中介服务作用。在谈到编辑活动特征的时候，他直言："关于编辑活动特征的说法中，我以为最值得重视的是中介性这一点。"[1]应该说，由刘光裕的编辑中介观到编辑学理论流派"中介服务派"的形成，当年的论争起了一定的助推作用。

四、分析编辑史问题，提出有出版才有编辑的编辑史观

作为山东大学教授，刘光裕学养深厚，对文艺学、古代文学、哲学、社会学、语言学、历史学、传播学都有涉猎和研究，他"常常笑谓自己是'杂家'"[2]。杂家的身份，加上他在《文史哲》工作的经历，使他对编辑学研究有着深厚的感情和独到的见解。尤其在编辑史研究方面，关于编辑史开始的时间、编辑和出版的关系、孔子的编辑身份等问题，他与同时代其他研究者意见不同。

---

[1] 刘光裕：《当前的编辑学研究》，见刘光裕、王华良：《编辑学理论研究》，山东教育出版社1995年版，第161页。
[2] 陈静：《十年砥砺寒梅清香：记编辑学家刘光裕教授》，《编辑之友》1998年第6期。

(一) 编辑史的起源时点

编辑史作为文化史的一部分,与书籍史、编纂史、校雠史联系密切且极容易混为一谈,虽然起步较晚,却并不妨碍它有自己明确的研究对象和研究范围。而一般论及"史",大家首先想到的或许就是追溯其源头,编辑的产生时间,即编辑史的涵括上限。刘光裕认为,编辑是随着出版业的兴起而逐渐产生的,有出版才有编辑,书籍编辑存在于并发展于出版业中。若是离开出版来谈编辑,则没有实际意义。他指出:"从历史上看,出版业的产生是应文化传播之需,编辑的产生又是应出版业之需,所以说没有出版业就没有真正的编辑。"[①] 在他看来,对著作物进行复制才是出版的根本要义。依据这个观点,刘光裕提出,出版肇始于宋代,编辑活动的源头也应该从两宋开始。他说:"古代编辑的正式产生时期定在两宋,在此之前是编辑的萌芽时期。萌芽时期延续到抄本盛行的唐代达到高峰,那时就有零星的编辑活动。"[②] 这一编辑史观,与当年在编辑学研究论争中被刘光裕批评为"泛化"编辑观的研究者的观点形成了鲜明的对比。比如,王振铎认为,编辑史源头应该从殷商时期的甲骨文版编辑起始。姚福申认为,编辑活动应该从书籍诞生之日算起。靳青万认为,编辑活动的起源应该从文字创生之日算起。应该说,这些看法的根本差异实际上仍然是论证双方对编辑概念认识的差异。刘光裕的这一观点,是他从编辑与出版的关系中得出的,相对比较中正持平,反映了他以出版为本源的出版编辑本位观。这一观点的价值在于,提示编辑学界思考编辑与出版的内在关系,以及编辑、印刷和发行的内在关系等。

[①] 刘光裕:《中国编辑史研究的几个问题》,见刘光裕、王华良:《编辑学理论研究》,山东教育出版社1995年版,第409页。

[②] 刘光裕:《中国编辑史研究的几个问题》,见刘光裕、王华良:《编辑学理论研究》,山东教育出版社1995年版,第409页。

（二）编辑与出版的关系

刘光裕认为，编辑和出版是两个概念、两种活动，由此带来编辑史和出版史也是两个不同范畴的史学研究。他说："当前编辑史研究根本不管是否已有出版业，就认为在纸发明前的数百年，雕版印刷发明前的一千数百年，便已有了编辑，不只如此，还认为有了编辑家和大编辑家，这在道理上怎能讲得通呢？"[①] 他强调，编辑是随着出版业的兴起而逐渐产生的。编辑与出版的关系，从古至今，总的趋势是越来越密切。编辑史研究就是要厘清编辑与出版的关系，确立编辑活动的科学概念，只有这样编辑史的研究才能实至名归。

（三）编辑史的研究对象和范围

刘光裕认为，编辑史的研究一定是编辑本位的史学研究，而不是对象不明的"大杂烩"。他列举了编辑史学界研究的两大问题，一是将编辑史和编纂史混同。他指出，编辑和编纂是性质不同的两种文化创构活动，前者是加工，后者是著作，不能混而为一。他以孔子的编"六经"和司马迁的编《史记》为例，指出这些都是编纂活动，著作性质远远大于编辑性质。他说："编纂在出版业产生之前早就有了。编纂的性质属著作，历史上的编纂应属著作史"[②]，"现在把司马迁、司马光列为编辑家，总有点不伦不类"[③]。二是将编辑史和校雠史混淆。他认为，古代的校雠活动是为了藏书之需，并非传播之旨，因此不是出版活动下的编辑活动，与编辑活动的内涵大异其趣。他说："自有编

---

① 刘光裕：《中国编辑史研究的几个问题》，见刘光裕、王华良：《编辑学理论研究》，山东教育出版社1995年版，第410页。
② 刘光裕：《中国编辑史研究的几个问题》，见刘光裕、王华良：《编辑学理论研究》，山东教育出版社1995年版，第410页。
③ 刘光裕：《中国编辑史研究的几个问题》，见刘光裕、王华良：《编辑学理论研究》，山东教育出版社1995年版，第411页。

辑以后，由于古代出版业经常翻刻古籍，因此编辑经常从事编纂和校雠……这里关键在于是否与出版有关。"① 再者，"校雠学属图书馆学，它后来分为版本学、目录学、校勘学，至今还是图书馆学的组成部分"②，这自然与依赖出版而生的编辑有区别，编辑史不能与校雠史混为一谈。

关于编辑史的研究对象，刘光裕认为，应该是出版视域下的编辑活动本身，即编辑"六艺"如何从初步产生到逐步完善，编辑与印刷、发行三者关系的历史演变过程如何，编辑与作者和读者的关系怎样从简单变为复杂，编辑的社会控制包括道德的、法律的等方面怎样从无到有从少到多，传播技术的进步对编辑有何影响，作者著作活动的发展变化对编辑有何影响，读者的阅读、藏书情况的演变对编辑有何影响，历代著名出版机构和编辑家的情况如何，等等。

（四）区别古代编辑史和近现代编辑史

在探讨编辑史研究的过程中，刘光裕还有一个鲜明的观点，那就是区别古代编辑史和近现代编辑史两个阶段和两种形态。他明确指出，编辑史学界存在着一个重视古代编辑史研究而轻视近现代编辑史研究的倾向。他说："与纷纷研究古代编辑史相比，我们对于近现代编辑史显得重视不够。"③ 他认为，近现代编辑史距离当下最近，是完全现代形态的编辑活动，对当下工作最有借鉴价值，因此研究意义也更大一些。他说："为什么要重视近现代编辑史呢？因为它比古代编辑史更接近我们，

---

① 刘光裕：《中国编辑史研究的几个问题》，见刘光裕、王华良：《编辑学理论研究》，山东教育出版社 1995 年版，第 412 页。
② 刘光裕：《中国编辑史研究的几个问题》，见刘光裕、王华良：《编辑学理论研究》，山东教育出版社 1995 年版，第 412 页。
③ 刘光裕：《中国编辑史研究的几个问题》，见刘光裕、王华良：《编辑学理论研究》，山东教育出版社 1995 年版，第 415 页。

因而也更为有益。"① 他不仅旗帜鲜明地号召编辑史学界将更多的精力投入到近现代编辑史的研究中，而且还身体力行，潜心研究了以张元济为代表的编辑家的编辑出版活动，回顾了张元济等人辉煌的编辑历程，总结了他们不朽的编辑业绩，讴歌了他们伟大的文化精神。

五、讨论编辑、出版问题，具有鲜明出版史观

正如 1985 年教育部批准北京大学、南开大学、复旦大学兴办编辑学专业，开启了中国编辑学高等教育，1998 年教育部颁布本科专业目录，把编辑、出版发行合并，改编辑学为编辑出版学，编辑与出版、编辑学与出版学、编辑史与出版史之间的恩恩怨怨，是所有编辑学研究者绕不过去的话题。刘光裕的研究，无论其编辑观，还是编辑理论体系，都以出版为本位，为前提。因此，相对于编辑史研究来说，刘光裕对于出版史学研究的贡献可能更大一点，思考也更深入和成熟一些。但限于编辑学界对编辑学理论体系的框定，出版、出版史研究的旁系地位，这里对刘光裕的出版史研究及其贡献仅作简单介绍。

（一）提出并界定出版概念问题

刘光裕认为，无论是出版学还是出版史的研究，都必须首先阐明出版的概念。他明确提出，出版一定是以复制为标识的著作传播活动。他说："所谓出版？以社会传播为目的，利用机械或其他方法对著作物进行复制，此谓出版。"② 在此基础上，他提出了出版三要素说，即编辑、复制和发行。他说："与社会上其他事物相比，出版所独具的特征

---

① 刘光裕:《中国编辑史研究的几个问题》，见刘光裕、王华良:《编辑学理论研究》，山东教育出版社 1995 年版，第 415 页。
② 刘光裕:《中国编辑史研究的几个问题》，见刘光裕、王华良:《编辑学理论研究》，山东教育出版社 1995 年版，第 409 页。

是什么？在于出版具有编辑、复制、发行这三个基本环节。借此便可把出版与其他事物区分开来。凡出版都具有这三个基本环节，或者说，具有这三个基本环节的便是出版。"[1] 需要指出的是，如同他提出的编辑概念引起争论一样，刘光裕的这个出版概念在当时的学界也引发了很多争议。他和刘辰、王振铎等学者的论辩影响较大。在整个论辩过程中，刘光裕自始至终都保持着特有的学术敏感，不断地以有理有节、深入浅出的逻辑论证来表明自己的观点。这些争论对于学界深入认识出版概念发挥了思想启迪的作用。如果现在重新审视刘光裕的这一观点，给人最大的感受就是，他是以相对科学的眼光和学科的观念来参与概念的讨论的，这就使得他的观念充满了思辨色彩和逻辑力量。他说："出版概念的不科学，足以在出版学、编辑学中造成一系列错误观念和错误判断。"[2] 这一句话，或许是他的出版概念、编辑概念理论思考的逻辑起点。

（二）框定出版史研究的对象和范围

在探讨出版概念的基础上，刘光裕提出出版史研究的对象应该是书籍出版。他说："古代出版大致就是书籍出版，所以出版史的对象以书籍出版为根据，又不与报纸、杂志的出版相抵触为限。"[3] 为了更准确地说明这一问题，他又进一步作了申述："我们可以界定出版史的对象是：历史上以公众传播为宗旨，以作者为起点、读者为终点的书籍传播。"[4] 不仅如此，他还指出不能将出版史研究和书籍史的研究混为一谈。他说："书籍史研究的是书籍，出版史研究的是出版业与出版物，

---

[1] 刘光裕：《关于出版概念》，《编辑学刊》1996 年第 3 期。
[2] 刘光裕：《关于出版概念》，《编辑学刊》1996 年第 3 期。
[3] 刘光裕：《中国出版史的对象、范围与分期》，《陕西师范大学学报（社会科学版）》2008 年第 3 期。
[4] 刘光裕：《中国出版史的对象、范围与分期》，《陕西师范大学学报（社会科学版）》2008 年第 3 期。

从出版物是书籍看，两者的研究对象是相同的","不过，在现代，出版物应该包括书籍、报纸、杂志；古代没有报纸、杂志，出版物主要指书籍"。① 由此可见，刘光裕注意到了古代出版和现代出版形态的变化。但他仍然将出版史研究的对象框定到书籍上来，这或许存在着认识的逻辑漏洞。

就出版对象而言，刘光裕对书籍与出版物关系的界定或许更有思想价值。他认为，"古代出版史基本上是书籍出版史，中国外国都是如此"，"书籍不等于出版，有书籍也不等于就有出版"，"古代的书籍不一定是出版物，古代的出版物不限于书籍"，"书籍出版史是书籍的出版历史，它不等于书籍的历史，所以出版史的关键问题之一是如何区别书籍中的出版与非出版"。② 这些观点，对于出版史学界更好地思考出版史的研究对象无疑有着重要的启迪意义。他还认为，出版史的研究和图书史研究是两个问题，"出版史必须将出版物与书籍区别开来，因为出版史的学科对象、学科范围与书籍史是不同的"③。

关于出版史的研究范围，刘光裕指出："从出版史对象出发，进而可以确定出版史的范围大致是：历史上书籍传播过程与在这过程中出现的重要人物、重要事件，以及影响、制约书籍传播的社会历史环境。"④ 较之于当时出版史学界热衷出版人物和出版物品的研究现象，这一认识跳出了出版概念狭隘的认识窠臼，大大地拓展了出版史的研究内涵和边界。比如，他提出的出版史的研究对象不仅包括出版物本身，还应包含出版物的生产流通等问题。他说："对出版史来说，出版业的经营管

---

① 刘光裕：《论中国出版史的对象与范围——章宏伟〈出版文化史论〉序言》，《出版史料》2002年第2期。
② 刘光裕：《关于出版史料学》，《出版史料》2011年第1期。
③ 刘光裕：《论中国出版史的对象裕范围——章宏伟〈出版文化史论〉序言》，《出版史料》2002年第2期。
④ 刘光裕：《中国出版史的对象、范围与分期》，《陕西师范大学学报（社会科学版）》2008年第5期。

理，出版物的流通机制，出版物的贸易，出版市场的发展，以及与此相关的版权意识、防伪机制等，都是需要关心的课题。"① 实际上，这背后折射出的是他对出版活动的整体系统思考，以及对出版规律的深入科学探索。

最后，刘光裕在分析编辑、编辑史的研究对象和出版、出版史的研究对象与范围的基础上，总结说："从总体上说，编辑依赖于出版，出版也依赖编辑，离开出版史讲编辑史，未免不得要领。只是出版史的范围更广……"② 刘光裕的这个观点，尽管和编辑学界占据主流意见的"出版从属于编辑"有点出入，但其学理性、思辨性以及逻辑力量"使你不能不承认言之有理"③。

(三) 提出出版史的科学分期问题

谈到出版史如何分期时，刘光裕提出不应简单地以朝代更替作为出版史发展分期，而应该以出版活动自身发展的阶段性特征来进行分期。他认为，中国出版诞生于汉代，以图书实现公众传播为标识。以此为基点，他将中国出版史划分为四个时期，分别是秦汉以前的出版孕育期，汉唐的抄本出版期，五代、两宋至晚清的雕版出版期，晚清至今的现代出版时期。这一历史分期的标准，对应的是他的古代出版史三个阶段说——"一是写在纸上的抄本出版阶段；二是雕版出版阶段；三是机械出版阶段"④。这表明了他对中国出版史认识的深化，显示了他对出版

---

① 刘光裕：《论中国出版史的对象裕范围——章宏伟〈出版文化史论〉序言》，《出版史料》2002 年第 2 期。
② 刘光裕：《中国编辑史研究的几个问题》，见刘光裕、王华良：《编辑学理论研究》，山东教育出版社 1995 年版，第 412 页。
③ 宋原放：《再版序》，见刘光裕、王华良：《编辑学理论研究》，山东教育出版社 1995 年版，第 1 页。
④ 刘光裕：《重要的是确定出版史的对象和范围》，见刘光裕、王华良：《编辑学理论研究》，山东教育出版社 1995 年版，第 419 页。

本位史学观构建的艰难探索。除此之外，他提出的明清是中国古代出版的鼎盛时期的观点，也颇有创见，对出版史学界重新审视出版史的发展历程有着重要参考价值。

（四）对出版史料学的高度重视

在研究出版史的过程中，刘光裕还非常重视出版史料学的建构问题。他说："任何一门历史学科，都是建立在自己独特资料的基础之上的。对出版史这门专史来说，它与众不同的学科内容，是建立在有关出版的历史资料基础之上的。出版史缺乏自己的史料，等于失去自己学科的对象，失去自己学科特色。"[①] 他明确提出，研究中国出版史，资料搜集是第一位的，"出版史是一门新兴学科，必须从史料入手才行，否则欲速则不达"，"出版史要建立自己的史料学"，要做"史料的系统搜集工作"[②]，明显具有保存历史资料，以史为鉴、知古鉴今的学术史意识和史料学思想。

结　语

有人说，20世纪八九十年代是我国编辑学研究的"黄金期"。"百花齐放、百家争鸣"的研究氛围，加上激情与思想荡漾的研究者，不仅造就了一大批声名远扬的编辑学家和几大编辑学理论流派，而且也推进了我国编辑学研究的蓬勃发展。刘光裕作为那个时代的积极分子、"弄潮人"，以其"有出版才有编辑""出版编辑本位观""编辑中介论"的鲜明学术创见和具有思辨性、社会文化性的研究特色，受人瞩目。当然，由于对编辑概念的理解不同，刘光裕的有些观点，在新

---

① 刘光裕：《关于出版史料学》，《出版史料》2011年第1期。
② 刘光裕：《关于出版史料学》，《出版史料》2011年第1期。

媒体层出不穷的今天显得有些狭隘。但"对于他的编辑学研究，阙道隆认为是编辑学中传播学派的代表，邵益文认为是'编辑学研究中的一个重要成果'"①。

---

① 陈静：《编辑从来需博学健笔纵横在自由：记山东大学〈文史哲〉前主编刘光裕教授》，见潘国琪、胡梅娜：《润物细无声：社科学报编辑家耕耘录》，河南大学出版社1995年版，第103页。

庐山不到　幽人细穷

——"中介服务派"代表王华良的编辑学思想

王华良作为我国编辑学研究的重要参与者、推动者，是改革开放后较早投入编辑学研究的代表人物之一，也是颇有影响的编辑家和编辑学家。

王华良 1933 年出生于浙江嘉善，1960 年毕业于复旦大学新闻系，历任复旦大学校刊编辑室负责人，上海人民出版社哲学编辑，上海文艺出版社小说编辑，《复旦学报（社会科学版）》副总编、编委会副主任，编审。1993 年，他从复旦大学学报编辑部退休，任上海《编辑学刊》副主编、常委。1984 年，他开始研究编辑学，并在复旦大学开设"编辑学概论""书刊编辑实践""实用编辑学"等课程。1989 年，他出版著作《编辑学论稿》（与刘光裕合作），后增订再版为《编辑学理论研究》。在长达 40 余年的编辑实践中，他做过图书编辑、杂志编辑、校报编辑、学报编辑，主编过《名著导读丛书》等多种读物，发表过《编辑学的研究对象与学科性质》《编辑的信息观念与信息功能》《试论界定编辑概念的方法论问题》《编辑劳动的创造性问题》《精神生产的特点及其与编辑工作的关系》《编辑在出版经营中的地位和作用》《再论编辑活动的基本规律》《编辑过程的基本矛盾》《编辑的社会价值》《我国编辑学研究的现状与前瞻》《"编辑力"概念的首先提出者》等大量编辑学研究文章，为我国编辑学研究和编辑学学科建设作出了不容小觑的贡献。《文史哲》编辑部原主任刘光裕曾提及王华良："从大学出来后，50 年代便在上海出版界做编辑，以后回到他母校复旦大学任学报副主编，主持常务。所以他可以说是老编辑，有关编辑的经验与学识，无疑要比我丰富，使我得益甚多"[1]，"王华良比我更关心学术事业"，"对事业总是不减热心和勤奋"。[2] 书、报、刊编辑的经历，复旦大学学习、执教的积淀，比较熟悉马克思主义基本理论，受过逻辑思维的基本训练，热爱编辑事业，挚爱编辑学研究，等等，使王华良在20世纪八九十年代建构编辑学学科体系初期，对编辑概念、编辑与作者读者关系、编辑创造性以及编辑学研究对象、编辑学理论体系构成等的研究，独具特色，颇有影响。

一、方法论视域下的编辑学基本理论研究

在编辑学界的学术讨论中，编辑概念的讨论涉及人数最多，争执最大，影响最广，历时也比较长。最热闹的时候，起码有几十种对编辑概念的界定。王华良作为1984年就"入道"的编辑学研究者，不仅积极撰文、踊跃参加编辑概念的大讨论，而且利用他负责的《编辑学刊》平台，组织稿源展开对编辑概念的深入探讨，持续推动编辑概念研究的深化。尤其难能可贵的是，他以马克思主义、毛泽东思想为理论武器，从马克思主义方法论出发，界定"编辑"概念，探寻编辑本质，彰显出他不同于其他研究者的编辑学思想。

（一）对编辑概念的廓清与界定

王华良认为，要想科学界定"编辑"概念，必须充分把握编辑活动的本质、规律、内涵、特征，深入研究其中的方法论问题。在《试论界

---

[1] 刘光裕：《再版后记》，见刘光裕、王华良：《编辑学理论研究》，山东教育出版社1995年版，第492页。
[2] 刘光裕：《再版后记》，见刘光裕、王华良：《编辑学理论研究》，山东教育出版社1995年版，第498页，第506页。

定编辑概念的方法论问题》一文中,他指出,在编辑学的基本概念中,给人最多困扰的恐怕是对"编辑"内涵的不同理解。关于什么是"编辑"之所以没有形成定论,是因为不同的界定出自不同的思路和研究方法,这虽然可以形成不同的理论体系或不同的学术流派,但如何使编辑概念的界定科学化大有学问,其中的方法论问题值得认真研究。他说:"既然是给'编辑'下定义,就应该把目标紧紧地盯准'编辑'的特性。"① 在他看来,概念的内涵应该反映事物特有的属性,而不是一般的属性。他认为:"要使'编辑'的概念科学化,有一个问题必须弄清楚,那就是应该不应该把编辑活动与著述活动合在'编辑'这一个概念里?明确予以否定,'编辑'概念的基本界定就可能逐渐接近科学,否则,'编辑'的概念就永远不会清楚、准确。"② 也就是说,在王华良的认知里,要科学界定编辑概念,必须对编辑活动和著述活动予以区分。从这一思维逻辑出发,他强调,编辑活动和著述活动毕竟不是一回事,而是具有不同的本质属性的两种社会文化活动。只有既看到编辑活动与著述活动的联系,又看到两者的区别,才能全面正确地认识它们。他以恩格斯《自然辩证法》中普遍性、特殊性的辩证关系为依据,明确指出:"应该更多的重视编辑活动与著述活动的区别,更多地着力于把编辑活动从它与著述活动的联系中'抽出来,孤立地考察它们'。只有这样,才能始终明确编辑学研究的特殊对象,有效地分析编辑活动的特殊性,真正把握编辑活动的特殊规律。"③ 不仅如此,他还进一步分析说:"编辑活动与著述活动和阅读活动的联系,实际上是编辑活动的矛盾运动中最重要的一种矛盾关系。正是这种关系的发展变化使编辑活动具有了丰富多彩的具体内容。因此它也是不可能被割断的。"④ 他客观分析以王振铎"文化缔

---

① 王华良:《试论界定编辑概念的方法论问题》,《编辑学刊》1990年第4期。
② 王华良:《试论界定编辑概念的方法论问题》,《编辑学刊》1990年第4期。
③ 王华良:《试论界定编辑概念的方法论问题》,《编辑学刊》1990年第4期。
④ 王华良:《试论界定编辑概念的方法论问题》,《编辑学刊》1990年第4期。

构编辑观"为代表的泛化编辑概念的特点是对编辑活动与著述活动之间联系的看重,不妥之处是混淆了不同的对象、不同的概念。他说:"泛化编辑概念的欠妥之处并不在对编、著活动关系密切给予的重视,而在于把不同的对象、不同的概念混淆起来。"①他以毛主席的《矛盾论》"如果不研究矛盾的特殊性,就无从确定一事物不同于他事物的特殊的本质……也就无从辨别事物,无从区分科学研究的领域"②为指导思想,分析编辑概念泛化的原因主要是缺乏对编辑活动特殊性本质的把握。他认为,编辑学要成为一门独立的科学,就必须特别着重探讨编辑活动的特殊规律,即编辑活动特有的规律和一般规律在编辑活动中的特殊表现。要科学界定编辑概念,最好的方法,就是历史和逻辑统一的方法。他说:"科学地界定事物的概念,最好的方法无疑是历史和逻辑统一方法,界定'编辑'概念,同样需要这样的方法。"③

至于怎样才能实现历史和逻辑的统一?王华良认为要注意两点:一是必须以真正的历史事实作为历史依据,不能按自己的主观臆断判定"历史事实",并以此演绎"编辑"概念;二是要选择无需争辩的、实践发展充分成熟的编辑活动的历史形态作为历史和逻辑相统一的研究典型,以便防止探析历史和逻辑一致性过程中的各种主观随意性。他以马克思对"劳动"概念的界定为例,强调如果运用马克思的观点和方法,从解剖现代编辑活动入手,分析编辑活动的社会本质和基本特征,追寻编辑活动发展变化的历史轨迹,就比较容易把握编辑活动特有的本质属性,从而为科学地界定"编辑"概念找到真正实现历史和逻辑统一的思路。

如果说上述王华良对编辑概念的界定,注重的是方法论研究的话,那么与此同时,他还强调历史考察的重要性。他提出,应该对编辑活

---

① 王华良:《试论界定编辑概念的方法论问题》,《编辑学刊》1990年第4期。
② 《毛泽东选集》第一卷,人民出版社1991年版,第309页。
③ 王华良:《试论界定编辑概念的方法论问题》,《编辑学刊》1990年第4期。

动和著述活动都作历史的考察,并在这种考察中进行历史的比较。他说:"要正确地认识编辑活动特有的本质属性,需要有大量的历史资料作为分析的依据,而发掘与整理历史资料又需要有正确的逻辑理性来概括。"① 依照这样的逻辑思路,在《众说纷纭话编辑》一文中,王华良开门见山地指出,古代编辑和现代编辑有别,古代编辑是指收集材料、加工整理的著作方式,现代编辑用来指出版工作一个组成部分的专业活动和专业人员。他强调,要界定编辑概念,就要区分作为著作方式之一的编辑和作为出版工作一部分的编辑本质的不同,不能牛嘴不对马尾混淆编辑概念;不能把日常生活中对文字的整理工作的编辑当作编辑学中的编辑。在他看来,研究出版工作或出版物的编辑学,它的"编辑"只能是作为出版工作一部分的"编辑",对它的科学释义应该是:"'按照一定的方针开发选题,选择和加工稿件以供复制向公众发行。'说得更详细一点儿,就是:'编辑,是适应精神文化领域里生产和消费的社会化需要而逐步形成的一种社会分工。编辑活动是属于出版(传播)活动一部分的,以协调、沟通传者(作者)和受众(读者)的供求关系为基本目的,以发现、选择、组织、优化精神文化产品以供复制、发行的文化专业活动。'"② 显然,王华良编辑概念的界定,一是强调编辑的社会属性;二是框定编辑概念认识的范围和边界;三是突出编辑工作、编辑实践的特性。鲜明的出版认知和编辑工作本位观点,虽与刘光裕、林穗芳、阙道隆的编辑观有相同的成分,但表达更周详,内涵丰富。尤其更加侧重且更擅长于运用马克思的观点和方法,坚持在区别编辑活动和著述活动的基础上,运用历史与逻辑相统一的原则来分析、探讨编辑活动的本质,进而从社会结构和历史发展所赋予的本质属性上界定"编辑"概念,从根本上为"编辑"概念的界定提供了坚实的理论基础。

---

① 王华良:《试论界定编辑概念的方法论问题》,《编辑学刊》1990 年第 4 期。
② 王华良等:《众说纷纭话编辑》,《中国编辑》2002 年第 1 期。

(二) 对编辑起源的辨析与探寻

王华良认为,界定"编辑"概念,探讨编辑本质,不能离开对编辑起源的研究分析。在《参加编辑概念讨论想到的两个问题》中,他指出,在人类精神文化发展的幼年时期,精神生产和精神消费的水平很低,文化传播的规模很小。直到人类智能水平大大提高,文化传播的物质载体不断发展,在精神文化领域才出现了成批复制精神产品以供出售的出版业,专门从事这种劳动(一开始主要是组织大规模的抄写或手工刻印)的脑力劳动者就是最早的编辑,他们的活动才是最早的编辑活动。他说:"要确定最早的编辑活动的起始年代,必须满足三个条件:一是精神文化垄断的瓦解(中国的汉代还承续着'学在官府'的文化垄断制度);二是文化传播媒介的物质条件大为改善(起码能保证原始出版的进行);三是文化市场的出现。"[1] 以此为判断标准,王华良赞成刘光裕认为只有联系出版来研究编辑活动,把编辑活动看作与出版事业紧密相连的专业活动,才能正确界定编辑概念的意见,同意"有出版才有编辑"[2],"编辑史的溯源上限应该在两宋"[3] 的观点,不同意编辑活动起源于夏、商的看法。他不仅明确表示:"我以为《辞源》对'编辑'一词的释义('搜集材料,整理成书')不能成为对'编辑'概念的科学定义;不能成为界定'编辑'概念的基本依据"[4],而且还坚决反对孔子是我国"最早的编辑家""编辑的祖师爷"的说法。他说:"许多同志所以会把孔子说成是我国'最早的编辑家''编辑的祖师爷',主要就是对孔子整理六经的活动,只作操作形式上的比拟,没有对著

---

[1] 王华良:《参加编辑概念讨论想到的两个问题》,《编辑学刊》1992年第3期。
[2] 刘光裕:《再论何谓编辑》,见刘光裕、王华良:《编辑学理论研究》,山东教育出版社1995年版,第40页。
[3] 刘光裕:《中国编辑史研究的几个问题》,见刘光裕、王华良:《编辑学理论研究》,山东教育出版社1995年版,第409页。
[4] 王华良:《参加编辑概念讨论想到的两个问题》,《编辑学刊》1992年第3期。

作活动作历史的分析。"①他通过对编辑活动和著述活动的辨析，以著名经学史家周予同教授、著名史学家范文澜教授对孔子整理六经活动的论述和古希腊数学家欧几里得的十三卷《几何原理》的例子，来佐证自己的观点。他认为，不仅整个人类的精神文化活动有其历史发展过程，而且精神生产的个体行为也常常表现为一种过程。有的著述过程常常包含了很长的搜集材料与整理加工阶段。如果只抓住某一阶段的操作特点作出判断，就不可能正确反映全过程的实质。也就是说，王华良对不同的精神活动及其成果作出区分的目的在于把握编辑活动与著作活动的不同本质，科学界定编辑概念。他说："两个问题（编辑起源、正确区别编辑活动和著述活动的关系——笔者注）联结起来，实际上仍旧是一个要不要用历史与逻辑相统一的原则来分析、研究编辑活动的问题；要不要从社会结构和历史发展所赋予的本质属性上界定'编辑'概念的问题。"②可见，王华良对于编辑起源的判定以及编辑概念的界定，标准都集中在了编辑活动和著述活动区分方面，对于其他学者的相关观点也是以这个标准进行判断的。难能可贵的是，他观点明确，没有拖泥带水之感。

（三）对编辑学研究对象和学科性质的评述与论说

编辑学作为一门新学科，要想在基本理论研究上有所突破，除重视研究方法外，还应重视研究对象、学科性质。王华良认为，"要建设一门科学，必须搞清楚这门学科的研究对象和学科性质，否则就不会有明确的目标和方向；就不会有研究活动所不可缺少的共同语言。"③

在《编辑学的研究对象与学科性质》一文中，首先，王华良对当时学界流行的编辑学研究对象的4种看法进行了一一评说。他指出，以编辑过程为研究对象的"过程说"和以编辑活动规律、原理为研究对象的

---

① 王华良：《参加编辑概念讨论想到的两个问题》，《编辑学刊》1992年第3期。
② 王华良：《参加编辑概念讨论想到的两个问题》，《编辑学刊》1992年第3期。
③ 王华良：《编辑学的研究对象和学科性质》，《编辑学刊》1989年第4期。

"规律说",虽然对编辑学的研究提出了比较全面的要求,但它们二者把编辑学的研究任务与对象混淆了。在他看来,编辑学的研究对象是一个特定的概念,它指的是编辑学学科领域里特殊的矛盾性,而"过程说"和"规律说"并没有揭示编辑学的特殊矛盾性,因此只能算作对编辑学研究任务的一种表述,不能成为对编辑学研究对象的解释。而以原始精神产品为研究对象的"原稿说",虽然在思考方法上比过程说与规律说要深入、具体得多,也接触了编辑活动中的特殊矛盾性,但它反映了传统的编辑观念所存在的只重文稿不重人、只重"六艺"不重原理的缺陷,其说法难免片面。相比之下,王华良认为,以制约编辑活动的各种关系为研究对象的"关系说"显得更为客观。他明确表示,刘光裕在《当前的编辑学研究》一文中所阐述的"关系说",重视对编辑活动的特殊本质及其相互关系的研究,打破了传统编辑理论的一种禁锢,为科学确定编辑学研究对象指明了方向。他说:"要把握编辑活动的规律,就得努力探索编辑活动特殊的本质及其相互之间的关系。这当然不是单靠概念的演绎或逻辑的推理可以得到的,而需要深入具体地分析编辑活动的特殊本质、特殊矛盾才能成功。关系说正是抓住这一点才为科学地确定编辑学的研究对象指明了方向,因而日益引起人们的重视。"[1]

其次,王华良指出,在我们实际的编辑活动中,确实存在着各种层次的矛盾关系,比如,编辑与作者、读者的关系,编辑与社会经济、政治的关系,编辑与社会变革的关系,等等。如果能从这些关系中找出一种主要的或基本的关系来,编辑学的研究对象就昭然若揭了。基于此,他从马克思抓住资本主义的细胞——商品来分析资本主义社会最基本的关系——商品交换关系,揭示资本主义生产方式的奥秘得到启示,认为"编辑与作者和读者的关系确实是编辑活动中最基本的矛盾关系",对编辑与作者和读者的关系进行研究,"不但编辑学的研究对象可以得

---

[1] 王华良:《编辑学的研究对象和学科性质》,《编辑学刊》1989年第4期。

到深刻的揭示，整个编辑学的研究也会走上更有前途的道路"①。

再次，王华良在探讨编辑学研究对象的同时，还对编辑学的学科性质进行了认真研究。他说："任何一门学科的建设都不能回避学科性质的探讨。编辑学作为一门建设中的新兴学科，尤其应关注学科性质的讨论。"②他认为，学界关于编辑学的学科属性和科学形态问题，之所以出现不同看法，且意见分歧比较大，是因为研究者多根据自己的经验作出判断，缺乏深入的理论分析，而眼下最迫切的需要是"认真地探讨一下什么是编辑学应有的理论基础，这个问题搞清楚了，编辑学的基本原理与什么学科关系最密切，它的理论特点与什么学科最接近，就会得到科学的解释。这样，编辑学的学科属性就自然而然地得到最好的解决了"③。基于此，王华良在分析学界对编辑学学科属性、科学形态不同观点的基础上，明确提出，编辑学要积极地借鉴和吸取传播学理论，要从马克思生产理论中寻找武器。编辑学理论基础的建立有必要将马克思关于精神生产的理论与传播学理论结合起来，这样"就完全有可能建设起编辑学坚实的理论基础。这时，编辑学的学科归属问题也自然明确了"④。在这里，他虽然没有对编辑学学科性质给出一个比较圆满的答案，但从马克思主义方法论出发，秉持理论联系实际的原则，对编辑学学科性质进行探讨和分析，对推动编辑学理论研究的深入开展无疑具有重要意义，尤其在大家对于编辑有"学"与无"学"、有什么意义的"学"还莫衷一是的时候，其积极意义不言自明。

（四）对编辑活动基本规律和基本矛盾及其本质属性的垦拓与型构

对编辑活动基本规律和基本矛盾的揭示，是编辑学研究的重头戏，

---

① 王华良：《编辑学的研究对象和学科性质》，《编辑学刊》1989 年第 4 期。
② 王华良：《编辑学的研究对象和学科性质》，《编辑学刊》1989 年第 4 期。
③ 王华良：《编辑学的研究对象和学科性质》，《编辑学刊》1989 年第 4 期。
④ 王华良：《编辑学的研究对象和学科性质》，《编辑学刊》1989 年第 4 期。

也是第一代编辑学人研究的热点和重点。王华良作为中国早期编辑学研究的优秀代表，对编辑活动基本规律和基本矛盾等问题也提出了一些颇有影响的观点。在《再论编辑活动基本规律》一文中，他开篇即言，编辑活动规律有具体规律和基本规律之分。编辑活动的基本规律，是决定编辑活动整体和全局发展进程的规律，是支配编辑活动各种具体规律的规律。他强调，要研究编辑活动的基本规律，有必要先搞清楚编辑活动究竟是什么样的活动。"第一，编辑活动始终是伴随着种种社会关系展开的社会文化活动，而编辑活动中最重要的社会关系则是编者、作者、读者的关系……第二，编辑活动是一个矛盾运动过程，是社会文化生活中主要围绕着作品的供需关系展开的矛盾运动……第三，各种编辑活动都有一个共同的中介本质和共同的行为方式。"[1]也就是说，编者、作者、读者的关系是编辑活动所有社会关系中最重要的关系；编辑活动过程实际上是编者、作者、读者之间各种矛盾不断产生和解决的过程；在编辑活动中，编者一手伸向作者，一手伸向读者，具有共同的中介本质，正是这一共性，使得本来不同媒介、不同特点的文化传播活动，通称为编辑活动。显然，王华良对编辑活动内涵的这些解读，就是想在寻找编辑活动基本规律时，明确编辑活动存在于什么样的社会关系中，以及什么是编辑活动特有的不同于其他文化活动的本质关系，以便遵循有关规律研究的理论，找到真正的编辑活动基本规律。王华良明确表示："我认为编辑活动的基本规律可以表述为：编者、作者、读者之间的反映作品供需矛盾的关系，得到什么样的调节和整合，最终决定着编辑活动的得失盛衰。"[2]不仅如此，他还从正反两方面说明编辑活动的基本规律存在于编者、作者、读者的关系中，它不以人的意志为转移地实际支配着编辑活动的发展。可以说，王华良从编辑活动的本质入手，层层递

---

[1] 王华良：《再论编辑活动基本规律》，《编辑学刊》2006年第3期。
[2] 王华良：《再论编辑活动基本规律》，《编辑学刊》2006年第3期。

进，深入揭示编辑活动的规律，并发掘出编辑活动的基本规律。

另外，在《编辑过程的基本矛盾》一文中，王华良也明确指出："只要不否认编辑和作者、编辑和读者的关系是编辑活动中最具有本质意义的关系，就不能否认这种关系反映了编辑活动重要的客观规律。"①需要说明的是，对编辑活动规律的探讨，充分彰显了编辑是作者和读者中介的思想，这种理论认知和刘光裕的编辑中介观一起，在当年的编辑学理论论争中，逐渐脱颖而出，成为编辑学研究的四大流派之一，王华良也成为"中介服务派"的主要代表人物。

马克思在《〈黑格尔法哲学批判〉导言》中说过："理论只要说服人，就能掌握群众；而理论只要彻底，就能说服人。所谓彻底，就是抓住事物的根本。"②编辑学要得到社会的承认，自己的理论就必须彻底。这种彻底，很重要的一点就是基本概念科学、准确，编辑学有自己的理论体系。在20世纪八九十年代我国编辑学研究的起步阶段，编辑学的理论建构被视为一片有待开垦的处女地，在为数不多的几位编辑学理论建构者之中，王华良以马克思主义辩证法、方法论为武器，对编辑概念、内涵、编辑学研究对象、学科性质、编辑活动规律及编辑活动的本质属性等进行的探讨掘进，其中的有些观点睿智、深刻，从一定意义上说，他是一位有思想的拓荒者。

二、实践性维度下的编辑主体和编辑工作研究

实践性和理论性是编辑学的基本属性。理论联系实际是马克思主义的基本原则，也是编辑学研究的重要方法。编辑学研究初期，从出版编辑起家的编辑学研究者大都对编辑工作用情很深，对编辑自身、编辑

---

① 王华良：《编辑过程的基本矛盾》，《编辑学刊》2001年第2期。
② 《马克思恩格斯文集》第1卷，人民出版社2009年版，第11页。

实务的研究追捧有加。尤其是随着编辑出版事业的大发展、编辑队伍的大增容、编辑学研究的持续升温，如何加强编辑队伍自身的建设成为编辑学界研究的又一个聚焦点。王华良作为一名从业多年的老编辑，既有丰富的实践经验，又有深厚的马克思主义理论功底，加上对编辑工作、编辑队伍建设重要性的深刻认识，使他对编辑主体思想建设的研究颇有深度。

（一）对编辑主体的探索与考量

有关编辑主体的研究，在编辑学学科建设伊始就受到关注。20世纪80年代中后期，胡光清最早提出"编辑主体"的概念和范畴问题，引发了对编辑劳动特点、编辑角色定位、编辑主体素质、职业素养、知识结构等的讨论。王华良作为编辑学研究的积极分子，先后发表了《编辑劳动的创造性问题》《论编辑创造的特殊性》《编辑人才培养与编辑环境建设》《关于编辑意识》《编辑工作与编辑思想》《编辑的信息观念与信息功能》《追求发现：编辑创造的前提与基础》《编辑在出版经营中的地位和作用》等文章，深入探讨了编辑主体的有关问题。

在《关于编辑意识》一文中，王华良肯定了胡光清将编辑主体作为编辑学的一个重要范畴提出的意义，也指出胡光清在分析编辑主体的构成要素时，只承认编辑的知识结构和思维方式、思维能力，而忽视了编辑工作的职业特点的问题。他认为，把编辑主体作为编辑学重要范畴，可以使编辑学的研究突破经验概括和功利要求的框框，得到进一步理论提升，可以使编辑意识探讨得到理论概括。但编辑主体概念中缺失编辑意识，就失去了编辑主体职业意识的自觉。在他看来，编辑劳动是一种特殊的精神劳动，编辑工作需要明确的编辑意识，而编辑知识结构的改进，思维方式和思维能力的改善、提高，都离不开职业意识的自觉。他说："编辑主体如果没有明确的编辑意识，也不会有高度的自觉去为编辑工作的需要而改善自己的知识结构，改进和提高自己的思维方式和思维能力。"① 他强调，编辑意识对于编辑主体的知识结构和思维方式、思维能力实际上具有支配作用。编辑拥有明确的编辑意识是做好编辑工作的前提，如何强化编辑意识更是推进编辑主体研究的关键所在。与此同时，对于什么是编辑意识，编辑意识包含哪些基本内容，王华良也都进行了详尽的分析。他说："从职业意识的角度来分析，编辑意识应该是一种职业观念的体系和职业行为的规范。"② 其内容包括职业感情、职业道德与职业理性。在他看来，编辑的职业感情是编辑意识的价值定向，关系到对编辑工作的兴趣；编辑的职业道德是对编辑工作应有的劳动态度和行为方式的规范，关系到编辑工作中的献身精神、自律品质；编辑的职业理想是对编辑劳动特点的深刻理解与熟练把握，关系到编辑的业务水平与能力。他强调："只有把编辑劳动放在人类社会精神生产的宏观领域中去加以研究，认清它的中介地位，才能实事求是地评价编辑劳动的社会作用，正确把握编辑工作的发展规律。而这正是强化编辑意识的科学途径。"不仅如此，王华良还对"编辑工作学术化，编辑人员学者化"进行评述，指出该提法"就主张的本意来说，又完全可以通过强化编辑意识的途径来实现"。③ 在他看来，只有努力培养编辑的职业感情，加强编辑的道德修养，提升编辑理性，才能增强编辑队伍的编辑意识，为社会主义编辑事业作出更大的贡献。

在《编辑的信息观念与信息功能》一文中，王华良明确提出，编辑要树立应有的信息观念，提高自己利用和影响信息发展的功能。在他看来，编辑与信息之间是相互依赖与相互促进的关系，这种关系的特殊性决定了编辑的信息观念与信息功能应该与众不同。他说："编辑的信息

---

① 王华良:《关于编辑意识》，见刘光裕、王华良:《编辑学理论研究》，山东教育出版社1995年版，第308页。
② 王华良:《关于编辑意识》，见刘光裕、王华良:《编辑学理论研究》，山东教育出版社1995年版，第311页。
③ 王华良:《关于编辑意识》，见刘光裕、王华良:《编辑学理论研究》，山东教育出版社1995年版，第316页。

观念必须包括以下一些主要内容：1.对信息的社会作用有充分的认识，具有努力掌握和利用分类信息的高度自觉；2.懂得信息的生成发展规律，充分认识对信息发展实现社会控制的意义和作用；3.把努力利用信息和尽力给信息发展以良好影响统一起来，时刻追求信息资源的合理开发与综合利用。"[1] 王华良还强调"编辑信息功能要求的特殊性"，主张通过勤看、勤问、勤学习、勤思考去有效地树立编辑的信息观念，提高编辑的业务能力。

在《追求发现：编辑创造的前提与基础》一文中，王华良指出，编辑劳动是创造性很高的劳动，它的每一个操作环节都要求编辑自觉地追求发现。"可以毫不夸张地说，只有努力追求发现，才能实现编辑创造；只有自觉追求发现的编辑，才是真正具有创造意识的编辑；失去了追求发现的自觉性，就会从根本上失落编辑的使命感和创造力。"[2] 在他看来，追求发现的进取精神，是一股巨大的动力，能把编辑创造推进到一个新的高度。他强调，提高编辑追求发现的自觉性，学习张元济、赵家璧等老一辈编辑家追求发现的事迹，将促进编辑创造的更好发展。

在《编辑劳动的创造性问题》一文中，王华良提出，断定编辑劳动是创造性劳动的依据是编辑劳动的创造实绩，他说："我以为编辑劳动的创造性首先表现在它必须运用创造性思维的劳动特点上，只有习惯性思维是做不好编辑工作的"，"编辑劳动的创造性同时也表现在它对发展精神生产的特有贡献上"，"编辑劳动的创造性还表现在它的服务特色上"。[3] 他认为，编辑劳动不仅每一个环节都需要创造性思维的光环，

---

[1] 王华良：《关于编辑意识》，见刘光裕、王华良：《编辑学理论研究》，山东教育出版社1995年版，第251页。
[2] 王华良：《追求发现：编辑创造的前提与基础》，《编辑学刊》2000年第1期。
[3] 王华良：《编辑劳动的创造性问题》，见刘光裕、王华良：《编辑学理论研究》，山东教育出版社1995年版，第364页。

而且其创造性并不是一种抽象的理性,而是具体的存在,实事求是地肯定编辑工作的创造性具有重要的理论与实践意义。他说:"宣传和阐述编辑劳动的创造本质,既可以促使社会生活的各个方面进一步重视编辑工作,并更好地调动各类编辑人员的工作积极性,还可以大大加强编辑人员的创造意识。"[1]

在《编辑在出版经营中的地位和作用》一文中,王华良通过对编辑在出版经营中的角色定义的阐释,进一步说明编辑不仅是出版生产中的一个中心环节,而且在出版经营中也同样居于影响全局的重要地位。他说:"明确编辑在出版经营中的地位和作用,实在是统一对'编辑中心论'的认识,并在出版工作中更好贯彻'编辑中心'制的重要条件。"[2]为了使编辑在出版生产和出版经营中同时发挥重要的骨干作用,他借用美国《出版家周刊》上发表的《不要忽视编辑的重要性》一文,突出强调了"编辑人员在认真从事出版生产的同时,强化经营意识,学习经济知识,掌握经营本领"的重要性。这种编辑中心制、编辑要有经营意识和经营思想的观点,不乏与时俱进的前瞻性。

可以说,作为一名在学报界、期刊界颇有影响、颇有情怀的老编辑,王华良对于编辑主体所应具备的综合素质能力的重视和研究始终如一。他不仅强调编辑要有编辑意识、编辑思想[3]、信息观念、创造精神,而且还指出编辑劳动的创造性本质、编辑创造的特殊性[4]以及提高编辑主体素质、水平的方法与途径。应该说,在当时编辑主体的研究中,王华良对编辑劳动创造性特点的思考相对较深,对编辑意识、编辑思想重

---

[1] 王华良:《编辑劳动的创造性问题》,见刘光裕、王华良:《编辑学理论研究》,山东教育出版社1995年版,第374页。
[2] 王华良:《编辑在出版经营中的作用》,见刘光裕、王华良:《编辑学理论研究》,山东教育出版社1995年版,第405页。
[3] 王华良:《编辑工作与编辑思想》,《苏州教育学院学刊》1985年第3期。
[4] 王华良:《论编辑创造的特殊性》,见刘光裕、王华良:《编辑学理论研究》,山东教育出版社1995年版,第375页。

要性的考量、对编辑主体相关素质素养的研究，避免了就事论事、只见树木不见森林的偏颇，彰显了他敏锐的学术眼光和求真务实的研究精神。

（二）对编辑工作的概括与分析

编辑工作是编辑学研究的重要内容。"理论性和应用性是编辑学的双重学科属性，理论性是其学科主架，应用性是其直接目的，理论是其基础，应用是其归宿。"[1] 靠出版起家的编辑学研究者不仅对编辑工作实践是行家里手，而且对编辑工作的研究各擅胜场。王华良发表了《精神生产的特点及其与编辑工作的关系》《编辑中心论与出版改革》《编辑家与编辑匠》《稿件处理的基本原则和方法》《增强学报的组织调节功能》等文章，对编辑工作的流程、方法、作用等展开了研究，尤其是《选题论》《论编辑审稿》，通过对自己多年编辑实践经验的总结，分别对编辑选题、编辑审稿作出了更深层次的学理分析。

在《选题论》一文中，王华良明确指出，编辑劳动开始之前所拟定的编辑选题能够"使编辑提供给社会的精神产品符合一定的方针、意图，并能取得较好的社会效果"，这其中无论是编辑和作者共同商讨设计的"组稿选题"，又或者编辑承担主导角色的"编选、编纂选题"，对于精神生产的整体和个体发展都尤为重要。他说："没有选题就会使编辑劳动成为目光短浅的短期行为，从而丧失它最重要的社会作用；就会使编辑在提高质量的社会要求面前无所适从，无能为力。"[2] 他认为，从编辑群体看，构成一个编辑部创造特色的，主要是独特的编辑思想、编辑方针、编辑风格，它们都不是空洞的东西，都离不开选题计划和选题中的指导思想。而选题是否能够切实反映社

---

[1] 周国清：《编辑学导论》，湖南师范大学出版社2008年版，第11页。
[2] 王华良：《选题论》，见刘光裕、王华良：《编辑学理论研究》，山东教育出版社1995年版，第324页。

会需要，则被王华良视为发挥精神生产宏观调控"正"功能的关键所在。在他看来，明确编辑创造的天地首先在编辑选题这一环节，对于正确发挥编辑的积极性和创造性，提高组稿与文稿处理的水平，正确处理编辑与作者之间的关系都具有十分重要的意义。王华良还认为，"编辑审稿是精神生产内部不可缺少的一个生产调节环节"[①]。在《论编辑审稿》一文中，他通过研究分析编辑审稿的特点，明确指出编辑审稿"是精神生产中的一种产品检验"的本质。在他看来，编辑审稿的根本任务是要按照社会的需要和读者的需要对精神产品进行必要的筛选；按照社会传播的要求为精神产品的优化效果提供有益的服务。这要求编辑人员具有正确的审稿态度。他提出，编辑对待文稿要足够严肃认真、客观公正，要严格按照文稿的实际水平作出审稿评判。他主张实行社会主义的编辑审稿制度，其目的在于要求编辑做好政治把关，进而保证审稿质量。

在《稿件处理的基本原则和方法》一文中，王华良认为，处理好稿件是做好编辑工作的核心内容。处理稿件的环节具体应包括稿件的管理、审读、退修、退稿、加工整理几个环节。在他看来，这些环节对于稿件处理来讲都是必不可少的，但最重要的还是审稿和文字加工这两个环节。审稿的内容，首先是帮助作者把握好稿件的政治方向；其次是正确判断稿件的科学价值，即帮助作者做好学术性、知识性方面的成品检验工作；再次是研究文章的结构和表达；最后是写审读报告。文字加工的主要任务，是从文章结构到文字表达上具体帮助作者把一篇文章的主要见解表达得更加鲜明、准确，挤水分是文字加工的重要任务。[②] 在《编辑家与编辑匠》一文中，王华良认为不能把编辑家与编辑匠对立起来，好多编辑出身的大学问家，就是在独自审稿、查

---

① 王华良：《论编辑审稿》，《编辑之友》1988年第1期。
② 王华良：《论编辑审稿》，《编辑之友》1988年第1期。

引文、对材料等编辑事务中，练就一身做学问硬功夫的。他提出，没有文字编辑的经验和能力，是很难胜任组稿编辑的，不屑为匠的编辑不是好编辑。① 可见，王华良不仅看重编辑的审稿、选题能力，也非常看重文字表达功夫。

另外，在《编辑中心论与出版改革》一文中，王华良提出"编辑中心论"的观点。他说："就精神生产过程中各自所处的地位和作用而言，编辑是出版事业的中心"，"就整个出版系统来说，编辑是龙头和先行；就一个出版单位来说，编辑是灵魂和核心"。② 在他看来，不管是从出版工作的性质、特点，还是具体工作流程看，"编辑中心论"都无法辩驳。即使在电子媒体时代，最先进的电子设备也只是为编辑加工创造更加方便的条件，而不是改变编—印—发的先后程序。出版市场化背景下，撇开编辑这个中心环节去从事出版竞争，就容易滋生和发展不顾质量、粗制滥造的种种歪风邪气。可以说，"编辑中心论"的观点，既是对编辑实践的总结，也是对编辑学理论的拓展和延伸。

立足现实，坚持从编辑实践出发，理论联系实际，是王华良编辑主体研究、编辑工作研究的鲜明特色。尤其是对审稿、选题、改稿的论说，细致、具体、全方位、多角度，客观理性。言为心声，王华良是这么说的，也是这么做的。且不说他负责的《复旦学报》在当时的出类拔萃，单就他退休后编辑的《编辑学刊》，参与、组织的编辑学基本理论论争"从1990年11月到1997年12月发表争鸣文章20余万言，涉及的作者分布于全国11个省、市的高校、出版社及其他编辑出版和科研单位"③看，其编辑思维的敏锐、编辑工作的认真负责、编辑经验的丰富，可见一斑。

---

① 王华良：《选题论》，见刘光裕、王华良：《编辑学理论研究》，山东教育出版社1995年版，第324页。
② 王华良：《编辑中心论与出版改革》，《出版发行研究》1993年第3期。
③ 丛林主编：《中国编辑学研究述评(1983—2003)》，齐鲁书社2004年版，第13—14页。

三、编辑学研究的鲜明风格

特定的身份意味着特定的叙事方式和话语策略，多重角色的身份印记必然会在文本中有所反映。王华良集大学教师、编辑家、编辑学家于一身，多重角色的叠加圆融既显示了他的业绩成就，也生成了他的个性化研究特色。

（一）鲜明的马克思主义理论色彩

王华良的编辑学研究善于用马克思、恩格斯、毛泽东等经典理论进行论证，理论色彩突出，特别是在编辑学理论研究方面。深厚的学识积淀让他的研究有着明显的"学院派"风格，充满着理论思辨和专业逻辑。这从大量"毛泽东说""在马克思的相关论述中""列宁曾说"以及冠之以"精神生产理论""加强特殊性研究""编辑劳动创造性"等概念命题中就能透露出来，行文也是层次清楚，结构严谨，多使用概念引领观点的论证方式，通过材料到理论、现状到问题的分析与推断，抽丝剥茧般地强化与延伸自己的观点。比如，在《编辑学的研究对象与学科性质》一文里开门见山地指出要建设一门学科，必须搞清楚这门学科的研究对象和学科性质，否则就不会有明确的目标和方向，表明研究编辑学研究对象和性质的重要性；紧接着指出并评说当时学界关于研究对象的4种看法，用列宁"规律就是关系……"、马克思对资本主义商品关系的理论进行论证，顺势提出自己的观点。整篇文章纵横有度，绾接久远，摆事实，讲道理，以理服人，不仅没有耽溺于单纯理论的循环漫游，而且强化与自身丰富实战经验的结合，力图对编辑实践以及编辑学研究有现实指导意义。

另外，《编辑学研究需要深入》《在加强特殊性中谋求拓展》《参加编辑概念讨论想到的两个问题》《试论界定编辑概念的方法论问题》等，既有对当今编辑学研究的评述、评说、评判，又依据毛泽东的《矛盾论》、恩格斯的《自然辩证法》、马克思的《政治经济学》进行辩证思维、归纳论证，蕴含一定的哲理和思想，不仅在当年的编辑学理论论争中引领风骚，而且也在一定程度上推进了编辑学研究的深入发展。

（二）浓郁的理论联系实际风格

编辑学是一门理论与实践结合的学科，理论性、实践性是推动编辑学发展的车之两轮。作为资深编辑的王华良是编辑学研究中接地气、最有活力的代表之一，他不间断地提出编辑实践中的现实问题，保持锐利的现实锋芒和问题导向。比如，当社会主义市场经济大潮涌动的时候，他发表《编辑中心论与出版改革》，提出了坚持"编辑中心论"的重要性，并多角度、全方位论述编辑在编、引、发以及市场经营中的地位、作用。当有人提出要编辑匠还是编辑家时，他发表《编辑匠与编辑家》，表示编辑匠和编辑家不矛盾，号召编辑既当编辑匠，又当编辑家。当编辑和作者关系出现异化时，他发表《值得重视的编辑角色错位现象》，理性认知编辑在社会文化发展中的非主角角色和在出版系统中的中心地位，引导编辑正确处理和作者的关系。当"编辑力"概念在编辑出版学界走红，有不少人认为这一概念最早出自日本著名出版人、讲谈社顾问鹫尾贤也的《编辑力——从创意策划到人际关系》时，他发表《编辑力概念的首先提出者》，澄清早在 20 世纪 80 年代，浙江人民出版社的冯国祥先生就提出了"编辑力"概念，比日本学者鹫尾贤也早 20 多年。当出版业迅猛发展与编辑人才缺乏矛盾显现、图书质量滑坡，人们埋怨编辑素质太差时，他发表《编辑人才培养与编辑环境建设》，提出编辑人才困乏和编辑人才素质低下与出版单位的环境密切相关，建议加强编辑环境建设，论证形成风清气正的编辑工作环境和人才发展环境的重要性。可以说，在编辑工作的每一个方面、编辑学研究的每一个关键节点，围绕着编辑实践和编辑学理论迫切需要解决的问题，王华良几乎都有思考和建议。

结　语

王华良回忆:"上世纪80年代开始,我国出版界出现了编辑学研究的热潮,我自然欣喜相迎,立即投入学习研究。1984年,我在大学开了《编辑概论》《实用编辑学》课,并积极参与了当时高校学报界有关的讲课、学术讨论活动,并在此基础上,写出了第一篇编辑学论文《精神生产的特点及其与编辑工作的关系》……"[①] 收录在《编辑学理论研究》中的相关文章,大都发表在20世纪八九十年代,多是参与当年论争的思想展现。总体来看,王华良的编辑学研究,起步早、涉猎广,善于从哲学角度思考分析问题,主张建设具有中国特色的马克思主义编辑学。在他看来,任何一门学科的建设都离不开坚实的理论基础,编辑学的学科建设自然不能例外。他致力于对编辑理论的研究,其贡献突出表现在对"编辑"相关概念的科学界定和讨论上,还包括对编辑活动本质属性的把握、对编辑活动基本规律的认识,更涵盖了对编辑学研究对象和学科性质的探究。身为学报界、期刊界知名的编辑、学者,对编辑工作的热爱、对编辑学研究的情怀,使他的编辑主体研究、编辑工作研究内容丰富多彩。他提出的"审稿论""选题论""编辑中心论"等观点,以及对编辑劳动创造性、编辑在出版经营中的作用、提高学报的组织调节功能等论述,既注重学理审视,又重实务、接地气,现实性强,在当代众多编辑学家中独具风采。

---

① 王华良:《我和〈编辑学刊〉的情缘》,《编辑学刊》1994年第6期。

晴空一鹤　诗情碧霄

——学报编辑学开辟者杨焕章的编辑学思想

杨焕章是当代编辑学家群体中的重要一员。在编辑学研究上，他明确提出了独树一帜的编辑概念，较早地阐述了编辑活动基本规律研究的哲学方法论问题。作为《中国人民大学学报》总编辑和全国高等学校文科学报研究会第一任理事长，他高度重视大学学报编辑规律研究，形成了学报研究相对系统的认识体系，为我国编辑学学科建立和学报编辑学研究作出了重要贡献，1996年荣获首届"全国百佳出版工作者"称号，2009年被评为"新中国60年有影响力的期刊人"。

杨焕章1937年10月出生，山西长治人。1956年考入中国人民大学哲学系学习，1960年4月因工作需要提前一年半留校任教，后任哲学学院教授、博士生导师。1986年至1993年，杨焕章任《中国人民大学学报》常务副总编辑；1993年至1999年，任《中国人民大学学报》总编辑；1999年至2001年，任《中国人民大学学报》编委会主任。1988年参与创建全国高等学校文科学报研究会，先后任第一、二届理事长，第三届名誉理事长，第四、五届顾问。他主要从事马克思主义哲学研究，尤其在马克思哲学方法论、毛泽东哲学思想研究上有着重要建树。"他被认为是研究列宁'唯物主义和经验批判主义'的权威"，其著作《毛泽东哲学思想研究》被认为是'第一部按照毛泽东哲学思想本身的逻辑研究毛泽东思想的著作'"，他主编的《简明哲学原理》被赞誉为"哲学园地中的一朵新花"①,并在1979—1983年全国通俗政治理论读物评选中荣获二等奖。在他担任中国人民大学学报编辑部常务副总编、总编和编委会主任20多年时间里,《中国人民大学学报》获得了一份人文社科期刊几乎能够获得的所有荣誉。当20世纪80年代编辑学研究在中国兴起之时,他很快投入编辑学研究中,发表了《论编辑的定义和编辑学的理论框架》《编辑主体和编辑客体》《论编辑学的"编辑"》《论编辑活动》《论编辑学的研究》《论编辑学学科建设》《论编辑学的基本概念及其相互关系》《普通编辑学导论》《论编辑学的理论研究》《当前编辑学研究的任务》《论编辑学是一门科学》《论学报编辑学者化的必要和可能》《论编辑学的基本建设与马克思主义哲学》等一系列有关编辑学理论与建设的重要文章,提出了"编辑是策划审理作品使之适合流传的再创造活动"的编辑概念,论述了"一个中心、三个战线"为目标的编辑学学科建设思想、"编辑学者化"为方向的编辑主体建设理念,尤其是哲学与编辑学联姻的认知和实践,使他的编辑学研究表现出与他人不同的、独特而深刻的学术特色和学术成就。

一、编辑概念界定:由表及里,去伪存真

编辑概念是编辑学研究最基本的问题,也是编辑学学科建设最重要的一个问题。这一问题始终是编辑学界争论最大的问题,直到今天仍然没有相对一致的认识。杨焕章认为,"编辑定义是编辑学体系建立的基础","整个编辑学的全部内容就是这个定义的充分展开,它是编辑学的起点和前提"②,是编辑学学科体系的逻辑起点,要研究编辑学,构建编辑学理论体系,不能不首先着力研究编辑概念。当时编辑学界有关

---

① 潘国琪、胡梅娜:《踏遍青山人未老:记〈中国人民大学学报〉总编辑杨焕章教授》,《润物细无声:社科学报编辑家耕耘录》,河南大学出版社1995年版,第2页。
② 杨焕章:《关于"编辑"的定义》,《大学出版》1998年第3期。

编辑概念的定义有二三十种之多,"这些'定义',在一定时期,在一定范围,确曾被人们作为思考问题的依据加以引证,起过一些积极的作用,也应承认那都是经过一番深思熟虑的产物。但是,也应当指出,那些'定义'中有一些属于语词释义,严格地说不能算是定义;可以看作定义的那一部分中,大多(不是全部)是停留在对于'编辑'的现象的、经验的描述,还称不上是对于'编辑'的本质的、科学的把握。"① 在这里,杨焕章提出了一个对定义本身进行定义的问题。他指出,科学的定义,必须反映事物的普遍本质和具体特征,而不是现象和经验的描述。在《论编辑活动》一文中,他指出,很多有关编辑概念的定义恰恰缺乏科学定义的基本要求,并整体地表现出以下四种问题:或缺乏应有的高度概括性,或缺少普遍的适用性,或没有揭示出类的具体性,或不够简明扼要。"从根本上说,主要是没有把握住编辑活动的普遍本质和具体特征,没有从编辑活动的对象、内容、目的、性质等方面揭示出它的质的规定性。"② 基于此,他在总结学界编辑定义"问题"的基础上,提出科学的编辑定义实际上是对编辑活动的普遍本质和具体特征的准确把握,即必须从编辑活动的对象、内容、目的、性质这几个能够表现编辑活动本质和特征的方面去揭示出它的规定性。按照这一认识逻辑,杨焕章逐一分析编辑活动的对象、内容、目的、性质,他说:古今中外成为编辑对象的,不管其表现形式是什么,都是经过某种劳动创作的文化物品,这种文化物品就是作品。从编辑活动的本质意义看,策划是为了得到作品,审理的意思是鉴审和处理,鉴审是鉴定作品,处理是提高作品。编辑活动的目的就是为了使作品经过审理适合流传,这个"流传",既可以是各种出版物形式的流传,也可以是广播、电影、电视等传播形式的流传。通过审理使作品适合流传的编辑活动是具有一定创造性的活

---

① 杨焕章:《论编辑的定义和编辑学的理论框架》,《河北师范大学学报(社会科学版)》2001年第3期。
② 杨焕章:《论编辑活动》,《中国人民大学学报(社会科学版)》1998年第4期。

动，这种创造性，是在已有基础上使作品更加完善，是作品中凝结的创造性劳动的继续。即"编辑活动的对象是'作品'"，"编辑活动的内容是'策划'和'审理'"，"编辑活动的目的是使作品适合流传"，"编辑活动的性质是'再创造'。"[1] 在此基础上，他进一步概括凝练，最后把编辑定义为："编辑是策划审理作品使之适合流传的再创造活动。"[2] 在这里，"策划、审理作品""使作品适合流传""再创造"，构成了杨焕章编辑定义的三要素。由于编辑活动是编辑学研究的对象，这三个基本要素也就成为编辑学的三个基本命题。这个编辑定义与其他人的编辑定义相比，有几个鲜明的特点。一是明确指出了编辑活动的对象，即将其规定为"作品"，从而避免了编辑活动对象泛化的问题。二是具体指明了编辑活动的目的，即"使之流传"。流传既可以是"保存起来流传下去"的流传，也可以是"公之于世流传开去"的流传。三是明确了编辑活动的内容。杨焕章认为，编辑概念不等于编辑活动的内容，只有高度概括编辑活动的内容，编辑概念才具有概念属性。四是指出了编辑活动的性质。即编辑活动是一项高度创造性的精神活动，并且是一种再创造性活动。这个再创造性，正是编辑活动与作者的创作活动的一大区别。

应该说，编辑学的建立依赖于编辑学基本概念的抽象和基本原则原理的确立。在确立"编辑"作为编辑学的基本概念时，应当揭示"编辑"的诸多规定性及其对立统一关系，使之达到诸多规定性的统一，形成具体概念。杨焕章从编辑活动的普遍本质出发，抓住编辑活动的具体特征，按照马克思主义辩证逻辑所说的方法进行高度概括而形成的这一定义，"相对于其他编辑概念表面现象、直观经验的描述、铺陈"[3]，揭示了编辑活动的规定性，且言之有理，持之有故，比较严谨、周详。

---

[1] 杨焕章：《论编辑活动》，《中国人民大学学报（社会科学版）》1998年第4期。
[2] 杨焕章：《关于"编辑"的定义》，《大学出版》1998年第3期。
[3] 杨焕章等：《众说纷纭话"编辑"》，《中国编辑》2002年第1期。

二、编辑学基本理论研究：哲学思维，哲学联姻

杨焕章哲学研究功底深厚，对于马克思主义哲学诸多方面诸多问题都有深入的研究，他特有的宏观驾驭能力，给他的编辑学研究也增添了浓郁的哲学方法论色彩。

（一）强调编辑学应当与哲学联姻

1994年，他在给蒋广学的《编辑通论》撰写的序文中，就明确提出编辑学研究与哲学研究不可分割的内在联系。他说："不借助于哲学，关于编辑学的研究往往只能停留在经验的描述上，而不能建立起真正意义上的科学的编辑学。"[1] 他认为，在一定程度上，编辑学研究一直没能取得学界公认的较为系统理论的成果，其原因之一就是，研究者缺乏对编辑学研究的哲学方法论思考。他指出："多年来，从事编辑学研究的人很少注意进行方法论方面的反思，以致尽管一再强调'编辑有学'，却因未拿出能被人们承认的、系统的、理论形态的学说，而始终没能使编辑学取得它应有的地位。这不能不说与从事编辑学研究的人大多还不能自觉地运用哲学的方法有关。"[2] 在他看来，对于编辑活动的本质、编辑活动的基本矛盾、编辑活动的过程和规律，以及编辑学的对象、编辑学的基础、编辑学的基本范畴和理论体系等许许多多编辑学的基本问题的解决都离不开哲学所提供的方法论指导。编辑学研究要强调哲学方法论的运用，编辑学可以也必须与哲学联姻，编辑学家也可以且必须与哲学家合作。他郑重呼吁："为了使编辑学的研究有一个飞跃，使编辑学从经验形态上升为理论形态，尽快实现编辑学家和哲学家的联合。"[3] 1997年，在《论编辑学的基本建设与马克思主义哲学》一文

---

[1] 杨焕章：《〈编辑通论〉序》，《中国人民大学学报（社会科学版）》1995年第1期。
[2] 杨焕章：《〈编辑通论〉序》，《中国人民大学学报（社会科学版）》1995年第1期。
[3] 杨焕章：《〈编辑通论〉序》，《中国人民大学学报（社会科学版）》1995年第1期。

中，他从编辑学学科地位的确定、编辑学基本理论的确立和编辑学学科体系的建构这三个方面与马克思主义哲学的关系角度切入，更加深入地论述了马克思主义哲学方法论之于编辑学研究的必要性和重要性。他认为，"编辑学学科地位的确定需要马克思主义哲学提供根据"，"编辑学基本理论的确立需要马克思主义哲学提供方法"，"编辑学体系的构建需要马克思主义哲学提供原则"[1]。在他看来，确立编辑学科地位的关键是提出编辑学的科学论证，但哪怕是对于编辑学的科学性做一点最基本的、最起码的论证，都是离不开哲学的。当前编辑学建设的首要任务就是确立起它的概念系统和原理系统，而这个任务的完成，必须借助于马克思主义哲学所提供的方法。编辑学体系的构建是编辑学研究的一个重要内容，马克思主义哲学可以为编辑学体系提供构建的原则。也就是说，编辑学学科确立、理论确立、体系构建都迫切需要发挥马克思主义哲学对于学科建设的指导作用，切忌就事论事，切忌在具体经验范围内兜圈子。

（二）注重编辑活动基本规律研究的哲学方法论问题

正因为杨焕章对编辑学哲学方法论的看重，他有关编辑活动基本规律的认识显得别具风格，颇有个性。他指出，辩证唯物主义认为，矛盾是普遍的。在一切社会活动中，都存在着矛盾。"编辑活动如同一切社会活动一样，是存在着矛盾的过程，是一个矛盾的系统，是一个矛盾综合体。"[2] 同时，他还从哲学论中主客体二元论的角度，把编辑活动这个矛盾综合体分为两个方面：一方面是作品（间接的是作者），是编辑客体；一方面是编辑者，是编辑主体。编辑主体与编辑客体所构成的矛盾，是编辑活动的基本矛盾。这对矛盾贯穿编辑活动始终，存在于整个

---

[1] 杨焕章：《论编辑学的基本建设与马克思主义哲学》，《首都师范大学学报（社会科学版）》1997年第4期。
[2] 杨焕章：《论编辑学的理论研究》，《山西师大学报（社会科学版）》2001年第2期。

编辑过程。换言之，贯穿编辑活动始终的基本矛盾，就是编辑主体与编辑客体之间的矛盾；编辑活动的基本规律就是编辑活动主体和客体的对立统一规律。他说："编辑主体和编辑客体之间的矛盾普遍地存在于一切类型的编辑活动过程之中，而且普遍地存在于每一具体的编辑活动过程的始终。不仅如此，编辑主体和编辑客体之间的矛盾还制约着编辑活动中的其他矛盾"，"决定着其他矛盾发展的方向和趋势，决定着整个编辑活动的水平和结果"[①]。这对矛盾是其他一系列矛盾的根源，其他矛盾都是由它派生的。这就是他对编辑活动基本规律的认识。

从某种意义上来说，在整个编辑学研究中，杨焕章是唯一一位从马克思主义哲学矛盾论的角度来探讨编辑活动基本规律的。尽管在此前或此后，有不少编辑学者都提出过编辑主体和编辑客体的概念，并深入地探讨过两者的交互作用关系，但都没有将两者的矛盾律视为编辑活动的基本规律。这也并不是说杨焕章这一编辑活动基本规律的认识就是绝对正确的，只是，这样一种哲学方法论的认识逻辑在编辑学研究中是不可或缺的一种重要认识思路，值得肯定。同时需要指出的是，杨焕章的编辑主客体概念，与其他研究者的认识也有着明显不同。他认为，"编辑主体是具有一定专业知识和编辑技能从事编辑活动的人"，"编辑客体则是编辑主体在编辑活动中实施作用的对象"[②]。编辑客体有直接客体和间接客体之分，直接客体即直接承受编辑主体作用的作品，而间接客体则是指通过作品为中介与编辑主体发生联系的作者。与此不同的是，其他大部分编辑学者的编辑客体概念都是指向客观的作用对象物，而不是人。比如，王振铎的编辑"六元论"的主体元素是读者、作者和编者，客体元素则是编本、稿本和定本。再如，靳青万的"编辑五体论"中的编辑主体是编者，而客体则是稿件。由于他们各自对编辑、编辑学研究

---

① 杨焕章：《编辑主体和编辑客体》，《大学出版》1998 年第 4 期。
② 杨焕章：《编辑主体和编辑客体》，《大学出版》1998 年第 4 期。

的出发点和认识的视域视界不同，编辑客体的界定也就不同。实事求是地说，编辑客体界定没有绝对的孰对孰错，但杨焕章既包含作品，又含作者的客体论说，以其新颖独特，在编辑学研究历程中成为风姿绰约的"那一个"。

（三）重视编辑学对象、范畴、理论体系等基本理论问题探索

除了对编辑学基本规律的哲学方法论研究，杨焕章还非常重视对编辑学其他基本理论问题的研究。他认为，编辑学的研究大致可以分作三个方面：编辑学的实践研究、编辑学的历史研究和编辑学的理论研究。而理论研究是编辑学研究的重心和关键。他说："编辑学的基本理论确定之日，就是编辑学科学地位确立之时。"① 他多次强调，这些问题不解决，编辑学就不可能真正地成为科学的编辑学。基于此，杨焕章从自己熟知的哲学方法论出发，对编辑学的对象、编辑学的基本概念、编辑学的基本原理、编辑学的理论框架等基本理论问题，都有过精辟的论述。

杨焕章认为，在编辑学的理论研究中，研究对象的研究占有非常重要的地位，它直接关系到编辑学的科学性和独立性。编辑学能不能成为一门科学，能不能成为一门独立的学科，关键在于它有没有作为一门科学、作为一门独立的学科应有的相对独立的研究对象。他明确指出，矛盾的特殊性是科学分类的基础。在这一哲学思想指导下，他说："编辑学是关于编辑的科学，是研究编辑活动过程及其规律的科学。编辑活动是编辑学研究的对象。"② 在此基础上，他还从编辑的对象、内容、目的、性质等方面揭示了编辑概念质的规定性；从方法论的角度，提出要想科学概括编辑学原理，必须首先具体研究编辑活动内部的矛盾状况。

---

① 杨焕章：《论编辑学的学科建设》，《北京师范大学学报（社会科学版）》1997年第4期。
② 杨焕章：《论编辑学的理论研究》，《山西师大学报（社会科学版）》2001年第2期。

只有对编辑活动的内部诸矛盾及其运动状况有比较清楚的认识，才能谈得上引出规律、概括原理。他批评当时学界对编辑学基本原理的概括难免有想当然的、先验的成分；他分析编辑活动的基本矛盾，提出编辑活动的基本规律是编辑主体与编辑客体对立统一规律，指出所谓编辑学的理论体系，实质上就是编辑学诸概念之间、诸原理之间的内在联系；等等。在杨焕章看来，编辑学要屹立于科学之林，就必须要论证它是一门独立的科学，对于它所研究的特殊矛盾、它所揭示的特殊规律都要给予科学的说明和科学的论证；编辑学的建立依赖于编辑学基本概念的抽象和基本原理、原则的确立；编辑学体系应是"编辑"概念的逻辑展开，不应是先验的，不应是从人们头脑中预先构想出来的，而是一系列基本问题解决以后的产物。可见，杨焕章对编辑学基本理论探索是积极的、有创见的，他以哲学家的严密和深邃所提出的"编辑学应该与哲学联姻""编辑学以编辑主体和编辑客体及其矛盾为内容"等观点，对于我国编辑学的研究以及编辑学学科建设都具有原则性的意义"[1]。

三、编辑学学科建设："一个中心""三条战线"

杨焕章作为马克思主义哲学家，深知马克思主义哲学对编辑学研究的指导意义；作为编辑学研究家，更知道编辑学学科的建立和学科建设不是仅凭呼吁、说教和经验就能取得成功的。在他看来，编辑学是一门独立的学科，是因为编辑学"有着特殊的、相对独立的研究对象""有着广泛而深厚的客观基础""有悠久的历史渊源""有科学的基本概念""有自己确定的特殊的内容"[2]。因此，编辑学的学科建设被他概括为一项综合性的系统工程，这项系统工程"包括编辑实践、编辑历史和编辑理论

---

[1] 潘国琪、胡梅娜：《踏遍青山人未老：记〈中国人民大学学报〉总编辑杨焕章教授》，《润物细无声：社科学报编辑家耕耘录》，河南大学出版社1995年版，第2页。

[2] 杨焕章：《论编辑学是一门科学》，《海南大学学报（社会科学版）》1997年第2期。

三个方面的系统研究"①。编辑实践研究主要研究编辑活动、编辑过程、编辑业务和技术，编辑历史研究主要研究编辑活动的历史发展和编辑思想的历史发展，编辑理论研究主要研究编辑学基本概念、基本原理和编辑学科学体系。编辑实践研究和编辑历史研究是创建编辑学这一系统工程中的基础工程，编辑理论研究是创建编辑学系统工程中的主体工程。编辑学的基本任务是建立编辑学的理论体系；编辑学研究的最高目标是建立编辑学学科。他说："我认为，编辑学的研究可以概括为：'一个中心、三条战线'，即以创建科学的编辑学为中心，加强编辑实践的研究、编辑历史的研究和编辑理论的研究。这三条战线是编辑学的三项基本建设。"②难能可贵的是，他不仅提出了这一学科建设思想，而且还努力推动这一学科思想的积极探究。

杨焕章认为，编辑学研究重在学科建设，不能仅仅局限于编辑有学无学的空泛争论。要加强编辑学学科建设，必须做好以下几个方面的研究工作：

首先，要系统总结编辑工作的经验。在他看来，编辑学之所以能够成立，就因为它有大量的编辑经验作为基础。编辑学作为编辑活动的理论表现，是对编辑活动经验的系统的、科学的总结。从总体上科学总结编辑经验的过程，其实是一个由个别到一般、由特殊上升到普遍、由感性具体上升到抽象的过程。这个过程正是编辑规律探索的过程。其次，要做好编辑学基本概念的抽象。杨焕章认为，基本概念是一个学科建设的逻辑起点，它的科学性从根本上决定着这门学科的科学性。如果把编辑学的理论体系或概念系统比作一张网，那么这些基本的概念就是网上的纽结，这个最基本的概念就是网纲……'编辑'这个概念作为编辑学最基本的概念不仅具有一般科学中最基本的概念所具

---

① 杨焕章:《当前编辑学研究的任务》,《大学出版》1998年第2期。
② 杨焕章:《编辑学研究的意义、状况和前景》,《曲靖师专学报》1999年第1期。

有的特点，而且它还是编辑学概念体系的逻辑起点。"① 他强调，要创立科学的编辑学，就必须抽象出编辑学的基本概念，必须解决编辑学基本概念的共识缺乏问题。再次，是确立编辑学基本原理原则，提升编辑学研究的理论性。杨焕章认为，建立一门学科，主要任务就是确立该门学科的基本原理。要创建编辑学，就要把主要精力放在确立编辑学的基本原理上。在他看来，"编辑学的基本原理原则的本质是编辑活动的规律，是对编辑活动规律的科学反映，是编辑活动规律的理论表现。编辑学基本原理原则的确立，就是对于编辑活动规律的探求。我们编辑学的研究应当尽快从关于编辑过程的具体描述深入到对于编辑活动的规律的探求。"② 最后，是编辑学体系的建立。他认为，编辑学学科体系的出现，才是学科研究成熟的标志。而这个学科体系的建立是一个漫长的深入的编辑规律探索的过程。他说："编辑学体系的建立不是在编辑学研究的开始，它不是先验的；而是大量的基础问题解决之后自然而然的结果，是一个水到渠成、瓜熟蒂落的事情。"③ 虽然杨焕章涉足编辑学研究不是很早，但他对编辑学的研究和建设编辑学学科体系的思想清晰、明确，"凭着他那哲学家的锐利目光，善于准确地发现问题，及时地提出问题，科学地分析问题，恰当地解决问题"④，其研究与一些研究者相比，多了份纲举目张的从容。

四、编辑主体身份建构：学报编辑学者化

自20世纪80年代编辑学研究在我国兴起以来，随着高校学报的繁

---

① 杨焕章：《论编辑学的学科建设》，《北京师范大学学报（社会科学版）》1997年第4期。
② 杨焕章：《谈谈编辑学的研究》，《河南大学学报（社会科学版）》1994年第6期。
③ 杨焕章：《谈谈编辑学的研究》，《河南大学学报（社会科学版）》1994年第6期。
④ 潘国琪、胡梅娜：《踏遍青山人未老：记〈中国人民大学学报〉总编辑杨焕章教授》，《润物细无声：社科学报编辑家耕耘录》，河南大学出版社1995年版，第4页。

荣发展，对高校学报编辑素质和编辑学者化的研究，一直是学报编辑学研究的热点问题。特别是20世纪90年代以后，作为全国高校学报编辑学理论和实践研究的领路人，杨焕章深刻地体会到编辑主体素质之于编辑工作的重要性。他认为，无论是为了提高学报的质量，还是为了提高学报编辑的社会地位，"学报编辑学者化"都是一条必由之路。在他看来，这已不是单纯的理论问题，而是一个迫切的实践问题。因此，杨焕章不仅大声疾呼，每会必讲，而且还结合学报编辑实践，专门写了《谈谈学报编辑学者化问题》《论学报编辑学者化的必要和可能》《论编辑和学者》等文章，把编辑主体建设研究推向了深入。

杨焕章认为，编辑主体素质是编辑学研究的基本概念之一。在《论编辑学基本概念及其相互关系》一文中，他指出，编辑素质是从事编辑活动的编辑主体所必需的素养和品质。"编辑素质的状况规定了编辑主体的状况，并直接影响着编辑活动的状况。要提高编辑活动的水平，关键是提高编辑主体的水平；而提高编辑主体的水平，关键又是提高编辑主体素质的水平。"[1] 他认为，编辑素质是由编辑思想素质和业务素质两个方面构成的。编辑思想素质是由政治素质和道德素质规定的；业务素质是由专业素质和编辑技能规定的。在编辑学研究中，他高度重视编辑主体素质研究，尤其看重编辑的业务素质、学术水平。他说："所谓编辑素质除了政治思想和工作态度等一般素质方面的要求外，具体的主要是学术水平。编辑具有较高的学术水平就可以吸引有水平的作者，就可以提出有水平的课题，就可以跟有水平的作者取得共同语言平等对话，就可以对学术作品提出中肯的意见帮助作者提高作品的水平，这一切的总和就是可以使刊物在质量上提高档次。"[2] 在他看来，编辑素质的提高

---

[1] 杨焕章：《论编辑学基本概念及其相互关系》，《北京师范大学学报（社会科学版）》1998年第5期。

[2] 杨焕章：《论学报编辑学者化的必要和可能》，《中国人民大学学报（社会科学版）》1995年第6期。

可以直接促进学报质量的提高,尤其是专业素质和学术水平,对学报特色实现、质量提升关系重大。由此出发,他旗帜鲜明地提出编辑学者化这一问题,在编辑学界产生广泛影响。

在《谈谈学报编辑学者化》一文中,杨焕章开门见山地指出,所有的编辑都应当成为学者。他说,不是学者就难以成为好编辑,学报编辑尤其应当成为学者。在他看来,学报编辑的学者化,不仅是一种可能,更是一种必要。这种必要性,他从三个方面进行了深入分析。首先是由学报编辑工作的特殊性质决定的。学报是学术刊物,没有学术性,就不成其为学报。而学报质量的高低,与编辑主体的学术水平有很大关系。他认为,一个学术刊物要想在观察问题、提出问题、分析问题和解决问题方面认真地提高刊物的质量,就要求编辑对于学科状况及其发展的关键有一定的研究。唯有如此,才可能更好地进行选题策划和审稿编创工作。其次是由编辑工作的特点决定的。编辑活动是一种再创造性精神劳动,需要围绕作者的作品"对话"。而要与进行学术创作的作者"对话",就要求学报编辑有最基本的学术素养和学术水平。他说:"'学者'者,有学问的人也,或者做学问的人也。用不着多说,学术编辑应当是有学问的人;否则,他就不能在同等的学术层次上跟作者打交道,不能跟作者具有共同语言,不能对学术作品进行正确的处理。"[①]再次,是提高编辑工作地位的需要。学报编辑由于工作性质,长期不受关注,社会地位和待遇状况存在一些不如意之处。杨焕章认为,要提高编辑工作的地位,离不开"编辑学者化"这一编辑主体建设。他说,学报是学术刊物,这就决定了学报编辑的社会地位主要是学术地位。因此,编辑只有在学术上有了地位,其他社会地位和现实待遇问题才能迎刃而解。他说:"人们尊重编辑工作与尊重编辑

---

① 杨焕章:《论学报编辑学者化的必要和可能》,《中国人民大学学报(社会科学版)》1995年第6期。

是联系在一起的。没有看重编辑工作而轻视编辑的,也没有看重编辑而轻视编辑工作的。我们很难一下子使人们普遍地重视编辑工作,因为许多人并无这种实践联系,没有亲身感受;但我们可以经过努力较快地提高编辑的学术水平,尽快实现编辑的学者化,为编辑在学术界争得一席之地。"① 显而易见,杨焕章"编辑学者化"这一观念的内在认识逻辑,是立足于做好编辑工作本身和编辑主体地位提升两个层面展开的。这一观念既有宏观的理论品质,又有微观的现实关怀,既有客体的问题意识,又有主体的精神关照。

正因为如此,杨焕章这一观点的提出,在编辑学界产生了广泛而深刻的反响。其中,赞同、赞誉者有之,反对、批评者也不乏其人。比如,蒋永华在《回归杂家——就"学报编辑学者化"与杨焕章先生商榷》一文中,就针对这一观点提出了质疑。杨焕章也针对质疑对学报编辑学者化进行了再阐述。② 应该说,学报编辑学者化,是杨焕章倡导的,以"学者化"为方向的学报编辑发展之路,是杨焕章始终坚持的学报编辑主体素质提高之路。这种倡导、这种坚持,不管对错,都在编辑学研究历程中影响深远。近几年,南京大学学报主编朱剑在谈到编辑身份的建构时,有几篇文章都涉及杨焕章的这一观点。朱剑认为,杨焕章坚决主张"学报编辑学者化",主要理由是不愿意放弃对学报的掌控权。③ 这种观点正确与否并不重要,重要的是学术论争,绵延不断,从某种意义上说,这就是对杨焕章最好的纪念,也是学报编辑主体建设研究在新时代新环境下的创新和发展。

---

① 杨焕章:《谈谈学报编辑学者化问题》,《华中师范大学学报(社会科学版)》1994年第6期。
② 杨焕章:《再论学报编辑学者化的必要和可能:兼答"学报编辑学者化"口号的质疑者》,《中国人民大学学报(社会科学版)》1998年第5期。
③ 朱剑:《编辑家抑或研究者:编辑身份建构的目标分野——以1980年代的出版界和学报界为中心》,《扬州大学学报(社会科学版)》2019年第5期。

五、编辑学研究新领地：学报编辑学体系构建

杨焕章原为中国人民大学哲学专业教师，由于工作需要到了学报编辑的岗位上，后来他又被推举为高校文科学报理事长。理事会为他提供了一个展现才华的舞台，也为他的科学研究开辟了新天地。他认为，做学报工作就应当努力研究学报编辑的实践和理论，当了研究会理事长更应该在这方面起带头作用。为此，他不仅策划、组织编辑出版了一系列编辑学专著和论文集，策划、审批了研究编辑学的规划和项目，带领学报人把编辑学研究引向深入，而且还凭借马克思哲学世界观和方法论的功底，为一些学报学人的论著和研究会策划的论文集作序，并发表了《论学报的基本属性和基本功能》《论学报的定位与办刊理念》《一流的大学理应有一流的学报》《论高等学校社科学报的定位》《论学报编辑学者化的必要和可能》《学报的根本出路在于提高质量》等文章，提出了许多有创见的编辑学新观点，对于高校学报编辑学研究，具有系统的认知和体系化思想。

（一）高校学报的功能、属性、理念、定位

在高校学报界，杨焕章无疑是首屈一指的编辑家和编辑学家。面对高校哲学社科学报在 20 世纪八九十年代的思想解放、规模扩张，"一校一学报"、内刊转为公开发行，高校社科学报的发展势如破竹。1985 年教育部颁布的《关于办好高等学校哲学社会科学学报的意见》虽然明确规定了高校学报的性质、作用、任务、功能，但伴随着高校学报的变革发展，学界对高校学报属性、功能的论争一直熙攘不断。杨焕章作为高校社科学报研究会的首任掌门人，对高校学报的认知和思考是深刻的、多方面的。他认为，学报是高等学校主办的以反映主办学校的教学和科研成果为主的学术理论刊物。学报作为一种特殊的媒介类型，有着独特的文化功能和文化属性。他说："要办好学报，首先要树立起科学

的即符合学报实际情况和学术发展规律的办刊理念。所谓办刊理念就是办刊所追求的理想，所秉持的观念，所遵循的基本原则，所贯彻的基本精神，所贯穿的基本思想。"① 在他看来，办刊理念是办学报的灵魂。学报的办刊理念体现了学报工作者对于学报的定位、定性、定向等问题明确的思考。他强调，学报要树立科学的办刊理念，就应当对于学报的基本属性和基本功能问题有一个正确的认知。

杨焕章认为，学报的基本属性包括三个方面：首先是学校性，其次是学术性，再次是综合性。这三个属性之间相互联系、不可分割。他指出，学报的属性决定学报的功能。"学报的基本功能就是通过反映主办学校的学术成果，参与社会的学术交流，推动学校教学科研工作和人才的培养，进而推动我国学术事业的繁荣和发展，促进社会主义物质文明、精神文明和政治文明建设，传承人类社会文明。"② 他结合自身的学报编辑经验，从刊物定位、编辑理念和编辑方法等方面较为系统地提出了大学学报编创的基本原则和方法。这些原则和方法，体现在编辑定位上，就是立足本校、放眼社会。他认为，学校创办学报的目的决定了学报必须立足本校以反映本校的教学和科研成果为主，只有这样才能生存和发展，才能名副其实，才符合国家期刊管理部门的要求。他不同意一些学报主编提出的"开门办刊"思想，以及学报立足本校是自我封闭、关门办刊，会妨碍学报质量提高，造成学报"千刊一面"的观点。在他看来，立足本校，不是说学报编辑的视野和活动仅仅局限于本校之内，把自己与社会隔离开来。他认为，为了学报的生存和更大发展，正确的定位是立足本校、放眼社会。体现在编辑理念上，就应该是坚持学术性和思想性的高度统一。他明确指出，坚持学术性和思想性的统一，是办好学报的又一本质要求。他说："学报是学术刊物，是研究学术问题

---

① 杨焕章：《论学报的定位与办刊理念》，《闽江学院学报(社会科学版)》2008 年第 1 期。
② 杨焕章：《论学报的基本属性和基本功能》，《广东培正学院学报》2008 年第 6 期。

的，不是政治刊物，不是宣传政策的……但是，学术刊物也有一个政治方向问题。"① 在《论学报的定位与办刊理念》一文中，他明确指出，学报是学术理论刊物，学术性是它的基本属性。没有学术性，或者学术性不强，就不是学报，或者说，就不是名副其实的学报。学报的学术性主要指学报的办刊宗旨是以研究学术问题、发展和繁荣学术事业为己任，具体体现在它所刊登的主要是学术论文。学报的思想性是指学报办刊所遵循的政治方向，所坚持的政治立场，所表现的基本政治倾向。坚持思想性与坚持学术性在本质上是一回事，它们在科学性的基础上统一了起来。与此同时，他认为学报编辑还要追求高品位。他将学术刊物的学术品位和社会作用划分为三个层级：传播知识、研究学问和启迪思想。他强调，学报的品位不能局限于传播知识和研究学问，还应该启迪思想，推动学术发展。他说："学报的这种学术上的高品位，这种启迪思想的作用的发挥，主要依靠它的推陈出新。学报上刊登的文章应当是各个学科领域里具有创新意义的新成果。"② 事实上，杨焕章在主持《中国人民大学学报》编辑出版过程中，就旗帜鲜明地提倡学报学术追求的高品位。这种高品位，就是依靠中国人民大学多学科的雄厚实力，大力鼓励学术创新，不断地推陈出新。他说："我们要把《中国人民大学学报》办成新思想、新见解、新理论的'展示中心'，把优秀的、有真知灼见的学术成果吸引到我们的学报上来发表。我们提供给读者的一定要是上好的精品，使每一个阅读《中国人民大学学报》的读者都能从中获得启发。"③ 正是这种对高品位的学术追求，才使得《中国人民大学学报》在中国学报之林中出类拔萃。

---

① 杨焕章：《论我国学报百年发展的基本经验——为纪念我国高等学校学报创办100周年而作》，《山西大学学报（社会科学版）》2006年第3期。
② 杨焕章：《论学报的定位与办刊理念》，《闽江学院学报》2008年第1期。
③ 杨焕章：《一流的大学理应有一流的学报》，《中国人民大学学报（社会科学版）》2003年第4期。

（二）高校学报的特色、风格、水平、质量

如何将综合性学报办出特色、办出水平，既是中国高校学报面临的普遍问题，也是杨焕章着力思考的重要课题。针对一些学者提出的把综合性学报转变成专业性学报，即走所谓的专业化道路的主张，杨焕章认为，高校学报的出路，不在专业性，而在有特色、有个性。他说："学报有没有特色并不取决于它的综合性或专业性，专业性学报办不好照样没有特色，照样千刊一面；综合性学报办好了照样能有特色，有个性。"① 在他看来，高校学报要想办好，关键是要办出特色，要开展多学科、综合性的大型专题性研究。他说："综合性学报的出路不是转变性质，而是转变观念，树立新的办刊理念，在发挥优势、办出特色上下功夫。综合性学报依托学校的综合性，发挥优势学科的优势，持续开展大型课题的综合研究，由优势专题研究形成优势专题栏目，进而形成自己的主打品牌。"② 他认为，打造品牌栏目已是广大学报工作者的共识，也是切实可行的途径。杨焕章以他所在的《中国人民大学学报》的实际说明了这一点。1986 年，中国人民大学决定创办学报，由杨焕章负责，从那时开始，杨焕章就为《中国人民大学学报》设计了与中国人民大学地位相称的特色：思想性和学术性统一，理论性和实践性结合，内容和形式一致。③ 以此特色办刊，1995 年《中国人民大学学报》获得了国家首届社会科学期刊优秀奖。杨焕章还是全国文科高校学报研究会首任理事长。1988 年 11 月研究会成立，1990 年年会，他就把研究会今后的工作概括为"一个中心两个方面"——以提高学报质量为中心，确保政

---

① 杨焕章：《论学报的定位与办刊理念》，《闽江学院学报》2008 年第 1 期。
② 杨焕章：《论学报的理念——纪念〈中国人民大学学报〉创刊 20 周年》，《中国人民大学学报（社会科学版）》2007 年第 1 期。
③ 潘国琪、胡梅娜：《踏遍青山人未老：记〈中国人民大学学报〉总编辑杨焕章教授》，《润物细无声：社科学报编辑家耕耘录》，河南大学出版社 1995 年版，第 2 页。

治方向，提高学术水平；1992 年年会，他明确提出了"编辑学者化"的口号，随后建议把 1994 年定为研究会的"学习年"；1994 年年会，他又进一步强调"编辑学者化"的意义，把 1995 年定为研究会的"学术年"……杨焕章不仅要求各种会议都必须研究学术，变一般性工作研讨为专业性学术研究，而且还带头撰文，研究学报编辑工作、学报质量、学报编辑学者化等问题。在《学报的根本出路在于提高质量》一文中，杨焕章指出，学报的根本出路不是努力扩大发行量或提高直接的经济效益，最重要的还是要努力提高质量。他说："学报只有尽可能多地刊发高品位的学术论文，才能保证自己的高质量，才能扩大自己的社会影响，提高自己的社会效益，提高自己的社会地位，实现自己存在的价值，获得发展的生机。"[①] 在他看来，学报的质量是全面的，从内容到形式，从内在到外在，从论文水平到编校装帧印刷，都涉及质量的问题，但作为一种学术刊物，最根本的还是学术质量，所发论文的质量。视质量为学报的生命，把高质量当成自己的追求，是我国学报工作者的一贯做法，也是杨焕章、潘国琪等老一代学报人毕生的追求。

可以看出，杨焕章的高校学报编辑学研究，涵盖了学报编辑工作的性质、功能、理念、原则和编辑特色、质量水平等很多问题，基本形成了相对系统、完整的学报编辑思想。

结　语

毋庸置疑，杨焕章的编辑学研究是多方面的，他的经历和建树也是别具一格的。从研究经历看，他以研究哲学著名（发表马克思主义哲学研究论文近 300 篇），从负责《中国人民大学学报》起开始接触编辑学，做了全国高校文科学报研究会首任理事长之后才真正开始编辑学研究。

---

① 杨焕章：《学报的根本出路在于提高质量》，《大学出版》1999 年第 1 期。

马克思主义哲学世界观和方法论的功底，使他入门快、成就多，且研究逻辑严密、哲理深邃。从研究成就来说，他倡导的"编辑学者化"编辑主体建设理念，在高校学报界、编辑学术界产生了广泛影响，从那时至今，围绕这一问题展开论述的文章有几十篇。敬亚平在《"编辑学者化"首倡者考辨》一文中指出，虽然杨焕章不是"编辑学者化"的首倡者，但他"是高校学报界'编辑学者化'最有力的提倡者和推动者"，由于他的倡导和推动，"编辑学者化"问题才能在高校学报界产生广泛争论。可以说，杨焕章的这一思想，对于人们更深入地认识编辑主体素质发挥了积极作用。他进行的高校学报编辑规律研究，开拓了编辑学研究的视域，丰富了编辑学研究的内容，指导了高校学报编辑的理论与实践。他提出的编辑定义，在众说纷纭的编辑概念论争中独树一帜。他对编辑概念科学定义提出的四个基本要求，引起了编辑理论界的重视，深化了学界对编辑概念定义科学性的考量。编辑主客体矛盾律的编辑活动基本原理，就编辑学理论研究而言，应该是杨焕章最为重要的贡献。这一基本原理富有浓郁的唯物辩证色彩，显示了编辑学理论研究与马克思主义认识论密不可分的学科关联。他将具有主体意义的作者归为编辑客体概念，与编辑学界传统的主体为人、客体为物的认识区别很大。编辑学理论界对编辑主客体内涵的认识本身就众说纷纭，各执一端，杨焕章的这一认识，有着独特的意义。编辑主客体矛盾的编辑活动基本原理，只有在学界对主客体内涵认识达成相对一致时，才可能成为一种普遍接受的共识，而这正是编辑学研究当前应该着力解决的一个重大理论命题。

千淘万漉　吹尽狂沙

——编辑出版史学研究引领者宋应离的编辑学思想

在中国编辑学学科创建的过程中，涌现了不少锐意开拓、默默奉献的编辑学研究团队和编辑学家。河南大学编辑学研究群体作为在20世纪80年代编辑学研究兴起之初就享誉全国的优秀团队，几十年来，以其在编辑学研究领域的卓越成就，受到了国内编辑学界和业界的广泛关注和赞誉。贺达在《中国编辑学研究的先导者——记河南大学的一个编辑学研究群体》中对这个群体的贡献给予高度评价，称其对中国编辑学的研究起着"先导与推动作用"。著名编辑家戴文葆先生对这一研究群体也不吝溢美之词，称赞河南大学在编辑学研究上群星灿烂，贡献殊出。甚至有人称之为"中国编辑学研究的重镇"，编辑学研究的"中原学派"。宋应离作为河南大学编辑学研究群体的重要领军人物之一，以宽厚质朴的人格魅力和独特坚实的研究建树，不仅为这个群体的形成作出了巨大贡献，付出了无穷的智慧和汗水，而且也为中国特色编辑出版学科的创建作出了不同寻常的贡献。

宋应离1934年4月出生于河南省郾城县。1956年加入中国共产党，1959年毕业于开封师院（现河南大学）中文系，后留校任教，先后任中文系党总支副书记、学校党办副主任等职。1978—1990年，在河南大学学报编辑部任主任、主编，教授。在他的倡议和领导下，1983年，河南大学学报编辑部先后几次举办不同类型的编辑培训班，培训编辑300多人次；1985年，在《河南大学学报（社会科学版）》上开辟了"学报编辑工作论坛"(后改为"编辑学研究")专栏,在全国高校学报界第一个举起了编辑学研究的旗帜;1985年7月,经上级主管部门批准,率先在全国范围内招收编辑学硕士研究生,开学报编辑部招收、培养编辑学硕士研究生之先河。1990—1994年宋应离任河南大学出版社社长,为推动编辑出版学专业学科建设,他主持策划并力推出版了"编辑学研究丛书"等编辑学理论著作和专业教材。1986—2012年担任编辑出版专业硕士生导师,先后指导硕士生40余人。工作、教学之余,他积极投身编辑学研究,是编辑学研究的"积极倡导者"和"躬亲实践者"[1]。几十年来,他勤奋刻苦,笔耕不辍,在《中国出版》《中国编辑》《出版科学》《编辑学刊》等编辑出版类专业期刊上发表研究论文近百篇。撰写、出版了《中国大学学报简史》《中国期刊发展史》《中国当代出版史料(1949—1999)》《亲历新中国出版六十年》《名刊名编名人》《呕心沥血铸精品——现当代名编辑叙录》《中国20世纪著名编辑出版家研究资料汇辑》《献身新中国出版事业的出版家》以及《宋应离出版文丛》等论著。其中,《中国期刊发展史》一书曾多次修订再版,被誉为中国第一部期刊专门史;《中国大学学报简史》被誉为我国大学学报史开山之作,在高校学报界有着广泛而深刻的影响;《中国20世纪著名编辑出版家研究资料汇辑》《亲历新中国出版六十年》《名刊名编名人》《中国20世纪著名编辑出版家研究资料汇辑》等都是发凡起例的创新之作。宋应离的编辑出版学研究涉猎范围较广、成就突出。比如,他的学报编辑学研究、编辑学学科建设研究以及编辑出版史学研究等,都在编辑出版学界影响很大。尤其是他的编辑出版史学研究,在诸多方面有着一定的奠基意义和不可忽视的开创价值。

---

[1] 李明山:《创榛辟莽前驱先路:编辑学研究先导者之一宋应离教授》,《编辑之友》2000年第4期。

一、对现当代中国出版史料学的发动与发展

唐代史学家刘知几在《史通·史官建置》中曾经论述过史料收集对于史学研究的重要性。他说："夫为史之道，其流有二。何者？书事记言，出自当时之简；勒成删定，归于后来之笔。然则当时草创者，资乎博闻实录，若董狐、南史是也；后来经始者，贵乎俊识通才，若班固、陈寿是也。必论其事业，前后不同。然相须而成，其归一揆。"[①] 这里的"书事记言"即指史料收集。在刘知几看来，史料收集是史学建构的基础。他认为，史料收集要求"博闻实录"，即越丰富真实，越利于史书撰写。这种史料积累是后世史学建构不可或缺的重要基础。他把两者的关系视为相互依赖不可分割的一体关系。现代著名学者傅斯年先生在论述史料与史学关系时，对史料整理的重要性亦不无重视，甚至提出"近代的史学只是史料学"的观点。这一观点虽有偏颇之处，但在肯定史料收集之于史学建构的价值上有着重要意义。

作为一门新兴学科，编辑学的创建离不开编辑出版史的研究。编辑史、编辑学理论和编辑实践研究，构成了编辑学研究三位一体的学科架构。而编辑出版史的研究则离不开编辑出版史料的挖掘、整理和建设。可以这样说，没有编辑出版史料学的有效建构，就难以深入开展编辑出版史研究。编辑出版史料和编辑出版史学两者，亦是"相须而成，其归一揆"的一体互补关系。对此，早在编辑学创建之前，俊识通才者如张静庐先生就有深刻认识。中华人民共和国成立后，有感于后人对于近现代出版状况知之寥寥，张静庐发凡起例，费尽了后半生的精力，先后编撰了《中国近代出版史料》初编、二编，《中国现代出版史料》甲、乙、丙、丁编等一系列出版史料丛书，构建了中国近现代出版史料学研究的大厦。然而，在张静庐先生之后，出版学界对新中国成立后出版史

---

① 刘知几著，浦起龙通释，王煦华整理：《史通通释》，上海古籍出版社 2009 年版。

料的整理却一直付诸阙如，出版史料收集整理工作呈现出滞后和断裂的状况，影响了当代出版史研究的深入。有鉴于此，宋应离决定师法张静庐先生，收集、整理从1949年至1999年的出版史料，建构中国当代出版史料研究的大厦。从1992年开始，他联合袁喜生、刘小敏两位老师，前后费时6年，收集、整理文字材料1000多万字，披沙拣金，去粗取精，去伪存真，最后形成了320万字、煌煌8卷本的《中国当代出版史料》，分8个专辑对中华人民共和国成立以来的出版历史资料进行了全景式的呈现。时任新闻出版署署长于友先给予这部书的出版以极高评价，他说："这两套书（指张静庐著和《中国当代出版史料》）性质相同，体例相近，时代相接，可谓前后辉映。前者出自出版界老前辈之手，为出版史料丛书开山之作，发凡起例之功不可磨灭。后者站在时代的高度，起点更高，体例更臻于完整统一。与前者相较，有诸多踵事增华，不仅仅是内容的延伸而已。"[1]著名编辑学家戴文葆先生也认为这部书与张静庐之书"先后辉映"，"是尚属少见的出版研究新成果"，"推动出版事业发展的新贡献"[2]。可以说，《中国当代出版史料》的出版，填补了中华人民共和国成立50年出版史料收集、挖掘和整理工作的空白，与张静庐先生的近现代出版史料一起建构了我国近百年出版史料学的大厦，成为续写中国现代出版史料学的重要一笔。因为这部书的出版，近、现、当代中国出版的历史概况才得以更清晰地呈现在出版学界面前，同时也为学界更大历史时段出版史研究的开展提供了可能。因此，它对出版史研究乃至整个中国当代思想史的研究都有着极大的资料价值和学术价值。

在编辑《中国当代出版史料》的过程中，宋应离又萌生了以人物为

---

[1] 于友先：《中国当代出版史料·序》，见宋应离、袁喜生、刘小敏：《中国当代出版史料 1》，大象出版社1999年版，第3页。

[2] 戴文葆：《推动出版事业发展的新贡献：谈〈中国当代出版史料〉》，《出版发行研究》1999年第12期。

主体编撰一部20世纪中国著名编辑出版家研究资料汇辑的想法。他认为，通过对人物研究资料的汇集整理，既可以达到表彰典范的目的，又可为研究者进行人物研究提供极大方便。由是，他联合袁喜生和刘小敏，历时7年，以个人小传、本人著述、亲属回忆、研究著作的体例，收录了20世纪54位编辑出版家的研究资料，成书《20世纪中国著名编辑出版家研究资料汇辑》。该书共10卷，425万字，收入近500位研究者630多篇研究文章，存目1744条。这部书的出版，对于我国出版史料学的建构也有巨大价值。一方面，它以本人著述、亲属回忆和研究著作体例的形式，多方面、多角度地记录了我国现代著名出版人物的出版事迹和精神风范；另一方面，别具匠心地将研究者的研究资料悉数收录，以存目的形式整理出来，基本形成了人物资料的研究索引，具有难能可贵的工具书性质。更重要的是，这部书还开创了以人物为主体来进行出版史料收集的编辑范式。与此同时，这部书提出的"20世纪中国著名编辑出版家"的"20世纪"时间概念，在编辑学研究中具有首倡价值，也不容忽视。较之《中国当代出版史料》一书，"20世纪"中国出版史时间概念的提出，说明宋应离在编辑学界最先注意到打破近、现、当代出版史研究的界限，力争在更大的历史时段开展出版史研究的重要性、必要性和可能性。这对于之后出版学界进行的中国出版现代史和中国出版通史研究有着重要的思想启发意义。

2009年，在新中国成立60周年前夕，他和袁喜生、刘小敏一起策划、编辑出版了《亲历新中国出版六十年》一书。这部书以长期从事出版工作的老领导、老编辑、老出版人，亲历、亲见、亲闻的形式，从不同角度、不同侧面、不同层面，生动地回顾了新中国成立以来出版业发展60年艰辛曲折而又成绩辉煌的历程。宋应离说："本着'总结经验，展示成绩，激励当今，开创未来'的精神，我们编辑出版了《亲历新中国出版六十年》这部书，既表示了我们对新中国成立60年的祝贺，也了却了我们内心蕴蓄已久的宣传新中国60年出版事业辉煌成就的夙愿。"①"亲历、亲见、亲闻"的史料形态，和提前谋划、主动约稿的编辑方式，既呈现出传统出版史料收集求真求是的精神传统，又表现出编辑者极具创造性和主动性的史料收集方式与变革创新的思维。这对后来者进行当代出版史料的收集有着很大的启发价值。

二、对中国期刊发展史研究的开创与挖掘

宋应离早年长期从事期刊编辑工作，这使得他对期刊这一媒介类型极为关注。20世纪90年代初，针对我国期刊研究理论滞后的状况，他萌生了通过撰写一部期刊发展史来总结我国期刊发展规律的想法。他和朱联营、李明山一起，用了将近10年工夫，以历史发展的时间为线索，以社会现实为背景，从社会和期刊双向互动的角度出发，于2000年撰写出版了《中国期刊发展史》一书。这本书系统地梳理了中国期刊诞生以来近200年的发展历史，比较全面地展示了我国期刊的发展成就。期刊研究专家张伯海先生认为这一成果，对我国期刊史的研究具有重要的"奠基意义"，填补了这一研究领域的空白。

在《中国期刊发展史》中，宋应离对期刊研究的三个问题提出了自己独到的见解，构成了他期刊研究理论的重要支撑。一是期刊概念问题。他认为，对期刊概念的科学界定是期刊研究和期刊史研究的基本前提。他说："期刊，是指某个具体编辑出版单位，遵循一定的办刊宗旨，根据特定的编辑方针，进行组稿、编辑、印刷出版的传播、交流文化科学知识的定期或不定期的连续出版物；它有相对稳定的出版格式；在内容上每期汇集众多作者不同类型的文章，印制装订成册；每期依次标明卷、期或年、月等顺序。"② 通过与报纸、图书和广播电视

---

① 宋应离、刘小敏：《见证新中国出版发展的历史篇章：〈亲历新中国出版六十年〉编辑出版纪事》，《出版史料》2009年第4期。
② 宋应离主编：《中国期刊发展史》，河南大学出版社2000年版，第2页。

相对比，他提出了自己对期刊特征的认识。他说："定期出版的连续性，反映现实生活的及时性、深刻性，读者对象的广泛性，构成了它的'快''杂''深''广'的特点。"① 二是论述了期刊的社会功能。在解决了期刊概念这一问题之后，宋应离提出了期刊的社会功能问题。他指出，期刊与其他媒介不同，有自己的传播特征，这也决定了它有着独特的社会功能。他还指出，期刊的功能具有历史变动性，在不同的历史时期发挥的作用也不尽相同。他总结了期刊的五大功能：在社会进步中的信息传递功能、理论宣传的舆论功能、智力开发和培育人才的功能、审美娱乐功能、储存信息具有文献库功能。这五大功能，既是宋应离对期刊功能理论的总结，同时也是他认识期刊发展历史的重要视角。换言之，他是从社会与期刊双向互动的视角来认识期刊发展历史的。在对期刊发展分时期的论述过程中，宋应离既将着力点放到对期刊发展的整体状况和著名期刊的发展状况的认识上，又不忘对影响期刊发展的历史和社会因素进行分析。社会历史和期刊发展的双向互动作用，构成了他期刊史研究的一大特色。而这一点，无疑与他的期刊社会功能观有着重要关系。三是提出了期刊的分类问题。他说："为了便于人们认识期刊，运用期刊，对众多期刊加以分类是十分必要的。"② 在该书中，他从内容性质的角度，将期刊分为社会科学期刊和自然科学期刊两大类，然后在此基础上又进行了更为精细的划分，比如，将社会科学期刊分为教育知识类、青年类、妇女类、文艺类等。在认识每一时期期刊发展状况时，相对明了的分类，既给人以更清晰的认识轮廓，也给人以更深入认识的方向，即不同类型的期刊具有不同的内在构成逻辑和发展逻辑。

作为我国期刊发展史研究的"奠基之作"，这部著作对我国当代期刊的研究有着重要的创新意义。首先，第一次全面而详细地梳理了我国

---

① 宋应离主编：《中国期刊发展史》，河南大学出版社 2000 年版，第 4 页。
② 宋应离主编：《中国期刊发展史》，河南大学出版社 2000 年版，第 9 页。

期刊发展的历史过程。在这部书诞生之前，编辑学界对图书、报纸、电视等媒介发展历史的研究都很深入，《中国新闻史》《中国古籍编撰史》等著作纷纷涌现，而唯独研究期刊发展历史的通史论著付诸阙如。作为一种为人们喜闻乐见的媒介类型，期刊在漫长的社会历史变迁中发挥着重要的社会作用。无论是从期刊发展规律的角度来看，还是从当代期刊发展实践认识的角度来看，期刊史的研究都是一项十分急迫的任务。正是在此状况下，宋应离等埋头期刊史料收集整理，"十年磨一剑"，编撰了我国第一部全面反映期刊发展近200年历史的专著。其次，第一次明确而鲜明地提出我国期刊史发展的分期问题。期刊史撰写有一个不容回避的问题，即发展分期问题。在这部书中，宋应离认为，中国期刊史发展的分期应以历史时间分期为主。基于此，他将中国期刊史发展分为：初创期、戊戌变法时期、辛亥革命时期、五四运动前后、20世纪20—30年代、全面抗战爆发到解放前夕、新中国成立初期、1956年至1965年期刊在曲折中前进时期、"文化大革命"时期、1976年的历史转折与新时期这样10个发展阶段。采用这样一个分期法，无疑与宋应离的期刊史研究视角关系密切。如前所述，他是从社会与期刊双向互动关系的角度来认识期刊发展历史的，这就决定了他的期刊史观是以历史时间为分期进行研究的。这样一种分期法在把握期刊发展的社会历史影响规律上，有着不可替代的价值。但是，它毕竟不是按照期刊发展的内在逻辑来认识期刊发展阶段的，也有着不可忽视的问题。再次，这部书第一次深入而明晰地呈现了期刊史写作的范式和层次问题。期刊史写作的范式就是期刊史的呈现方式。在数百年的发展历程中，期刊的种类成千上万，期刊发展状况千姿百态，如何以一条清晰的线索来展现期刊发展这一繁复的过程，是期刊史研究者必须解决的问题。在这部著作中，宋应离采用了点线结合的编写方法，既兼顾不同时期期刊发展的整体状况，又突出重要期刊发展的具体特点，从而以点带面，点线结合，巧妙穿织，较为全面清晰地呈现了我国期刊近 200 年不同寻常的发展历程。

在完成《中国期刊发展史》的编写工作之后，宋应离感到，期刊史研究不能仅仅立足于纵向的审视，还要进行横向的个案剖视，要用更加"具体可感"的内容来呈现期刊办刊的有益经验和内在发展规律。从 2005 年到 2011 年，历时 6 年，他选取了现当代有代表性的 22 家不同类型刊物进行个案研究，编撰了《名刊名编名人》一书。这部书的主要研究内容包括三个部分：一是刊物创办的历史背景、办刊宗旨、发展历程、办刊经验总结；二是刊物主编的办刊思想、个人体会及经验教训；三是有关专家、学者、社会名人与刊物的情缘。另外，还在每个刊物之后附有摘编的读者评论。很显然，编辑、作者和读者构成了他认识期刊成功之道的"主体间性"视角。在他看来，刊物运作的过程实际上是编者、作者和读者三个主体元素交互作用的媒介创构过程。他认为，一份优秀的刊物，必然蕴含着编者、作者和读者协同创新的规律以及编者、作者共生共荣的关系机制。他更看重编者和作者的互动作用机制。正是从这个维度出发，他开创了一种以人为中心来研究期刊规律的新路径。较之《中国期刊发展史》研究，《名刊名编名人》在对期刊功能和发展规律的探讨上要更加深入和具体。应该说，这一认识视角，已摆脱了他早期研究过于重视期刊发展外在因素的局限，而真正地深入到期刊发展内部，尤其是不同类型期刊发展的内在逻辑之中。这也正是著名出版家吴道弘先生在评价该书时用两个"新"概括，称其"解读期刊功能新视角，探讨办好期刊新途径"的原因所在。

三、对中国大学学报史研究的开辟与掘进

早在 20 世纪 70 年代末，宋应离就开始负责《河南大学学报》的编辑出版工作。长期的大学学报编辑实践，使得他对中国大学学报的研究产生了浓厚兴趣。通过对五四前后 200 余种大学学报及当代 500 多家

学报的梳理、分析，1988年他编撰出版了《中国大学学报简史》一书，系统勾勒了1906年到1988年中国大学学报曲折发展的历程。这本书被誉为我国大学学报史研究的"开山之作"，受到学报界、编辑学界的广泛好评。

在这部《中国大学学报简史》中，宋应离开宗明义地论述了研究中国大学学报的必要性。他说："中国大学学报从产生到现在已走过了八十余年的路程。其间的历程是漫长坎坷曲折的。这当中既积累了许多宝贵成功的经验，也有重大的失误和极其沉痛的教训。经验对我们来说是极宝贵的，正确认识总结可以成为一笔财富；教训在某种意义上也许对我们有更大的启发。"[1]可见，原始察终、见微知著的大学学报规律探寻，是他研究大学学报史的根本宗旨。既然要寻根探源，那么，考证中国最早的大学学报创刊的时间，则是第一要务。在这部书中，宋应离经过认真考证，大胆而明确地提出了中国最早的大学学报是1906年创刊于苏州东吴大学的学术刊物《东吴月报》。他说："中国最早的大学学报创办于何时？目前在学术界说法不一。有的认为我国最早的大学学报是1919年创办的《北京大学月刊》，有的则认为是1917年创办的《复旦》杂志。这些看法是就比较典型的学报而言的。其实在这两个学术刊物之前，早在1906年，苏州东吴大学创办的学术性刊物——《东吴月报》，可以说是目前国内能看到的最早的大学学报。"[2]这一发现和新见，是经过深入细致的史料考证得出的。他全面而详尽地总结了《东吴月报》的办刊宗旨、内容、栏目编排、编辑人员状况以及编辑特色等，从而以事实为依据证明了《东吴月报》的大学学报特征。

在这部《中国大学学报简史》中，宋应离将中国大学学报发展的历程概括为10个阶段，分别为学报的产生期（19世纪末—1918年）、

---

[1] 宋应离：《中国大学学报简史》，中州古籍出版社1988年版，第6页。
[2] 宋应离：《中国大学学报简史》，中州古籍出版社1988年版，第32页。

早期的大学学报（1919—1926）、处于艰难时期的大学学报（1927—1936）、抗战时期的大学学报（1937—1949.9）、社会主义改造时期的大学学报（1949.10—1956）、开始全面建设社会主义时期的大学学报（1957—1966.5）、"文化大革命"时期的大学学报（1966.6—1976）、历史转折时期的大学学报（1977—1981）和全面改革时期的大学学报（1982—1988）。不难看出，社会历史分期是他认识大学学报发展阶段的重要参照，他是将大学学报放到特定的历史背景中来考察其发展规律的。因此，在论述大学学报每一阶段发展的整体特征时，他特别重视对社会历史发展背景的深入考察，总是能够从社会和大学学报双向互动的角度来认识大学学报发展的历史动力源泉，然后在此基础上分析大学学报发展的历史阶段特征。与此同时，他并没有忽视对大学学报发展内在逻辑分期的认识。他认为，大学学报在受到社会历史影响的同时，也有其内在发展的逻辑。他说："中国大学学报的发展，经历了两大不同的历史时期。以中华人民共和国建立为标志，在此之前，是第一个历史时期。这个历史时期的学报大致经历了萌芽、产生、缓慢发展、萎缩不前几个阶段。新中国建立后是第二个历史时期。学报的发展经历了复兴、挫折、发展、兴旺繁荣等几个阶段。"[①]

在对大学学报发展历程的考察中，宋应离特别强调对不同阶段大学学报发展状况的历史评价，力争从正反两个方面总结学报发展的内在规律："研究学报的历史发展变化，总结历史经验，指导现实，就是我们研究学报史的出发点和重要任务。"[②] 比如，在"抗日战争时期的大学学报"一章中，他不仅勾勒了这一时期我国大学学报发展的基本状况，而且分析了这一时期大学学报编辑出版的特点，同时还指出了很多问题。他说："这个时期虽有少部分学校创办了一些学报，但不仅数量

---

① 宋应离：《中国大学学报简史》，中州古籍出版社1988年版，第3页。
② 宋应离：《中国大学学报简史》，中州古籍出版社1988年版，第6页。

少，而且出版时断时续，加之国民党政治上的高压统治，学报刊发的接触现实的文章极少，学术空气窒息，学报工作处于萎缩不前的状态。"①在"社会主义改造时期的大学学报"一章中，他专设一节对新中国成立初期的学报工作进行评价，既客观又具体地分析了这一时期学报工作的基本特点，同时又实事求是地指出了这一时期学报工作的缺陷："由于建国初期，接连不断的几次学术批判运动，虽然大多数学报保持了学术性，注意在学术批判中对一些问题加以科学分析，但随着我国五十年代后期，'左'倾思想的泛滥，在学术研究中，学报也刊发了一批学术性不强，缺乏科学分析，把学术问题与政治问题混为一谈的简单化文章，给学报工作带来了不良影响。而这种影响随着时代的推移愈到后来更为严重。"②

《中国大学学报简史》还有一个鲜明特点，就是重视对学报研究史的梳理和分析。这一点充分地显示了宋应离学报史研究的理论自觉。从"处于艰难时期的大学学报"一章始，他开始对编辑出版界有关大学学报性质、功能等问题的认识进行了深入细致的梳理。他说："一个事物的出版，必然伴随着对这一事物性质及特点进行研究探讨。与中国早期大学学报那个时期不同，这个时期学报工作者，由于具备了较长时间的编辑工作实践，积累了一定的编辑工作经验，在理论上已开始对学报的性质、地位、作用及编辑工作特点开始探讨与研究。"③他以《暨南学报》《中华季刊》和《厦门大学学报》为例，深入细致地分析了这些学报的编辑对学报功能、性质等问题的远见卓识。在"抗日战争时期的大学学报"一章中，他以《中国学报》为例，分析了这一时期学报编辑思想的历史嬗变和现实特点。如此种种，使得这部学报史的研究上升到思想史研究的高度。

---

① 宋应离：《中国大学学报简史》，中州古籍出版社1988年版，第142页。
② 宋应离：《中国大学学报简史》，中州古籍出版社1988年版，第190页。
③ 宋应离：《中国大学学报简史》，中州古籍出版社1988年版，第122页。

这部专著对我国大学学报的研究有着重要而深远的影响。一是全面系统地梳理了我国大学学报发展的历史脉络。这部专著对我国大学学报80多年（1906—1988）的发展历程进行了深入总结和细致描述，从而填补了我国大学学报历史研究的空白。二是深入探讨了我国大学学报发展的基本规律。宋应离继承了传统史学研究探究规律的良好传统，在对大学学报发展历程全面呈现的同时，对大学学报发展规律作多方面探讨。尤其是对大学学报编辑思想历史演变的深入挖掘，以及大学学报发展内外制约因素的分析，不仅构成了大学学报规律探究的重要内容，而且也凸显了他的编辑学学术思想和学术成就。

当然，作为我国第一部大学学报史研究专著，《中国大学学报简史》也难免有诸多遗珠之憾。一是哲学、人文社科类学报在书中占有很重的分量，而对自然科学类学报的论述相对较少，这就使得学报类别的研究稍显失衡。二是在对学报规律的探讨中，较多关注社会历史的制约因素，相对缺少对大学学报发展内在规律的深入把握。与此同时，对大学学报制度变迁的研究不够，从而影响了在理论认识上的高度。尽管如此，这部专著对我国大学学报史学研究的开辟意义，是不容忽视的。截至目前，只要研究大学学报，就不可能绕过宋应离，只要研究大学学报史，就不可能绕过《中国大学学报简史》。

四、对编辑史学理论的丰富

在编辑史学界，宋应离是一位当之无愧的大学者。这个"大"字，不仅表现在他著作等身，还体现在他丰富而独特的编辑史学思想上。宋应离特别重视编辑出版人物主体的价值地位，注重对编辑出版主体人物进行分析论述。从老一辈无产阶级革命编辑家、党的领导人——毛泽东、周恩来、刘少奇、邓小平、张闻天、李达、胡耀邦，到现当代著名编辑出版家——邹韬奋、胡乔木、胡绳、夏征农、王益、戴文葆，再到自己交往熟悉的著名编辑出版学人——于友先、吴道弘、方厚枢、杨焕章，等等，他总是能够以满腔热情，倾尽笔墨来认识、分析和总结他们的崇高品德和优良作风。不仅如此，在编辑出版人物研究中，宋应离还特别关注被编辑学界长期忽略的一些著名编辑出版人。例如，胡绳、李达和张闻天等，他们在其他领域的突出贡献备受关注，在编辑出版方面的贡献却被长期忽视。宋应离提倡以一种专业的眼光来认识这些具有多重身份的编辑出版人的价值贡献。在他的推动下，这些著名人物开始逐渐被编辑学界和编辑业界关注。

在宋应离的编辑出版人物研究中，始终闪耀着这样一种思想：将编辑出版人作为编辑出版活动的主体来看待。他认为，编辑出版人才是编辑学研究的中心，离开对编辑出版人物主体精神的关注，编辑学研究的价值将大打折扣。在《胡绳——一位杰出的出版家》一文中，他说道："出版人物特别是杰出人物，是推动出版事业前进的强大力量，是出版事业发展最活跃的因子。一部出版史，在某种意义上说就是一批杰出出版人选择、积累、传播人类优秀文化的历史。"[1] 在《中国 20 世纪著名编辑出版家研究资料汇辑》中，他再次重申了这一观点，他说："一部 20 世纪中国出版史，其实就是一大批有胆识、敢创新、肯吃苦、讲实效的出版人的奋斗史。"[2] 他热切地希望编辑出版史研究能够在编辑出版主体研究上多下功夫，力争深入编辑主体的精神世界，对研究对象的深层主体素质和精神观念进行深入分析和客观评价。尤其是对历史上有过这样或那样问题的出版人物，更要客观公正地评价褒贬。他说："我们认为对历史人物的评价必须遵循历史唯物主义的科学态度，像列宁所说的，判断历史的功绩，不是根据历史活动家没有提供现代所要求的东西，而

---

[1] 宋应离：《宋应离出版文丛》，河南大学出版社 2013 年版，第 69 页。
[2] 宋应离、袁喜生、刘小敏编：《中国 20 世纪著名编辑出版家研究资料汇辑》，河南大学出版社 2005 年版，第 1 页。

是根据他们比他们前辈提供了什么东西。"① 他认为，每一位编辑出版家都是一个独特的个体存在，他们的编辑出版思想，既受制于时代的影响，又表现出鲜明的个性特征。编辑出版主体研究的价值，就在于进入研究对象的人生历程和思想深处，在时代背景的历史维度中客观全面地分析研究对象思想观念形成和变化的各种动因，并在此基础上给予客观的历史评价。以宋应离 2019 年 10 月出版的著作——《献身新中国出版事业的出版家》为例，该书收录了新中国成立 70 年来，"为了发展新中国的出版事业，不忘初心，把编辑出版工作作为终生使命，以服务文化为最高价值追求，为保存、延续人类精神文化，把自己的生命与出版工作紧密结合在一起"② 的 22 位出版业领军人物。在宋应离看来，这些领军人物以自己的亲见、亲闻、亲历见证了新中国出版事业发展的辉煌进程，以鲜活的史实给人以历史的现场感，以各自的不凡业绩谱写了新中国 70 年出版事业繁荣发展的新篇章。因此，这本书研究胡乔木之于中国编辑出版学专业教育、巢峰之于《辞海》编辑、华岗之于 20 世纪 50 年代的《文史哲》、刘杲之于中国编辑学研究、蔡学俭之于湖北编辑出版事业、方厚枢之于中国出版史研究，等等，不仅展现了编辑出版家的成就和风采，而且也揭示了时代、社会与编辑出版家之间互动发展的关系，凸显了编辑出版主体研究的理论和现实意义。

  不仅如此，宋应离在研究编辑出版史的过程中，还十分重视对研究方法的总结。比如，他提出编辑出版史研究必须重视史料的收集，史料收集越全面越丰富越好。"一网打尽，多多益善"是他编辑出版史料收集的"关键词"。在《中国大学报简史》的撰写过程中，为了详尽地收集史料，他走南闯北，跑遍了很多大学的图书馆。在武汉大学珞珈山，他一住就是一个多月。沿着崎岖的山路，拖着带病的身躯，背着大

---

① 宋应离：《宋应离出版文丛》，河南大学出版社 2013 年版，第 444 页。
② 宋应离：《献身新中国出版事业的出版家》，河南大学出版社 2019 年版，《自序》第 2 页。

袋的材料上上下下，就是为了达到史料收集"一网打尽"的目标。在资料的取舍方面，他强调求真、求全、求特（有独特个性）。在他看来，只有真实的东西才有说服力、生命力，具有永远的价值。他借出版家王益的话说道："史料的价值贵在真实。真实的史料才有价值，不真实的材料一钱不值。"①

针对编辑出版史的研究方法，宋应离认为，在广泛占有资料的基础上，必须分析它的各种表现形式，以科学的逻辑来认识编辑出版史料各种形式的内在联系。他提出，只有将系统研究、具体问题具体分析等研究观念运用到研究过程中，编辑出版史的相关问题才能得出令人信服的结论。这些鲜活的思想，作为宋应离丰富的编辑史学理论的重要构成，闪烁着真知灼见之光。

五、对编辑出版学教育教学的实践与探索

宋应离也是20世纪编辑出版学教育的重要倡导者和参与者之一。李明山在《创榛辟莽前驱先路——编辑学研究先导者之一宋应离教授》一文中，对宋应离在编辑出版学教育和编辑学研究方面的贡献给予了高度评价，称其为编辑学研究的"积极倡导者"和"躬亲实践者"。河南大学的编辑出版学专业目前之所以是河南省特色专业、教育部重点专业，在一定程度上说，与宋应离、王振铎等人在20世纪80年代率先在全国招收编辑学研究生，开启河南大学编辑出版学教育发展的序幕，并形成了以本科、硕士研究生培养为主的编辑出版学人才培养体系，有一定关系。从1986年至2012年，宋应离一直活跃在河南大学编辑出版学人才培养第一线，既指导编辑出版学专业建设，又亲力亲为、作为导师培养硕士研究生。几十年来，积累了丰富的教育教学经验，形成了较为

---

① 宋应离：《宋应离出版文丛》，河南大学出版社2013年版，第442页。

独特务实的编辑出版学教育思想。

重视专业教材的编写和建设。宋应离认为,一本好教材,是提高教学质量的根本保证。编辑出版学教育要发展,必须在教材建设上实现突破。他说:"我国出版专业起步较晚,教学工作、教材建设无先例可以借鉴,广大教师边教边学,边进行教学边进行教材协作,在不断摸索中前进。"[①] 为了解决河南大学早期编辑出版学教育无教材可用的问题,他带领编辑学研究室的同人,积极投身于编辑学专业研究和教材编写工作,"在短短两三年之内,编写出了《编辑学通论》《编辑社会学》《中国大学学报简史》等5部论著……另写出编辑学论文15篇,论著和论文共约200万字。这就为编辑学研究生的教学和课程开设打下了良好基础"[②]。这些专业研究和教材建设,一方面促进了研究主体对编辑出版学专业的认识和研究能力的提升;另一方面也为学生专业知识的系统学习提供了可能,真正实现了教学相长、教学一体。1991年,在总结河南大学编辑出版学教育实践经验时,他再次强调了教材建设的重要性和紧迫性。他说:"教材是教学质量的保证。及早编辑出版适合我国实际的编辑学教材是当务之急。目前,我国高校为适应当前教学急需,已陆续出版了近30种编辑学专著和教材,但由于缺乏统一规划和领导,在质量上有待进一步提高,有些还不完全适合教学需要。新闻出版部门已制定这方面的规划,应协同教育部门,组织力量,加强协作,及早出版,以供教学需要。"[③]

强化学生专业能力的培养。在开展编辑出版学教育过程中,宋应离对编辑出版学专业人才的培养目标有着深入的思考。他认为,编辑出版学专业人才要成为复合型人才,要在知识结构锻造和能力素养培养上

---

① 宋应离:《百年大计育人为本:胡乔木与编辑出版专业教育》,《中国编辑》2004年第4期。
② 宋应离:《编辑学研究生培养的初步探索》,《编辑学刊》1991年第1期。
③ 宋应离:《编辑学研究生培养的初步探索》,《编辑学刊》1991年第1期。

下功夫。他说:"编辑学研究生应成为具有较高的马克思主义的理论水平,了解和掌握马克思主义关于编辑出版的基本原理及编辑学的基本理论,了解中外编辑史,具有较强的编辑工作能力,热爱编辑工作,献身于社会主义出版事业的高级编辑人才。"① 在这里,他特别强调了编辑工作能力的培养,这点与他对编辑出版工作实践应用性质的认识有密切关系。他认为,编辑出版人才说到底要有专业能力,不能"会说不会做"。他把这一能力概括为三个方面,即"创新能力、研究能力、实践能力"②。具体的做法就是,在教学中要将理论学习和实践锻炼有机结合起来,"坚持自学、研究、协作三结合和以课题任务带学习的方法,到出版社、杂志社参加调查和编书、评刊活动,解决入大学几年间,没进出版社、杂志社门的理论脱离实际现象,扭转了学生会说不会做的状况。"③ 不仅如此,他还积极探索教学活动的新路子。一是转换角色以学生为主体,引导学生、激发学生学习积极性;二是强化写作技能以课题带学生,在重视编辑出版学概念、原理基础上,指导学生写书评、论文;三是课堂教学要与出版实践相结合,带学生到出版社、学报编辑部、印刷厂、书店参观学习,增长见识和业务能力;四是把毕业论文当作教学中的重要环节来抓,重毕业论文选题、素材、写作、修改各环节的教学与指导。在他的积极努力下,学生的能力、水平大有提高,比如,"据对1996年至1998年15位研究生(包括在职进修生)调查统计,两年多的时间里,在报刊上公开发文85篇,大大增强了学生的写作能力"④。

---

① 宋应离:《编辑学研究生培养的初步探索》,《编辑学刊》1991年第1期。
② 宋应离:《百年大计育人为本:胡乔木与编辑出版专业教育》,《中国编辑》2004年第4期。
③ 宋应离:《百年大计育人为本:胡乔木与编辑出版专业教育》,《中国编辑》2004年第4期。
④ 宋应离:《宋应离出版文丛》,河南大学出版社2013年版,第295页。

六、对编辑工作理论实践研究的深化

宋应离从1978年调入河南大学学报编辑部,到1997年从河南大学出版社退休,丰富的编辑出版实践经验,使他对期刊编辑和图书编辑的理论和实践都有深入的思考。20年间,他在做好学报主编和出版社社长的同时,发表了《学报编辑工作三题》《办好特色栏目提高学报质量》《培养优秀人才建设出版强国》《坚持正确导向担当编辑使命》《审读,提升报刊质量的重要环节》《学术刊物"厚本"现象透析》《实现阶段转移多出精品图书》等一系列文章,提出了许多精彩、独到的观点,既丰富了他的编辑出版学研究,也体现了他独特的、实用的编辑出版学思想。

注重出版物质量。宋应离认为,提高图书质量是繁荣出版的关键。重视图书质量是出版工作者永恒的主题。他说:"提高图书质量,事关出版繁荣、民族文化的兴衰","出版要繁荣,就要咬定质量不放松"。[①] 出版领导部门和每一位出版工作者都要提高思想认识,牢牢树立质量观念。他指出,完善图书质量保障体系,提高编校人员素质,加大检查力度,等等,都是提高图书质量的重要手段。作为一个有担当的大学出版社社长,面对一个时期平庸书的泛滥,他明确表示:"繁荣出版,提高图书质量,必须抑制、杜绝平庸书的出版。"[②] 在他看来,平庸书泛滥,主要责任在出版单位。下决心减少甚至杜绝平庸书的出版,多出精品图书,是实现阶段性转移的重大步骤,是摆在出版工作者面前的一个艰巨而重大的课题。为此,他呼吁,编辑要恪守职业道德,出版社要切实做到优化选题、组织高质量书稿,并强化管理,建立图书质量检查的监督机制等。他担任河南大学出版社社长时,始终把提高图书质量作为中心环节、重

---

① 宋应离:《咬定质量不放松——改革开放以来提高图书编校质量的片段回顾》,《中国出版》2008年第10期。
② 宋应离:《减少甚至杜绝平庸书的出版》,《中国出版》1996年第4期。

要环节来抓。他常说:"当了几年出版社的社长,不出几本让读者在书架上永远留存的不朽之作,既感到脸红,也对不起后代。"[1] 基于这样的认识和担当,他引导河南大学出版社注重选题优化,出版了"元典文化丛书""河南新文学大系"等精品图书。他在主持河南大学学报编辑部工作时,也曾多次提出"大学办学报,质量提高最重要"[2] 的主张。他认为,不少学报办的是好的,但也有一小部分学报内容平淡一般,质量一般。而要解决这一问题,他强调:一是在组织高水平文章上下功夫,二是有自己鲜明的特色和个性,比如办好特色栏目等。可见,不管是针对图书质量还是学报质量,宋应离都毫不含糊地表达了他鲜明的理论认知和实践操作路径,理论和实践结合,务虚与务实并重,呈现出相对系统、完整的出版物质量观。

重视出版人才。宋应离认为,出版要繁荣,人才要先行。在《培养优秀人才 建设出版强国》一文中,他提出:"只有拥有一流的人才,才有一流的出版物。"在他看来,凡是出版单位兴旺发达,必有一支高水平的人才队伍在支撑。"图书的编辑出版和影响力,很大程度上取决于编辑人才的努力奉献精神。期刊的编辑出版同样需要高水平的编辑人才运作。"[3] 他以20世纪初的商务印书馆、20世纪50年代的中国青年出版社以及20世纪30年代的《生活》周刊、新时期的《演讲与口才》为例,分析了优秀的、杰出的编辑人才对出版业繁荣发展所起的关键作用。尤其难能可贵的是,他不仅以历史史实论证了他的编辑人才观,而且还以实际行动践行了他的编辑人才观。在他任职《河南大学学报》主编的时候,编辑部成员在年龄、知识、智能、素质、性格等方面各不相同,宋应离客观地认识这些

---

[1] 李明山:《淡泊明志宁静致远——记〈河南大学学报〉前主编宋应离教授》,见龙协涛、胡梅娜:《润物细无声:社科学报编辑家耕耘录(续集)》,河南大学出版社1998年版,第146页。

[2] 宋应离:《办好特色栏目提高学报质量——祝〈南都学坛〉"汉代文化研究"开办一百期》,《南都学坛》2008年第4期。

[3] 宋应离:《宋应离出版文丛》,河南大学出版社2013年版,第314页。

差异，知人善用，爱才惜才，尊重合作，激发出最佳群体积极性，发挥出最大群体效应。"短短两三年内，大家齐心协力，先后推出了《中国大学学报简史》《编辑学通论》《编辑社会学》等多部著作和数十篇编辑学论文，使编辑学研究在河南大学学报编辑部形成了一个小气候。"① 在他任职出版社社长的时候，为了保证"河南新文学大系"的整体质量，他审慎地选择在文化、学术上，同作者、编纂者具有共同语言，能够深刻对话的学者担任责任编辑。尊重人才，爱护人才，用人所长，既是宋应离工作作风的体现，也是他的编辑出版人才观使然。

结　语

论及宋应离的编辑学研究，不能不谈到他人格魅力的影响和作用——他的和蔼友善、谦虚真诚，使他备受尊重；他的勤勉勤奋、热心进取，使他著作等身；他的不为名利、不尚奢华，使他辄获赞誉。他编辑学研究的文章风格、语言特色，更凸显了他淡泊明志、宁静致远的品性。

如同他素朴无华、外朴内秀的为人一样，宋应离遣词造句以师法自然为主，不求文辞华丽，但讲求言尽意现。于平淡中现真意，于平实中展真情；繁华落尽画更美，洗尽铅华情更真。宋代大词人苏轼在《答张文潜书》中谈及他弟弟为文著述风格时有这样一句话："子由之文实胜仆，而世俗不知，乃以为不如。其为人深不愿人知之，其文如其为人，故汪洋澹泊，有一唱三叹之声，而其秀杰之气，终不可没。"言为心声，文如其人。为文和为人，你中有我，我中有你，两者不可分割。文章从某种程度上来说就是个体心性的自然流露。文字中展现的岂止是

---

① 李明山：《淡泊明志宁静致远——记〈河南大学学报〉前主编宋应离教授》，见龙协涛、胡梅娜：《润物细无声：社科学报编辑家耕耘录（续集）》，河南大学出版社1998年版，第144页。

个体的思想、才华，道德、风骨无不在内。宋应离的文章之所以呈现出这样一种平淡无奇却又韵味无穷的朴实风格，是因为他是用心在作道德文章，是用文章在作自我心性的修炼。在他的内心，"原始察终，见盛观衰"的出版史德才是他追求为文的第一要义。也正是因为这种史家情怀，在一些人看来费时费力无名无利的"冷板凳"活，在他看来却是苦中有乐且值得不负此生的大事业。他曾描述自己甘于寂寞而全身心投入研究的状态："多少年来我和图书馆结下了不解之缘。多少时光和岁月迷恋在图书馆期刊堆里，不计寒暑，翻阅资料，白天查阅，晚上梳理思考。查到有用的资料时，如痴如醉，忘乎一切，其乐无穷。把查资料吸收的有用的东西随时用在教学中，另外也为研究一些课题打下基础。为此，常常是腿不停地走（去图书馆），眼不停地看，脑不停地想，手不停地写"，"工作无一日懈怠，学习无一日放松"。[①] 这种苦中有乐、心无旁骛、持之以恒的编辑出版学研究追求，与唐代诗人刘禹锡《浪淘沙》一诗中所描述的"千淘万漉虽辛苦，狂沙吹尽始到金"的"淘金"的境界，别无二致。宋应离的人品、文品以及对编辑出版学研究的执着情怀、奉献精神都值得我们好好学习。

---

① 宋应离：《宋应离出版文丛》，河南大学出版社2013年版，《自序》第3页。

后 记

终于按《人民出版社学术著作出版规范》修改完了体例。记不得这是第几次修改了。

遥想2014年完成国家社科基金项目"我国编辑学研究60年（1949—2009）"的雄姿英发，洋洋洒洒68万字的结项成果，其中仅《编辑学研究60年之领军人物》一章就有10多万字。结项后送社会科学文献出版社出版时，68万字要求删减为30万字，我把《编辑学研究60年之领军人物》从书中删去，拟以《当代编辑学家研究》为题单独出版，自此走上了由"领军人物完成时"到"编辑学家进行时"的修改之路。

人物——由胡乔木、宋木文、刘杲、杨牧之、邵益文、蔡学俭、高斯、阙道隆、戴文葆、林穗芳、王振铎、任定华、刘光裕、王华良、徐柏容、庞家驹、鲁星、陈景春、向新阳、杨焕章、宋应离、赵航、司有和、蒋广学、张如法、巢峰、聂震宁、郝振省、钱文霖、张积玉、靳青万、蔡克难、吴平、李频、周国清等30多位不同时期的编辑学研究积极分子、领军人物，到20位领军人物、15位领军人物，再到12位编辑学家。字数——由原来的每人最多5000字，扩展到每人1万多字、2万多字、3万多字，定稿是12位编辑学家30多万字。题目——由积极分子、领军人物到当代编辑学家，再到《当代编辑学家学术思想研究》，冥思苦想、集思广益，仅发给编辑的拟用题目就有《思想和建树：当代编辑学家研究》《学科　学家　学术：当代编辑学家论丛》《学科学术：当代编辑学家思想论说》《何以为学：当代编辑学家论》《当代编辑学家的学术思想与学术贡献》……哪一个题目不是一遍遍斟酌，哪一篇文字不是一遍遍润色？爬梳资料，研读文献，拜访专家学者和编辑学家本人，每有发现、每有所得，哪一次不改个昏天黑地？为得到健在的编辑学家认可（几乎所有的成稿都送编辑学家本人过目），为使自己感觉勉强拿得出手（丑媳妇总得见公婆），哪一次不改个十天半月？"文章千古事，得失寸心知"，痛并快乐着。

岂止是快乐？更多的是感激感动感恩。且不说同在河南大学的宋应离先生、王振铎先生（书稿校对时已仙逝）的关怀关心，外地前辈刘杲、邵益文、蔡学俭、刘光裕、潘国琪、王华良等先生一个个打来电话、寄来文集，程绍沛、张积玉、靳青万、吴平、范军、张志强、李频、周国清等先生同好一个个鼓励鼓舞；人民出版社立项出版，卓然编辑信任理解；河南大学社科院、河南大学新闻与传播学院援手资助，展龙、曹海涛等领导、同事慷慨帮助。最感激中国编辑学会郝振省会长在百忙中赐序，扶持支持之情难以忘记；段乐川、张国辉从初稿到修改不厌其烦、不遗余力，他们的智慧和汗水蕴含在部分初稿里（依据项目分工，段乐川负责刘杲、王振铎、杨焕章、宋应离部分，张国辉负责林穗芳、任定华部分），不是亲情胜似亲情的情意永存心底；还有家人亲人、老师同学、朋友学生以及书中注明出处和没有注明出处的学者作者……感激遇见，感恩所有！

虽说心有阳光花自盛开，春种秋收天不负人，但毕竟水平有限，所论又关涉当代人、当代事，关涉编辑学家、编辑学，不足、不到、不对之处，敬请专家、读者批评指正。

姬建敏

2021.5.23

校改于 2022.5.26

责任编辑：卓　然
封面设计：汪　莹

图书在版编目（CIP）数据

当代编辑学家学术思想研究／姬建敏 著．—北京：人民出版社，2022.11
ISBN 978－7－01－024324－5

I.①当… II.①姬… III.①编辑学－研究－中国　IV.①G232

中国版本图书馆 CIP 数据核字（2021）第 256359 号

当代编辑学家学术思想研究
DANGDAI BIANJIXUEJIA XUESHU SIXIANG YANJIU

姬建敏　著

人 民 出 版 社 出版发行
（100706　北京市东城区隆福寺街 99 号）

北京九州迅驰传媒文化有限公司印刷　新华书店经销
2022 年 11 月第 1 版　2022 年 11 月北京第 1 次印刷
开本：710 毫米 × 1000 毫米 1/16　印张：21.75
字数：300 千字
ISBN 978－7－01－024324－5　定价：75.00 元

邮购地址 100706　北京市东城区隆福寺街 99 号
人民东方图书销售中心　电话（010）65250042　65289539

版权所有·侵权必究
凡购买本社图书，如有印制质量问题，我社负责调换。
服务电话：（010）65250042